高等职业教育公共基础课创新系列教材

心理健康教育

主　编 ◎ 徐大真
副主编 ◎ 李　赛　马荣华　潘秋萍　张小晶

北京理工大学出版社
BEIJING INSTITUTE OF TECHNOLOGY PRESS

版权专有　侵权必究

图书在版编目（CIP）数据

心理健康教育/徐大真主编. —北京：北京理工大学出版社，2019.11（2023.1重印）
ISBN 978－7－5682－7979－6

Ⅰ.①心…　Ⅱ.①徐…　Ⅲ.①心理健康－健康教育－高等职业教育－教材　Ⅳ.①G444

中国版本图书馆 CIP 数据核字（2019）第 254193 号

出版发行 / 北京理工大学出版社有限责任公司
社　　址 / 北京市海淀区中关村南大街 5 号
邮　　编 / 100081
电　　话 /（010）68914775（总编室）
　　　　　（010）82562903（教材售后服务热线）
　　　　　（010）68944723（其他图书服务热线）
网　　址 / http：//www.bitpress.com.cn
经　　销 / 全国各地新华书店
印　　刷 / 三河市天利华印刷装订有限公司
开　　本 / 787 毫米×1092 毫米　1/16
印　　张 / 15.5　　　　　　　　　　　　　　　　　　责任编辑 / 刘　派
字　　数 / 365 千字　　　　　　　　　　　　　　　　文案编辑 / 江　立
版　　次 / 2019 年 11 月第 1 版　2023 年 1 月第 7 次印刷　责任校对 / 周瑞红
定　　价 / 45.00 元　　　　　　　　　　　　　　　　责任印制 / 施胜娟

图书出现印装质量问题，请拨打售后服务热线，本社负责调换

前 言

心理健康是人在成长和发展过程中，认知合理、情绪稳定、行为适当、人际和谐、适应变化的一种完好状态，也是影响经济社会发展的重大公共卫生问题和社会问题，事关人民群众的健康福祉，是人们追求更加美好的生活需要的基础和归宿，也是"健康中国"建设的重要内容。党的二十大报告在关于"增进民生福祉，提高人民生活品质"的论述中指出"重视心理健康和精神卫生"。

在职业院校中落实心理健康教育，对培养身心健康的高技术技能型人才有着重要的作用，其最重要、最直接的形式就是针对在校生开设心理健康教育课程。心理健康教育课程是提高职业院校学生心理素质、促进其身心健康和谐发展的公共课程。该课程以课堂教学、课外指导为主要渠道和基本环节，综合构建课内与课外、教育与指导、咨询与自助紧密结合的工作网络和教育体系，既是职业院校人才培养体系的重要组成部分，也是学校思想政治工作的重要内容。其中，课堂教学是推进学生心理健康教育工作的主渠道，而教材是重要的载体。近年来，各职业院校普遍重视心理健康教育课程的教材建设，积极探索编写高质量的教材。

教材编写离不开对学情的准确把握。职业院校信息化时代的"00后"学生与"90后"相比，他们的成长、生活环境明显不同，由于社会经济不断发展，特别是科技化和信息化的生活方式，使他们呈现出"自我意识显著化、价值观念多元化、人际交流网络化、生活环境社会化"等特点。在经过紧张的高考进入大学校园后，不少学生会由于环境的陌生、学业的压力、情绪情感问题、人际关系的复杂、人格成长、恋爱、择业等因素的影响，出现各种心理问题。书山登攀，学海遨游，每个莘莘学子都憧憬着未来美好的大学生活。如何处理好这一系列问题，更好地适应大学生活成为大学教育中不可缺少的一部分。

基于为高职院校大学生心理健康教育提供可参考的依据，我们组织长期在第一线从事心理健康教育的专家和教师编写《心理健康教育》这本教材，通过对学生在校期间常见的普遍性、典型性的"心理问题"汇总整理，以鲜活的案例分析，使学生学习、反思与顿悟，规避心理问题，同时教材体现出典型的职业教育特性，对于学生在技能养成、能力训练、求职就业、生涯发展中的心理现象做了针对性的讲解和回应。

教材编写工作中，我们着力体现时代性、科学性、互动性的特色。

首先，教材体现与时俱进，突出时代性。融入了国家关于心理健康教育的文件精神与内容。2016年12月，国家卫生计生委、中宣部等22部门联合印发《关于加强心理健康服务的指导意见》，对高职高专院校学生心理健康教育提出新任务、新要求；2017年12月中共教育部党组发布了《高校思想政治工作质量提升工程实施纲要》，将"心理育人"纳入高职高专院校十大育人体系，打通高职高专院校育人"最后一公里"的瓶颈；2018年7月，中共教育部党组印发《高等学校学生心理健康教育指导纲要》这是送给高职高专院校学生"自尊自信、理性平和、积极向上"的健康心态"大包"。2021年7月，教育部办公厅为进一步提高学生心理健康工作的针对性和有效性，切实加强专业支撑和科学管理，发布了教育部办公厅《关于加强学生心理健康管理工作的通知》，并明确指出："加强源头管理，全方位提升学生心理健康素养。加强心理健康课程建设。发挥课堂教学主渠道作用，帮助学生掌握心理健康知识和技能，树立自助互助求助意识，学会理性面对挫折和困难。高校要面向本专科生开设心理健康公共必修课，原则上应设置2个学分（32—36学时），有条件的高校可开设更具针对性的心理健康选修课。本教材在编写目标上全面贯彻落实上述指导意见、实施纲要、指导纲要的新要求，凸显出教材的时代性。

其次，教材内容体现博采众长，突出科学性的特点。根据职业教育和新时代学生的心理特点，本教材编写分为三个部分十一个模块，每个模块下设单元学习内容。在内容选择上，本教材以学生的自我认知、自我成长和自我发展三方面入手，涵盖大学生适应生活、自我认知、人格发展、学习成长、情绪管理、压力与挫折、人际交往、恋爱心理、网络心理、职业发展等内容。教材编写者将高职院校大学生的心理健康与成长教育相结合，力促学生身心健康和谐发展，反映当代高职院校大学生的新特点，融入长期从事心理健康教育工作者的经验和体会。

最后，教材编写形式灵活多样，突出互动性。虽然高职院校大学生的理论学习水平有待提高，但他们思维活跃，喜欢参与活动，其兴趣更多体现在活动和技能上。本教材从高职高专学生的心理热点问题入手，从心理认知和实践操作上给予指导，并设有相关的案例讨论与分析、活动与训练、心理测试等实践活动，使教师与学生、理论与实践、课内与课外构成大量的互动平台，让学生进行自主学习、开放学习和创造性学习，增强教材的互动性。在语言表达上，我们也考虑到高职院校大学生认知和接受能力的特点，采用接近学生认知水平的词汇，使其更好地接受并喜欢本教材，真正做到"实在参与、开心学习、真切体验、快乐生活"。

本教材采用主编统筹、集体讨论、分模块完成的编写方式。全书由天津职业技术师范大学徐大真教授主编，相关高职院校教师担任副主编。在编写过程中，我们参考了大量的国内外文献资料，引用了有关研究成果，在此，一并致以诚挚的感谢。尽管我们以认真的态度对书稿进行了反复修改，但受水平、能力所限，书中不足甚至错误之处难以避免，恳请广大读者多提宝贵意见，以便今后进一步修改和完善。

编　者

2022 年 12 月

目 录

第一部分　自我认知

模块一　赢在校园　适应生活 / 2

模块导读 / 2
1.1　让阳光照亮心灵，健康从"心"出发 / 3
1.2　让变化成就未来，适应"新"生活 / 14

模块二　从"心"认识自己，悦纳自我 / 26

模块导读 / 26
2.1　认识自我，正视自己 / 27
2.2　天生我材，悦纳自我 / 37

第二部分　自我成长

模块三　路漫漫其修远，成就自我 / 46

模块导读 / 46
3.1　认识学习，找准动机 / 47
3.2　克服困难，学会学习 / 57

模块四　学会交往，走出内向孤岛 / 66

模块导读 / 66

· I ·

4.1　认识人际交往 / 67

4.2　学会交往，快乐生活 / 74

模块五　我的情绪，我调控 / 83

模块导读 / 83

5.1　认识情绪，适度表达 / 84

5.2　调适自身情绪，提高情绪管理 / 94

模块六　直面挫折，化解压力 / 107

模块导读 / 107

6.1　认识压力，化解压力 / 108

6.2　直面挫折，锤炼自我 / 118

第三部分　自我发展

模块七　健全人格，塑造心智 / 128

模块导读 / 128

7.1　把握人格特征，正视身心发展 / 129

7.2　健全人格，塑造积极心智 / 138

模块八　邂逅爱情，理性应对 / 151

模块导读 / 151

8.1　理解爱情真谛，合理对待情感 / 152

8.2　直面恋爱困扰，走出情感误区 / 163

模块九　网络江湖，谁主沉浮 / 172

模块导读 / 172

9.1　了解网络"双刃剑"，善加利用 / 173

9.2　约束自我，规避网瘾 / 181

模块十　敢问路在何方——择业与准备 / 190

模块导读 / 190

10.1　做好就业准备，正确定位自我 / 191

10.2　规划职业生涯，明确职业方向 / 204

10.3　点燃工作热情，实现人生理想 / 210

模块十一　体验生命价值　珍惜生命 / 218

模块导读 / 218
11.1　智慧生活，认识生命的意义 / 219
11.2　珍惜生命，干预心理危机 / 229

参考文献 / 236

第一部分

自我认知

模块一　赢在校园　适应生活

❀ 模块导读

　　如果将小学比作潺潺的小溪，中学就是奔流不息的江河，那么大学就将是波澜壮阔的大海。然而，在"小溪"汇入"大海"时，并非每一位学子都能如愿进入自己理想的大学。此时，你的人生之舟开始从不同方向驶入大海，你是否已经做好了驶向大海，与惊涛骇浪搏击的准备？还是会因高考失利，考入职业院校，从而心理产生了巨大的落差，自怨自艾、失去信心，成绩也一落千丈呢？

　　俗话说"三百六十行，行行出状元"。在职业教育备受重视的今天，对于优秀人才的评定并非以学习成绩作为唯一标准，个人能力、特长等普遍纳入衡量范围。经历高考的洗礼，进入职业院校，每个学生都会经历角色转换。在这个过程中，可能你成绩优秀却得不到掌声，而学业不如自己的人却在校园和社会上如鱼得水。生活环境的变化和角色的转换很容易使你产生心理不平衡感，对自己的认识和评价发生动摇。如果这种困惑、迷茫的心理状态调整不好，就很容易产生心理障碍。如何适应新环境，调整自我，准确定位自己的现状，尽快摆脱烦恼与困惑？心理健康，做好心理适应，正确认识自我是关键。健康良好的心理是取得成功的基础。没有健康的心理，就没有健康的人生。我们学会处理好"理想自我"与"现实自我"的心理冲突，迎接新挑战、适应新变化，让我们一同开启一段"赢在校园　适应生活"的旅程，你会收获属于自己的精彩人生。

1.1 让阳光照亮心灵，健康从"心"出发

名人名言

尊重生命尊重他人也尊重自己的生命，是生命进程中的伴随物，也是心理健康的一个条件。

——弗洛姆

学习目标

1. 了解心理健康的内涵。
2. 理解心理健康的标准。
3. 了解大学生心理健康问题状况。

**导入案例**

适应的烦恼

玲玲来自农村，母亲早逝，父亲务农。她学习很认真，对自己要求很高，高二时因为一场疾病，成绩开始下滑，怕同学看不起，不敢与人交流，后来逐渐发展到不敢看人。考入天津某高职院校后，陌生的环境和新的同学关系，让她的精神变得更加紧张起来。由于怕室友看不起她，刚进宿舍的时候，她就刻意隐瞒自己的真实情况，可没多久她又开始后悔。想申请贫困补助，但又怕室友议论她，说她没有诚信。为此，她一直生活在矛盾之中。当她准备和新同学交往的时候，总觉得别人看自己的眼神很怪，所以很苦恼，不敢与人交往。她渴望交朋友但又不敢，一时间觉得自己很孤单，而且她还变得特别敏感，有时候还偷偷地躲起来哭。宿舍同学看到了不知道怎么处理，向辅导员求助，经过三个月的心理辅导。在舍友的主动帮助下，玲玲的脸上开始洋溢笑容，心情也逐渐好转了。

分析： 这是一种不健康的心理困扰问题，它产生的主要原因是由于对新环境的

不适应。新生既想亲近同学又因陌生感和疏离感而感到压抑，不知如何处理，更严重者甚至夜不成眠、烦躁、焦虑，影响正常的学习和生活。

一、健康与心理健康的界定

（一）健康

什么是健康？早在1948年，世界卫生组织（World Health Organization，WHO）成立时就对健康做出如下定义：健康不仅指躯体强健而无疾病或虚弱现象，而且还应是生理上、心理上和社会方面良好的一种状态。1989年，世界卫生组织在健康原有定义的基础上，又增加了道德健康。具体规定了健康的10条标准：一是有充沛的精力，能从容不迫地担负日常生活和繁重的工作而不感到过分紧张和疲劳；二是处世乐观，态度积极，乐于承担责任，事无大小，不挑剔；三是精神饱满，情绪稳定，善于休息，睡眠良好；四是应变能力强，能适应外界环境中的各种变化；五是能抵抗一般疾病，如感冒、传染病；六是体重适当，身体匀称，站立时头与肩的位置协调；七是眼睛明亮，反应敏锐，眼睑不发炎；八是牙齿清洁，无龋齿，无痛感，牙龈颜色正常，无出血现象；九是头发有光泽，无头屑；十是肌肉丰满，皮肤富有弹性，走路感觉轻松。因此，健康是生理健康和心理健康的统一，二者是相互联系、密不可分的。

（二）心理健康

1946年，第三届国际心理卫生大会对心理健康是这样定义的："心理健康是指在身体、智能以及情感上与他人心理健康不矛盾的范围内，将个人的心境发展成为最佳的状态。"精神病学家孟尼格尔认为："心理健康是指人们对于环境及相互之间具有最高效率以及快乐的适应情况。不仅要有效率，或有满足之感，或是能愉快接受生活的规范，而是需要三者同时具备。"

我国学者认为，心理健康不仅指个体没有心理上的疾病或变态，而且人的基本心理活动协调一致，即认知、情感、意志、行为和人格完整协调，在身体、心理和社会上均能保持最高、最佳状态。

二、大学生心理健康的标准

1946年世界心理卫生大会提出四条心理健康的标准：身体智力、情绪十分调和；适应环境，人际关系中彼此谦让；有幸福感；在工作和职业中能充分发挥自己的能力、过有效率的生活。心理学家认为，人的心理健康包括以下7个方面：智力正常、情绪健康、意志健全、行为协调、人际关系适应、反应适度、心理特点符合年龄。

美国心理学家马斯洛和米特尔曼提出的心理健康标准主要有以下10个方面内容：

（1）有充足的安全感。
（2）充分了解自己，并恰当估计自己的能力。
（3）生活的目标符合实际。
（4）与现实的环境保持接触。
（5）能保持人格的完整与和谐。
（6）具有从经验中学习的能力。
（7）能保持良好的人际关系。
（8）适度的情绪宣泄与控制。
（9）在不违背社会规范的前提下能恰当地满足个人的基本需要。
（10）在不违背集体要求的前提下展现自己的个性。

我国学者王登峰等人综合各方面研究，结合我国大学生的心理特征、社会要求等实际情况，认为心理健康的标准有以下几个方面。

（一）智力发育正常

智力发育正常即个体智力发展水平与其实际年龄相称，是其学习、生活、工作的基本心理条件。一般情况下，智商在130以上为超常；智商在90以上为正常；智商在70~89之间为亚正常；智商在70以下为智力落后。衡量大学生智力正常与否，关键在于能正常发挥自我效能，有求知欲，乐于学习，能够积极参与各类学习活动。

（二）情绪稳定

心理健康的人，其标志是情绪稳定和心情愉快。尽管会有悲哀、困惑、失败、挫折等，但不会持续长久。情绪稳定，可以使其身心处于积极向上的状态，对一切都充满信心和希望。具体表现在为人乐观开朗、热爱生活、积极向上、充满阳光，善于控制和调节自己的情绪，既能克制又能合理宣泄负面情绪，情绪与环境相适应，能够保持稳定良好的心境。

（三）能正确认识自我

个体能清楚自己存在的价值，有自己的理想，对未来充满信心。有自知，在进行自我观察、自我认定、自我判断、自我评价时，对自己的能力、性格和优缺点都能做出恰当客观的评价。不高估自己，也不贬低自己，更不会为自己在某些方面存在的不足而自责、自怨、自卑。另外，对别人的评价能做出客观的反应，自我认识稳定，并保持积极的生活态度，努力发展自己的潜能。

（四）意志健全

意志主要表现为意志品质，是人在完成一种有目的的活动时，进行的选择、决定、执行的心理过程。意志健全者的重要标志体现在行动的自觉性、果断性、顽强性和自制性等方面都表现出较高的水平。意志健全的大学生具有自觉的目的性，能够主动支配自己的行动，以达到预期的目标；能适时做出决定，在困难和挫折面前，能采取合理的方式，又当机立断地采取决定并执行决定；在做出决定、执行决定的过程中，具有克服困难、排除干扰、坚持不懈的奋斗精神。

（五）人格完善

人格完善是指有健全统一的人格。人格，又译为性格，指人类心理特征的整合、统一体，是一个相对稳定的结构组织，并在不同时间、地域下影响着人的内隐和外显的心理特征和行为模式。在心理学中，还经常运用"个性"一词表达人格的概念。人格是一个具有丰富内涵的概念，其中反映了人的多种本质特质。心理健康者会以积极进取的人生观作为人格的核心，并以此为中心将自己的需求、目标与行动统一起来，从而形成相对稳定、独特、完善的人格心理特征。

（六）社会适应良好

对周围的事物和环境，个体能够做出客观的认识和评价，并能主动地去适应现实。"社会适应性"是"新健康教育"的一个重要组成部分，以培养社会适应性良好的社会公民为目的，满足大学生将来进入社会、投入社会角色与职业生涯的需要，提供相关方面的指导和教育。正确认识社会、了解社会，使自己的思想、信念、目标和行动跟上时代发展的步伐，面对不利的现实环境时，既不怨天尤人，也不采取逃避的方式，而是敢于面对现实的挑战，不退缩，保持一种好的适应心态，改造自我适应环境。

（七）人际关系和谐

个体具有良好的人际关系，尊重理解他人，学习他人长处，友善、宽容地与他人相处。心理健康的人往往乐于交往，不仅能接受自我，也能接受他人、悦纳他人、与他人保持和谐的人际关系。在与人交往中总能注意别人的长处，不苛求别人，待人情感真挚、友善；以集体利益为重，乐于团结、勇于奉献等。在交往中不卑不亢，积极的交往态度多于消极态度，交往动机端正。

（八）心理特点符合年龄特征

不同年龄阶段具有不同的心理特征。具体而言，每个年龄阶段都具有一般的、典型的、本质的特征。个体心理行为的发展，会随着年龄增长而发展变化，认知、情感和言语举止等心理行为表现，基本符合其所在年龄特征的，可称为心理健康。

大学生是处于特定年龄阶段的特殊群体，应具有与其年龄和角色相适应的心理行为特征，既不过分地"早熟"、老于世故，也不表现得像"长不大的孩子"。

心理健康是幸福感的来源。只有让阳光照亮心灵，健康从"心"出发，才能积极地面对人生的各种困惑，处理好生活中的酸甜苦辣咸。

 案例1.1

丹丹的心理问题

一个来自甘肃省某县的18岁女孩丹丹走进学校心理咨询室。询问后得知来诊的主要原因是情绪低落、消极、悲观、失眠、自残，上课无精打采，做事没有积极性。原来丹丹从小和妈妈一起长大，妈妈强势、独立，孩子考试成绩差就会苛责。其父母在她初中时秘密离婚，丹丹在高一时无意间才得知父亲已成家，自己有个同父异母的妹妹。丹丹内心无法接受，觉得没有了父亲就像失去了靠山，从此出现抑郁焦虑，甚至通过自残的方式发泄情绪。考大学时，丹丹屈从了妈妈的意见，选了自己不擅长的理科。其实，丹丹内心有抵触，但不敢表达，出现心理矛盾冲突，潜意识里出现了心理学上的"甜柠檬心理"，即为了冲淡自己内心的不安，就百般提高现已实现的目标价值，从而达到心理平衡的现象。

三、影响大学生心理健康的因素

个体心理健康受多方面因素的影响，主要包括生物学、社会性、心理三个方面。

（一）生物学因素的影响

生物学因素的影响主要体现在遗传因素、生理性疾病或生理机能障碍。一般来说，人的体形、气质、神经结构的活动特点、能力与性格一定程度上会受到遗传因素的影响，如精神病患者家族中，具有异常心理行为的家庭成员占有一定的比例。另一方面，由于化学中毒、脑外伤、病菌感染、躯体疾病或生理机能障碍，可能导致心理障碍、意识障碍、言语障碍、精神失常等心理障碍。尤其是甲状腺机能混乱、机能亢进的患者，易出现暴躁、易怒、敏感、情绪冲动、自制力减弱等心理异常表现；或者肾上腺素分泌过多的患者，可能会有狂躁症的临床表现；而肾上腺素分泌不足的患者得抑郁症的可能性会较大。

（二）社会性因素

在生活日益发展变化的社会文化环境中，大学生的心理健康程度会在潜移默化中受社会性因素的影响，主要包括以下几方面：

1. 家庭因素

个体的原生家庭是青少年性格形成的基础,温馨和谐的家庭环境对青少年心理健康状况具有重要作用。众所周知,不良的家庭环境因素,很容易造成个体心理异常。如父母关系不良、经常吵架、相互敌视、家庭气氛紧张,子女更容易产生忧虑、暴躁的性格;原生家庭不完整,比如父母死亡、父母离异或分居等,往往会使子女性格变得孤僻、自卑、多疑、缺乏安全感;教养方式不当,父母严厉斥责,子女易形成自卑、懦弱、粗暴的性格特征;父母过分爱护,子女的依赖性会过强;父母偏爱或不公正,子女易产生嫉妒、破坏心理;而过分溺爱易使子女产生任性、骄傲、自私的性格等。

2. 学校因素

学校是学生学习、生活的主要场所,学校的物质环境和心理环境会在一定程度上影响学生的心理健康。如学校的建筑设施、校园文化、学习负担、师生关系、同学关系等,都会对学生的心理产生影响,严重时可能会导致心理障碍的产生。

3. 社会文化

身处社会大环境中,我们都会受社会经济状况、价值观念、生存压力与社会大数据信息化的影响。目前,我国正在经历一个变革转型时期,经济、政治、文化各个方面都在变化发展中,而大学生又处于生理和心理发展的不稳定时期,出现各种心理困惑在所难免。

(三)心理因素的影响

当代大学生正处于心理发展的独特阶段,认知能力和情绪的发展尚不完善,并不断探索建立自我同一性,面临着独特的心理冲突。

1. 对自我同一性的追寻

自我同一性是指在寻求自我的过程中,对自我的确认和对有关自我发展的一些重大问题的思考和选择,如理想、职业、价值观、人生观等。即对"我是谁""我能做什么""我想成为谁"等问题的回答。

2. 情绪的不稳定性和内隐性

一般情况下,大学在校学生正处于青年初期,个体情绪发展还不稳定。情绪体验上常表现出两大特点:一是情绪起伏较大,即情绪高涨时易狂热且不顾后果,遇到挫折,马上灰心丧气、万念俱灰;二是当意识到自己已经是成人时,便开始学着隐藏自己的情绪，不轻易流露真实想法，严重时可能导致学生缺乏社会支持，易出现心理问题。

3. 归因方式的片面、不成熟

大学生由于自身阅历和辩证思维能力的发展还不完善，容易产生错误的认知、归因和应对方式。有成就需要的人会把成就归因于自己的努力，把失败归因于努力不够。不甘于失败，坚信再努力一下，便会取得成功。相信自己有能力应付，只要尽力而为，没有办不成的事。相反，成就需要不高的人认为努力与成就没有多大关系，把失败归因于其他因素，看成外界因素的结果，如任务难度不大、正好碰上运气等。

4. 选择的心理冲突

当大学生面临专业学习、升学、求职、恋爱等人生重要选择问题时，这些选择本身就很容易使其产生心理冲突。如果这些冲突长期得不到解决，就会影响个人的心理健康水平。个体遇到的心理冲突可归纳为：一，趋避冲突。即目标既有吸引力，又需要付出一定的代价时，会使个体产生想要又不想要的矛盾心理。如在校期间既想申请贫困补助，但又害怕被同学嘲笑，自尊心受到伤害。二，双趋冲突。指同时存在两个具有吸引力的目标，但两者又不能兼得，难以做出取舍的内在冲突。比如想竞选学生会、班干部，提高自己的组织领导与交往能力，但又想好好学习，评选奖助学金。三，双避冲突。简单讲即左右两难，同时有两种力求避免的事，但受条件限制，必须接受一种。如既不想认真听课，又怕被老师批评。四，双重趋避冲突。是指在面临两种选择时，每一种选择都有可取的一面和不利的方面。如有些学生在校期间，既想做兼职锻炼自己，又想拥有较多空余时间休闲娱乐。

总之，在日常生活中影响大学生心理健康的因素是多方面的，各种因素相互作用、相互制约，个体心理发展过程中出现的异常状态，容易导致心理疾患。因此，我们应全方位地维护心理健康。

四、大学生常见的心理健康问题

大学生常见的心理问题主要表现在环境适应、人际交往、学业压力、情绪情感、恋爱与性、网络使用、就业压力等方面。在日常生活和学习中，大部分学生或多或少会产生短暂性、发展性的心理困惑。若及时发现并采用正确的方法调节便可恢复到正常的心理健康状态，但如果不及时进行心理疏导，则可能转化成为心理障碍，甚至严重的心理疾病。常见的心理健康问题主要表现在以下几个方面：

（一）环境适应问题

据调查表明，对于环境的适应问题，一般在刚入学的新生中较为常见，如图1-1所示。初入校园时，大部分学生会因为环境的改变而出现生活自理能力差、心理承受能力差、人际交往能力差等心理问题。从中学到大学生活方式的彻底转变，需要努力改变依赖家长照顾生活起居的习惯，学会过集体生活。上大学以前，很多学生的衣、食、住、行都由父母包办，缺乏独立生活能力。而进了大学，脱离了家长的视线，就要逐渐学会照顾自己的生活起居，锻炼自己的独立生活能力。其中的一部分学生会表现出对现实状况产生严重的失落感，将自己理想的院校与现实体验的院校做比较，产生理想与现实的心理落差，从而失去自信心和进取心，产生无奈、失意、"混文凭"的心理状态。还有一部分学生会因为学校管理的变化，如大学的学习和生活主要依靠学生自我管理和自我约束，表面上比较宽松，实际上对学生的要求更高，而学生没有积极主动地加强自主、自立、自理能力的培养，遇到困难和挫折后更加焦虑与困惑。

图1-1 适应环境

（二）学业压力问题

进入大学后，以老师为主导的教学模式变成了以学生为主导的自学模式。教师在课堂讲授知识后，学生不仅要消化理解课堂上学习的内容，还要大量阅读相关方面的书籍和文献资料。可以说，自学能力的高低成为影响学业成绩的最重要因素。从旧的学习方法向新的学习方法过渡，这是每个大学新生都必须经历的过程。此时，学生会对所学专业表现出困惑，从以往严格"管教"中解脱出来，会感觉到无所适从。若不能及时转变学习方式，会在放任自由的学习环境中失去自我，导致心中空虚、忧郁、烦躁或焦虑。部分学生由于学习方法不当导致成绩不理想，因而产生挫折感、缺乏学习动机，失去学习目标，从而逃避学习。

（三）人际关系问题

我国著名心理学家丁瓒先生曾说："人类的心理病态主要是由于人际关系的失调而引起的。"大学生人际交往问题一般是指在与他人相处和交往的过程中表现出的不适、自闭、逃避、自恋、自负，以及难以调和与他人关系的不良心理状态和行为表现。调查显示，大学生的心理问题大部分来自人际交往、人际关系。经常发生一些摩擦、冲突和情感损伤，这一切难免引起一部分学生的孤独感，从而产生压抑和焦虑。有的同学有自闭倾向，不愿与人交往，容易导致孤独、抑郁或自卑；有的同学为交际而交际，不惜牺牲原则随波逐流；还有些学生因为性格上的不合群，在新同学中因为不被理解而遭到排斥，便独来独往，不与他人接触，久而久之就产生一种受冷落或性格孤僻、粗暴等心理倾向。

大学生来自全国各地，语言、个性、生活习惯有很大差异。所以大学生的交往方式也应该随着角色的转变而转变。应相互了解，相互适应，提倡主动交往；相互尊重，相互关心，为人诚恳热情，待人宽律己严，大事讲原则，小事讲风格；为人处世要推己及人、换位思考，坚持与人为善，全方位交往；尽量避免搞宗派、拉帮结伙的世俗作风，更不要因为家庭环境的优越而随便歧视他人。

(四) 恋爱问题

校园恋爱是一种普遍现象，有人说爱情是大学的一门必修课。根据埃里克森的自我发展阶段理论这也是符合青年阶段的生理和心理发展需要，正是大学生建立深厚友谊和亲密关系的阶段。但是，他们接受青年期教育不够，不懂得两性交往的方法、艺术、技巧甚至原则和道德观念，对性发育成熟缺乏心理准备，对异性的神秘感、恐惧感和渴望交织在一起，由此产生了各种心理问题，严重的还会导致心理障碍。另外，由于其自我认知、情感发展、心智等还不成熟，初涉爱河时，失恋率极高，承受情感伤害能力较低，所以会导致由失恋产生的各种心理问题，如情绪低落、无心学业、对一切失去兴趣，甚至出现纠缠对方、以死要挟、由爱生恨、酿成血案等极端的表现。

(五) 自我意识问题

每个人的行为都受意识的支配，自我意识是大学生认识自我、发展自我、完善自我的重要条件。大部分学生或多或少都有一些优越感，再加上来自家长、亲朋的过高期望，使其自我意识出现各种发展的偏差，压力过大、心理失衡，甚至陷入"理想丰满，现实骨干"、满足感和空虚感等认知矛盾中。如果这些矛盾解决不好，往往会造成不良的心理反应，如产生自卑、自负、盲目、懒惰、独立、逆反、自我中心、从众心理，甚至还会导致自残和轻生，严重影响其心理健康状况。

(六) 情绪问题

良好的情绪状态是心理健康的重要保证。大学生应具有稳定、乐观的心态和一定的情绪调节与控制能力。但由于大学生心智不成熟，情绪具有两极性、矛盾性的特点，情绪具有好冲动、易起伏、自制力不强的特点，一旦遇到挫折，往往容易产生抑郁、惭愧、羞耻、紧张、焦虑、嫉妒等不良情绪，影响大学生的心理健康。

（七）择业问题

随着就业形势的日趋紧张，大学生的求职与择业问题，已成为其心理健康的主要问题。在即将离开学校跨入社会时，他们开始困惑、迷茫和担忧。毕业生"就业难，难就业"成了普遍的社会热点问题，甚至有些学生面临"毕业即失业"的现象。面对择业过程中可能会遇到的各种难以解决的现实矛盾，恐惧、焦虑、烦躁打破了他们的心理平衡，心情抑郁使他们对生活缺乏信心，对前途失去希望，对处境无能为力，更有甚者觉得生存没有意义。

程凯的努力

程凯来自贵州农村，普通话不标准，经常把"程"说成"陈"，把"是"说成"四"，把"船"说成"床"，很多其他的字也发音不准，同学们经常听不懂或听错，有意无意地就会嘲笑和模仿他的方言。程凯很尴尬，他暗下决心，一定要将自己的方言改掉，通过每天早上朗读一篇美文来提高自己的普通话水平。因此，他积极参加班上集体活动，与人交流，锻炼自己的口语表达能力，终于通过自己的努力，考取了普通话二甲的成绩……

分析： 大学同学来自全国各地，在大学校园里需要用普通话交流。但由于部分地区基础教育薄弱，许多新生入学时普通话水平不高，这样不仅会影响到他（她）的人际交往，更重要的是交流的障碍将对他们的自尊心和自信心产生负面影响，进而影响到学习、生活的方方面面。因此，大学新生要尽快适应语言环境，尽量用普通话进行交流，使自己消除陌生感，快速适应角色的转变。语言环境的适应并不太难。新生在平时的生活和学习中，应多查阅字典，多与普通话好的同学交流，逐渐掌握标准的发音。

 活动与训练

认识自我

一、活动目标

1. 通过画同心圆，引导学生正确认识自我。
2. 与同学交流，增进相互了解。

二、规则与程序

（一）活动时间

建议用时30分钟。

（二）活动准备

每人一张A4纸，笔若干，轻音乐。

（三）活动步骤

1. 播放轻柔的音乐，让学生在轻松愉快的背景下进行自我探索。

2. 鼓励学生在同心圆中按照由里到外的重要程度，依次写上能够代表自己的名词。具体或抽象，简单或复杂都可以，只要能代表自己即可。

说明：最里层为每个人的本来面目，最核心的"真我"。但由于小时候大部分人的很多需求都没有被满足，于是，有很多受伤的感受和情绪会附着在核心真我外面，是你无意识中脆弱的"自我"。作画不在于技术，而在于更真实地展现自我。但是因为这一层太脆弱、太痛了，让你不想去接触它，所以你的心灵会发展出第三层外壳，即作为防卫层的"我"。最外层就是我们的社会面具，也就是你想要别人怎么看你，如图1-2所示。

图1-2 认识自我

3. 画好后，学生两人为一组，一人为甲，一人为乙。

4. 甲乙两人相互介绍"自己是一个什么样的人"，相互记上彼此所说的特点，历时五分钟。

5. 然后彼此分享做此活动的心得或感受，并讨论自己与别人眼中的自己是否一致。

三、总结

每个人分享听到别人对自己的评价后的感想与收获。遵循4F原则——做了什么（fact）、感受是什么（feeling）、有何新发现（finding）、对未来有何影响（future）。

 思考与练习

1. 什么是心理健康？
2. 心理健康的标准是什么？
3. 哪些因素会影响心理健康水平？
4. 在校期间，哪些事情最容易让你感到不愉快，你是如何处理的？

1.2 让变化成就未来，适应"新"生活

名人名言

既然不能驾驭外界，我就驾驭自己；如果外界不适应我，那么我就去适应它们。

——蒙田

 学习目标

1. 理解大学生环境适应的含义。
2. 了解大学生环境适应中存在的问题。
3. 掌握常见心理适应问题及调试方法。

 导入案例

李琳的心理适应问题

去年考入陕西某高职院校学前教育专业的李琳，刚入校时感觉大学和高中简直是天壤之别：高三生活两点一线，写不完的作业背不完的书，如同一颗目标明确、定位准确、拧紧的螺丝；而大一新生学习压力小、课外活动多，又没有家长和老师的监督，这种期待已久的自由，反而让她"不知所措"，生活失去了目标，一下子懒散了许多……的确，大学新生入学后，校园里一片热闹，同学们朝气蓬勃。但时隔不久一些同学的情绪出现了异常，有的懒散起来，开始逛街、化妆、睡大觉；有的整天想心事，郁郁寡欢。李琳亦是如此，一眨眼，一个学期过去了，她的功课都在60分左右，甚至不及格，要补考……

分析：心理学研究告诉我们，生活环境改变后，人们会出现各种不适应，产生各种情绪问题，这不足为奇。但当你意识到这点后，就应及时调整自己的心理，以免像李琳这样被异常情绪产生破坏性后果。如何尽快度过盲区重新确立新的学习目标，直接关系到大学生能否顺利适应大学生活圆满完成学习任务。

一、大学新生环境适应的含义

刚刚走出家门跨入大学校门的新生，面对生活环境和学习环境的巨大变化：由父母的"重点呵护"对象变成了"生活自理"的"自由人"；由老师的"督促培养"变为自己的"自主学习"；由过去见识、交往、活动范围较窄的生活环境，到置身于大学这个"五脏俱全"的小社会中等，许多大学生一时难以适应，心理矛盾加剧，学习缺乏动力，人际关系紧张，虚度光阴而学无所长，因为不能适应大学生活而严重影响了自己的学习、生活和发展。达尔文说"物竞天择，适者生存"，这条自然界的生存法则，在大学校园中一样适用。那么大学新生到底怎样做才能尽快适应大学生活，完成由中学到大学的过渡呢？

不论在人生的任何一个阶段，适应都是一个贯穿始终的重要课题。周围的环境是不断变化的，我们必须不断调节自己的行为才能适应这种变化。环境适应是个体在与环境的相互作用中构建良好心理机制的过程，也是个体同环境之间一种契合、协调、相适、相宜的关系，这是一种相对平衡的状态。环境适应涉及多种心理因素，形成了复杂的心理机制。

案例1.2

王苗的困境

王苗是一名高职学生，她性格开朗，做事认真，追求完美，个性要强。王苗家庭经济情况较好，她是家中独生女，父母对她期望很高。最近王苗感觉很郁闷，自己在高中时学习优秀，一直都是老师和同学眼中的焦点，但在进入高职学校的一次考试后，发现自己站在"山顶"的感觉没有了，虽然觉得自己已经很努力了，但是成绩仍然不见起色。加之又在班干部竞选中失利，王苗开始缺乏自信，情绪低落，经常觉得父母在自己身上付出了很多，但现在成绩不理想，今后肯定没前途。觉得自己不如别人，其他人都看不起她，因此很少参加集体活动。王苗苦恼于自己糟糕的状态，认为一切都是成绩不好所造成的，迫切地想要解决这个问题，但是，现在一坐到教室就心烦意乱，找其他朋友倾诉又不知道从何谈起。

分析：王苗的困境源于理想自我和现实自我之间的差距。她理想的自我是"学习优秀，老师和同学眼中的焦点"，而现实的自我却是"成绩不见起色，班干部竞选中失利"。这是典型的自我同一类型中的自我矛盾，其特点是积极的自我难以产生，自我调节缺乏稳定性和确定性，表现为人自己内心的矛盾冲突。

二、大学生心理适应常见的问题及调试

一位大学生曾这样说："在高中时，大学像是黑暗中的一盏明灯，指引着我们前

进的方向。进了大学后,天亮了,我们不知道该向何处去。"这句话也许是绝大多数一年级新生思想的真实写照。许多同学迈进大学的同时也进入了目标盲区,有了一种失落感、松懈感和迷茫感,再也难以保持中学时期的学习热情了。失落感主要有理想与现实反差而引起的失落感、角色与地位跌落而出现的失落感、情感与归属缺失而引起的失落感、目标与动力消失所造成的失落感。环境变化是导致一切适应问题产生的根源。

(一)日常生活的适应

大学生来自五湖四海,当原来的居住地与大学所在地的气候、饮食、住宿、语言环境等方面差别较大时,就会立即感到不适应。适应大学生活对独立生活能力比较差的同学来说比较困难,许多独生子女在家里几乎是"饭来张口,衣来伸手",要自己面对各种琐碎的事,如洗衣服、打开水、铺床叠被子等日常生活劳动都要自己去干,逐渐学会生活自理。

雨果曾经说过:"最高的圣德,便是为旁人着想。"所以,职业院校学生在集体生活中,要在关心、帮助别人的同时,培养自己独立生活能力,为自己进入社会做好准备。刚进入校园时,我们往往对大学生活给予憧憬和期待,当真正融入校园生活后,新生开始产生心理落差,感到失望。面对生活不得不独当一面,学着自主独立,使自己逐渐成熟强大起来。

(二)学习的适应

大学同样是传道授业解惑的认知场所,但由于大学阶段的学习不再只是掌握知识、丰富自身、完善和提升人的整体素质的认识活动,而是更加注重非智力因素的参与,由中学时的"监督学习"变成"主动学习",主要突出在以下几个方面:

1. 学习目标

大学生入学后一定要调整心态,明确任务。在放任式的学习环境中,由于缺乏明确的学习目标,很多新生迷失了学习方向,无所适从,不知道该如何选择。只有确立明确的学习目标,才能够积极主动地学习,做到踏实学好专业知识,拓展学科范围,注重理论和技能的积累,全面提高个人专业能力与认知水平。

2. 学习内容

大学阶段的学习内容更加强调专业性,注重基础知识和专业知识,强调知识的精深和广博,为未来职业做准备。学生的学习是根据自己所学专业的培养要求,围绕所学专业领域进行学习和研究,也可以参考多种书目扩充学习。同时,也可以根据自己的兴趣爱好,在图书馆选择自主学习内容,全面提升自我。

3. 学习方式

大学生的学习方式是以自学为主，往往是"教师领进门，修行在个人"的学习模式。因此，大学生要善于利用大学资源，学生要合理规划自己的时间，进行自我约束，自主安排学习。可以利用好大学图书馆、网络资源、知识讲座来获取相关的学习资料，将理论联系实际，能够更好地学习、掌握、运用专业知识。提升学习能力，做好学习规划，树立新的学习观，使自己不断适应大学生活，顺利完成学业目标。

4. 考试尺度

刚入学的大学生从各种渠道打听到关于考试尺度的说法，如很多考试是很容易过关的、老师复习划重点，甚至给考题等。因此，很多学生认为"平时不学习，考前搞突击"就可以通过考试测评。然而，抱有这样想法的同学大部分考试成绩是"大红灯笼高高挂"，开学第一学期成为考试不及格的"重灾区"，甚至造成留级、退学，多年的努力付诸东流。另外，针对重大考试，大学里的考试作弊可以直接开除学籍。刚入学的大学生开始感到困惑，与高中相比，大学的学习任务非但没有减轻，反而加大了知识量、知识面的要求。因此，新生要及时调整心态，正确对待考试，将主要精力投入到大学学习中去。

（三）人际关系转变的适应

中学时，大家心无旁骛地被学习"主旋律"、高考"指挥棒"制约着，没有太多时间顾及人际关系问题。但是，在大学里就不同了。伴随着交往对象、交往形式及交往目的等方面的变化，我们需要学会有效地建立协调的人际关系。大学生人际关系类型增多，在与领导、老师、同学、家人、同乡、好友、异性以及其他社会人员的交往过程中，会遇到多种复杂的情况，面临多种不同类型的需要有针对性进行处理的人际关系，如图1-3所示。大学新生开始犹豫，是坚持"君子之交淡如水"的交友原则，还是进行青春期"闭锁性"的心理自我保护意识。有的学生愿意与人交往，不惧结交陌生人，对与异性的交往非常感兴趣，但由于自尊心强、内心敏感、心理仍具有闭锁性等原因，在交往中难以实现自己的初衷，碰壁之后就感到人际关系不容易处理。因此，大学

图1-3 人际关系

生作为一个特殊群体，面对激烈的竞争和日益强大的社会心理压力，要正确认识和处理人际交往，学会沟通。

（四）就业准备的适应

目前国内严峻的就业形势让我们倍感压力，部分同学面临"就业难""就业迷茫"的现状。从新生入学教育那一刻开始，就应该对自己未来要从事的职业做好规划，有针对性地进行自我分析和职业分析，依据自己的职业目标规划学习和专业实践，并为考取相应的职业资格证书，为将来就业做好铺垫。根据霍兰德的职业性格类型，结合自身兴趣、爱好、需要，明确职业定位，最终达到人职匹配，实现个人价值最大化。

（五）特殊心理压力的适应

大学生异地求学，会因为离开家乡、离开亲人出现心理上的不适应，产生孤独感，使想家的情绪变重；也会因为突然间的放松和环境的改变，遇到一些新的特殊心理压力，主要表现在以下几个方面：

1. 对学校不满意，失去信心

有些同学在高考中没有把握好，与理想的大学或者专业失之交臂，精神颓废，从而失去了成就自己的信心。

2. 对所学专业不感兴趣

有些大学生对自己所学的专业不感兴趣甚至非常厌烦，在调换专业无望的情况下，也想尝试着培养专业兴趣，减轻厌烦的情绪。认识不到自己需要在大学阶段的成长中全面发展，抱着"破罐子破摔"的心态。

3. 家庭生活贫困

有些大学生因家庭贫困，依靠助学贷款和勤工助学维持学业。在学校省吃俭用，依然捉襟见肘。在找到勤工助学的岗位之后，又面临着挤占学习时间、就餐时间和休息时间而当众劳动的压力。对他们而言，因"贫困生"的帽子太沉重了而感到自卑。

4. 情感困惑

有少部分大学生经历着相思或失恋之苦及突然燃起的爱情之火。有些大学生在中学阶段就有恋爱经历，进入大学两地分隔后依然相爱却饱尝时空阻隔、相思之苦；也有就此分手还未走出失恋痛苦的；还有在新的大学环境中，短暂接触而内心燃起爱情之火的。

面对种种的心理压力，新生应积极调整心态，对自己要有一个再认识。目前，大学里基本上都有心理卫生机构，可多去参加有关的健康讲座、心理咨询等活动，帮助自己尽快适应新的学习生活。除此之外，要阅读一些有关心理学方面的书籍，对症下药，找出自己心理存在的问题，有针对性地进行治疗。

三、大学生生活自理的标准

大学生的生活自理能力不仅仅意味着独自面对吃穿住用行，也意味着必须开始独立规划并创造自己的人生，很多事情要开始独立思考和解决。大学生自理能力也包括自我计划能力、统筹安排能力、自我调控能力等在内的综合能力，其生活自理的标准有以下四点：

（一）学会打理日常生活

"一屋不扫何以扫天下？"可是，不少同学不会或不屑"扫屋"，却梦想自己以后能担起"扫天下"的重任，这是不现实的。刚入学的新生，首先应学会日常生活的打理。要做到准时起床、运动，学会自己整理床铺、收拾房间，学会自己洗衣服，学会自己照顾自己。在学习的过程中，如果能够和同学进行交流就更好了，因为同学间的互相影响和互相学习能够在一定程度上促进生活自理能力的提高。

（二）学会管理自己的钱财

生活自理的另外一个重要方面是对钱财的管理。家长一般每周或每月给一次生活费，大学生就要自己独立计划如何进行消费。计划不当或没有计划的学生常常稀里糊涂提前把生活费花完。因此，大学新生要学会"理财"，钱要花在刀刃上，要考虑哪些花销是必需的，哪些是不必要的，哪些是可有可无的，避免月底财政赤字，更要远离网贷。此外，还要根据父母的经济条件和自己"勤工俭学"的能力来进行日常消费。有了这些基本情况的分析，再确定自己每个月的消费计划，使之切实可行。并且要尽量按照计划执行，余下的钱可以存入银行，以备急需之用。

（三）学会处理好人际关系

好的人际关系必须在人际关系的实践中去寻找，从入校那一刻起，同学们在生活、学习、活动中便有了交集。要从各个方面锻炼自己，克服各个方面的心理问题，改善人际关系，与同学相互帮扶，感情上相互交流，师生间教学相长。学会积极主动地调整自己的人际结构，形成积极向上的人际交往认知。另外，重视人际交往，掌握交往技巧，积累交往经验，适当地与朋友交流自己的喜怒哀乐，缓解内心压力。

（四）学会积极应对心理压力

在成长的过程中，每个人都会遇到各种各样的压力和困难。巴尔扎克说过："世界上的事情永远不是绝对的，结果完全因人而异。苦难对于人才是一块垫脚石，对于能干的人是一笔财富，对于弱者则是万丈深渊。"因此，面对压力带来的消极情绪，我们要学会自我调节，积极应对压力、克服困难；在适当的场合下，合理地宣泄自己的情绪；要能够利用好自己人际关系，与家人、朋友进行沟通交流，必要时主动寻求帮助。

大学生的生活自理能力不仅是个人生存和发展的基础，也是衡量教育成败的一个重要指标。家庭教育、学校教育和社会教育应本着对未来负责的态度，为学生的健康成长、全面发展创造和争取各种锻炼的机会。大学生自己也应该从小事做起，从现在开始，培养自己不畏艰难、敢挑重担、自立自强的良好品质，并持之以恒，养成习惯。

四、良好生活习惯的重建

美国心理学家威廉·詹姆士说："播下一种思想，收获一种行为；播下一种行为，收获种习惯；播下一种习惯，收获一种性格；播下一种性格，收获一种命运。"确实，思想是行为的先导，相同行为的多次重复才会变成习惯。励志人士说"一种习惯的养成需要20天"，但改变旧习惯、重建新习惯却不容易。因此，大学生要充分认识重建习惯的重要性，树立良好的生活习惯，促进个人的身心健康发展。

（一）培养良好的作息习惯

进入大学后，要尽快适应新生活，建立新的"生物钟"。培养良好的作息习惯，每天早睡早起，保持充足的、高质量的睡眠是保证机体正常运转的前提。部分学生自制力较差，出现"白天夜晚手机不离手"现象，或整日无所事事，或沉溺于网络，或过多考虑个人感情问题等，导致不良作息习惯的形成。如果长时间作息不规律，严重的可能会导致人体的生理功能出现紊乱，进而导致神经系统功能失调、体内激素分泌紊乱、基础代谢紊乱、免疫功能紊乱等。因此，大学生应注意养成良好的作息习惯，学会自我控制和约束，科学合理地安排作息时间，做到劳逸结合、张弛有度、规律作息，保持精力充沛、活力四射的健康体魄。

（二）养成自觉锻炼的习惯

歌德说："只有运动才可以除去各种各样的疑虑。"体育锻炼不但可以缓解学习和生活压力，还可以放松心情、增加生活乐趣，有助于提高学习效率。体育锻炼是健康生活习惯中十分重要的一部分,很多大学生不懂得体育锻炼的重要性,缺乏锻炼意识。有规律的体育锻炼可以有效地调动肌体活力,增强身体的免疫功能,还可以加速人体新陈代谢,使我们感到神清气爽、心情愉快。在日常生活中大学生可以坚持每天早晨跑步,或者适当进行游泳、羽毛球、篮球、足球、跳绳、乒乓球等各项有氧运动来锻炼自己。始终坚信运动是生命的滋润剂,健身是青春的美容师,生命在运动中延续,健康在锻炼中加固!

(三)形成健康的饮食习惯

良好合理的健康饮食习惯是身体健康生长、发育的重要途径,反之不良的饮食习惯则会导致人体正常的生理功能紊乱而感染疾病。早饭,饮食不规律。很多同学起床较晚,来不及去食堂吃早饭便去上课,或让同学带饭并着急忙慌在教室吞咽,有的索性不吃早饭,有的则在课间饿的时候吃零食。午饭,不懂得营养搭配、荤素搭配。喜欢吃什么就经常吃、想吃什么就吃,不考虑营养价值,盲目满足口欲。晚饭,暴饮暴食。忙碌了一天,到了晚上终于有时间外出改善生活,开始大吃大喝放纵自我。大学时期,我们要本着对自己身体负责的态度,注意安排好饮食,逐步形成良好的饮食习惯。吃饭要定时定量,早饭要吃好、午饭要吃饱、晚饭要吃少;注意营养搭配、荤素搭配,多吃蔬菜和水果,不挑食偏食,注意营养均衡。

(四)克服不良网络习惯

在信息化时代,不可否认计算机网络对大学生的学习和生活带来极大便利,但同时也带来了不少负面影响。一些学生手机不离手,沉迷于网络游戏、网聊、"抖音、快手"APP,甚至熬夜进行,无法自拔,而白天上课无精打采,在课堂上睡觉。"嗜网络成瘾"的现象严重地影响了大学生的身心健康和学业成绩。另外,大学生还要远离烟酒,防止烟酒对我们身体造成的直接或间接危害。生活中,还要养成良好的卫生习惯,注意个人和公共卫生,不随地吐痰、乱扔废纸;保持宿舍卫生,及时倒垃圾;勤换洗衣物、勤晒被褥等。

她的名字叫李欢

李欢是一个年轻漂亮的姑娘,今年21岁。在她4岁的时候患上了进行性营养不良的绝症,医学上很难治愈。由于身体原因,李欢小学阶段在家自学,到学校参加考试;中学起坚持到学校上课,初中毕业后考取了贵阳市的重点高中,又因为学习成绩优秀，保送到某院校会计学院财务管理专业学习。在家每天的起居都需要父母、爷爷的照顾，在学校需要老师、同学的帮助，李欢除了学习财务管理专业的课程，还选修了金融学作为第二专业，业余时间自学考取会计专业相关资格证书。她在享受充实的学习生活带给她的幸福感，快乐地说："如有可能，我将一直学下去！"

分析：对于我们来说，你既要能够适应白天，也能够适应夜晚，在白天能感受阳光的温暖，在夜晚能够欣赏星空的闪烁。

活动与训练

你画我猜

一、活动目标

调动学生积极性，促进同学间的相互了解与认识。

二、规则与程序

（一）活动时间

建议用时30分钟。

（二）活动准备

20幅图画题目，1名主持人，2名工作人员。

（三）活动步骤

1. 教师事先准备20幅图画题目（数量以学生总数为准），每四人一组进行猜谜活动。

2. 主持人请每个小组围成圆圈坐下，开始你画我猜活动。一组是进行绘画的小组，其间不能说话，只能用图画或动作来展示。另一组是猜谜的小组，要根据提示进行快速猜谜。

3. 猜对者有奖励，每个小组进行比赛，答对题目最多者获胜。

三、总结

结束后，每个小组选出一位代表，与全班同学分享彼此的感受。

心理适应性测试

一、活动目标

了解自身的心理适应能力。

二、规则与程序

心理适应性，又称为心理适应能力，即人对变化了的周围环境的适应。心理适应性强的人，在遇到各种复杂、紧急、危险或令人恐惧的情况时，仍能泰然处之，发挥自己的原有能力，甚至超水平发挥；心理适应性差的人，一遇到特殊情况，就不知所措，紧张万分，甚至显得十分无能，与平时的状态判若两人。

下面是一个简单的心理适应性测试量表。它包括20个题目，每个题目后面有5个选项。请在阅读题目后，从中选择最符合自己实际情况的选项。

（1）假如把每次考试的试卷拿到一个安安静静、无人监考的房间去做，我的成绩一定会更好。（　　）
  A. 完全同意 B. 比较同意 C. 一般 D. 比较不同意
  E. 不同意

（2）夜间走路，我能比别人看得更清楚。（　　）
  A. 完全同意 B. 比较同意 C. 一般 D. 比较不同意
  E. 不同意

（3）每次离开家到一个新的地方，我总有些不适应，如失眠、拉肚子、皮肤过敏等。（　　）
  A. 完全同意 B. 比较同意 C. 一般 D. 比较不同意
  E. 不同意

（4）我在运动会上取得的成绩常比体育课或平时练习的成绩更好。（　　）
  A. 完全同意 B. 比较同意 C. 一般 D. 比较不同意
  E. 不同意

（5）我每次明明已把课文背得滚瓜烂熟了，可是在课堂上背的时候，总会出差错。（　　）
  A. 完全同意 B. 比较同意 C. 一般 D. 比较不同意
  E. 不同意

（6）开会轮到我发言时，我似乎比别人更镇定，发言也显得很自然。（　　）
  A. 完全同意 B. 比较同意 C. 一般 D. 比较不同意
  E. 不同意

（7）我在冬天比别人更怕冷，在夏天比别人更怕热。（　　）
  A. 完全同意 B. 比较同意 C. 一般 D. 比较不同意
  E. 不同意

（8）在嘈杂、混乱的环境中，我仍然能够集中精力地学习、工作，效率并不会明显降低。（　　）
  A. 完全同意 B. 比较同意 C. 一般 D. 比较不同意
  E. 不同意

（9）每次检查身体，医生都说我"心跳过速"，其实我平时的脉搏很正常。（　　）
  A. 完全同意 B. 比较同意 C. 一般 D. 比较不同意
  E. 不同意

（10）如果需要的话，我可以熬一个通宵，精力充沛地学习或工作。（　　）
  A. 完全同意 B. 比较同意 C. 一般 D. 比较不同意

E. 不同意

(11) 当父母或兄弟姐妹的朋友来家里做客时，我尽量回避他们。（　　）
  A. 完全同意 B. 比较同意 C. 一般 D. 比较不同意
  E. 不同意

(12) 出门在外，虽然吃饭、睡觉、环境等方面的变化很大，但是我很快就能习惯。（　　）
  A. 完全同意 B. 比较同意 C. 一般 D. 比较不同意
  E. 不同意

(13) 参加各种比赛时，赛场上越热烈，观众越加油，我的成绩反而越上不去。（　　）
  A. 完全同意 B. 比较同意 C. 一般 D. 比较不同意
  E. 不同意

(14) 上课回答问题或开会发言时，我能镇定自若地把事先想好的一切都完整地说出来。（　　）
  A. 完全同意 B. 比较同意 C. 一般 D. 比较不同意
  E. 不同意

(15) 我觉得一个人做事比大家一起做事的效率高一些，所以我愿意一个人做事。（　　）
  A. 完全同意 B. 比较同意 C. 一般 D. 比较不同意
  E. 不同意

(16) 为了求得和睦相处，我有时常常放弃自己的意见，附和大家。（　　）
  A. 完全同意 B. 比较同意 C. 一般 D. 比较不同意
  E. 不同意

(17) 当着众人和生人的面，我感到窘迫。（　　）
  A. 完全同意 B. 比较同意 C. 一般 D. 比较不同意
  E. 不同意

(18) 无论情况多么紧迫，我都能注意到应该注意的细节，不会丢三落四。（　　）
  A. 完全同意 B. 比较同意 C. 一般 D. 比较不同意
  E. 不同意

(19) 和别人争吵时，我常常哑口无言，事后才想起该怎样反驳对方，可是已经太迟了。（　　）
  A. 完全同意 B. 比较同意 C. 一般 D. 比较不同意
  E. 不同意

(20) 我每次参加正式考试或考核取得的成绩，常常比平时的成绩更好。（　　）
  A. 完全同意 B. 比较同意 C. 一般 D. 比较不同意
  E. 不同意

三、计分与结果判断

凡是单号题目,从第一到第五种回答依次计1、2、3、4、5分;凡是双号题目,从第一到第五种回答依次计5、4、3、2、1分。将自己所得的分数累加求和,得到总分。

总分在81~100分的,适应性很强;在61~80分的,适应性较强;在41~60分的,适应性一般;在21~40分的,适应性较差;在0~20分的,适应性很差。

如果你在这个测查中得高分,说明你的心理适应能力较强。但是,如果你得分较低也不必忧心忡忡,因为一个人的心理适应能力是随着年龄的增长、知识经验的丰富而不断增强的。只要你充满信心,刻苦学习,虚心求教,加强锻炼,你的心理适应能力一定会增强的。

思考与练习

> 1. 你做好开始高职学习生活的准备了吗?请结合实际情况,分析自己在哪些方面还需要加强适应和调整,以确保顺利适应新的环境?
> 2. 面对新的学习环境,你应该如何适应并规划自己的学业?
> 3. 你对自己的大学集体生活适应的状况是否满意?请结合自身情况进行评估。

模块二 从"心"认识自己，悦纳自我

模块导读

"知己知彼，百战不殆。"这是《孙子·谋攻》中的一句话，是千百年来，中国古代著名的大军事家总结出来的。这句话不仅广泛适用于军事界，也适用于我们生活的各个领域。它告诉我们战争前必须了解对手以及做好准备的重要性。推而广之，就是无论做任何事情，都要事先了解清楚，才能成功。

在我们的周围，有的同学有自卑心理，正是自卑感阻碍了他们的社会交往和成长进步；与此同时，也有不少同学因为自负走向了另一个极端。这些不能客观评价自己的现象，究其原因，在于对自己认识的不足。"认识你自己"这句古希腊德尔斐神庙门楣上的格言，被苏格拉底作为自己的哲学原则的宣言。"我是谁？""我是怎样的人？"这些看似再简单不过的问题，你真的认真想过吗？我们要做到既不妄自菲薄，也不妄自尊大。

模块二

从"心"认识自己，悦纳自我

2.1 认识自我，正视自己

名人名言

提升自己的要诀是切勿停留在原地不动，而欲达到此目的，首先要有不满现状的心理。但是仅仅不满足是不够的，你必须决定下一步往何处去！千万不要做个只会成天抱怨的懒人。

——麦尔顿

 学习目标

1. 了解自我意识的内涵与特点。
2. 理解影响自我意识发展的因素。

 **导入案例**

你了解自己吗

李云是一个聪明能干的女生，不仅家庭条件好，人也长得漂亮，能歌善舞，很受同学欢迎。辅导员也很喜欢她，并视她为班干部骨干成员，班里大小事都让她管理。渐渐地，李云越来越自命不凡，不断和同学之间产生矛盾。学期初，班级重新成立班委会，辅导员征求她的意见，她说这个"没主见"，那个"不会说话"，不是摇头就是撇嘴，感觉全班除了她没人能当班干部了。也许正是她的这种态度，引起了同学们的普遍不满，班干部竞选时，她以10票之差落选班长。她看见结果后感到很委屈，下午的课也没去上。

分析：过高的自我评价是一种与过低的自我评价相对立的自我意识状态，个体往往夸大现实的自我，形成错误的自我认知。这种类型的同学往往盲目乐观、自信，以自我为中心，容易引起别人的反感与不满。案例中的李云同学应该在自我认知的前提下进行自我调节，谦虚收敛，才会慢慢被同学们认可和接纳，重新回到群体之中。

一、自我意识的内涵

自我意识是指个体对自己以及自己与周围世界关系的认识与评价,以及对自身行为的支配和控制的能力。自我意识不是单一的,而是一种多维度、多层次的复杂心理系统,如图2-1所示。从形式、内容、自我观念可进行三个维度理解。

(一)从形式上看自我意识

从形式上看,自我意识具有认知、情绪、意志三种形式,分别称为自我认识、自我体验和自我调节。

(1)自我认识是自我意识的认知成分,是自我调节控制的心理基础,包括自我感觉、自我概念、自我观察、自我分析和自我评价。

图2-1 自我

(2)自我体验是自我意识在情感方面的表现。自尊、自卑、自满、自责、自我欣赏等都是自我体验的具体内容。

(3)自我调节是自我意识的意志成分。自我调节主要表现为个人对自己的行为、活动和态度的调控。它包括自我检查、自我监督、自我控制等。

- 自我控制的主体:自我;
- 自我控制的依据:自己的信念和目标、外在的期望和规范;
- 自我控制的对象:自己的心理和行为、外在的环境和事件;
- 自我控制的表现:启动/停止、坚持/放弃某种心理和行为;
- 自我控制的过程:环境和个人认知、选择和确定目标、制定和完成计划、评估和反馈结果;
- 控制的结果:目标的实现。

(二)从内容上看自我意识

从内容上,自我意识分为生理自我、社会自我和心理自我三个方面。

(1)生理自我,是指个体对自己的生理属性的意识,是自我意识的最初形态。具体是指对自己的身体、体能、容貌以及温饱感、舒适感、病痛等生理方面的意识。

(2)社会自我,是指对自己思维、情感、意志等心理活动的认识。不仅包括个体对周围客观环境和人的影响、作用的认识和体验,还包括对自身在客观世界中的地位、责任、力量的认识和体验,也就是对社会方面的自我的认识。

(3)心理自我,是对自己心理活动状态的认识,如智慧、能力、性格、气质、兴趣爱好、意志等的认识和体验。

（三）从自我观念看自我意识

从自我观念的角度出发，则可以分为现实自我、投射自我和理想自我。

（1）现实自我指个体对自己受环境熏陶，在与环境相互作用中所表现出的现实状况和实际行为的意识。它是自我现实的、社会存在的真实反映。

（2）投射自我（镜中自我）是想象中他人对自己的看法和评价。它与现实自我可能存在差距，即自我的认知与别人对自己的看法一般具有一定的差距。

（3）理想自我指个体为满足内心需要，在意念中建立起来的有关自己的理想化形象。是满足个体需要的反映，而非实际存在的东西。

二、自我意识的特点

个体的自我意识是在外部环境的影响下，通过自我的主观努力形成的。大学生的意识呈现出自我认识的矛盾性、自我体验的情绪性、自我调控的薄弱性等特点。

（一）自我认识的矛盾性

由于青年身心发展不成熟，缺乏一定的社会经验，从而对自己的兴趣、需要、信仰、理想、性格、气质、能力等认识不清晰，导致自我认识具有片面性和不准确性，主观上把自己定位较高，但对自己的评价却很肤浅，因而产生主观自我与客观自我、理想自我与现实自我的矛盾、渴望自由与心理依赖的矛盾、积极自我与消极自我的冲突。

（二）自我体验的情绪性

自我体验是自我意识的情绪形式。与人生的其他阶段相比，大学生处于青年阶段，他们的自我体验更加丰富、复杂，情绪化倾向十分明显。大学生的自尊心和自信心不断增强，非常在意他人的言行和态度，自我体验十分敏感。他们容易缺乏逻辑和理性思考，有时感到喜悦、自豪、满足、充实、幸福、责任重大；还会表现出短暂、起伏、易变等特点。

（三）自我调控的薄弱性

自我调控是自我意识的意志成分，是一个人对自己的外显行为和心理活动的控制过程。外显表现就是对自己的言谈举止进行控制和调节。大学生自我调控意识的薄弱性，主要表现在自律性不足和缺乏自主性，容易受外界环境与刺激的影响，自律性差，抵抗诱惑能力差。

三、影响自我意识发展的因素

自我意识是人格发展的核心要素。大学生的自我意识处于初步形成并定型时期，自我意识逐步成熟，其间经历了"分化—矛盾—整合"的过程，其自我意识的发展受多种因素的影响和冲击。

(一) 时代背景

在互联网信息化时代，我们足不出户通过大数据的"线上线下"运营，就能获得日常生活所需要的物质和精神食粮。"快递""外卖""支付宝""微信扫码"等这些新兴词汇活跃在我们的日常生活中，为我们提供了更为便利的服务。时代赋予我们方便、快捷的生活环境，同时也把许多心理压力和冲突摆在了我们面前。大学生开始忽略人与人之间的交流，沉迷于手机网络，通过QQ、微信进行聊天交友。自由和开放促进了自我的活跃和选择的主动性，但也带来更大的不确定性和不安全感；差异和对比可刺激个体为实现自我价值而不断努力、超越自我，也会导致心理失衡和自我的失落；变化和发展提供了更多便利，也带来了更大的挑战和适应问题。

(二) 文化背景

文化是相对于政治、经济而言的人类全部精神活动及其产品，既包括世界观、人生观、价值观等具有意识形态性质的部分，又包括自然科学和技术、语言和文字等非意识形态的部分。应该说，文化是自我意识形成和整合的生活背景和关键影响因素之一。心理学家就文化背景对个体影响程度，对大约300名来自美国和印度的学生进行了"二十句测验"。表2-1的数据显示了测验结果。

表2-1　美国与印度学生"二十句测验"的结果

类别	举例	美国		印度	
		男	女	男	女
社会身份	我是学生	34%	28%	26%	26%
	我是女儿				
思想信念	我相信所有人都是好人	2%	2%	2%	1%
	我相信上帝				
兴趣	我喜欢弹钢琴	7%	16%	6%	5%
	我喜欢旅行				
志向	我想成为一名医生	11%	15%	2%	2%
	我想深入学习心理学				

续表

类别	举例	美国		印度	
		男	女	男	女
自我评价	我诚实、努力	35%	33%	64%	65%
	我的个子高				
其他	我有一个很吵闹的朋友	11%	6%	1%	0%
	我养了一条狗				

注：表中数据为各类答案所占的百分比。

结果显示，最显著的差异表现在学生们做出自我评价的比率，美国学生的独立性较强，他们愿意做出更多的自我评价，而印度学生做出的自我评价则相对较少，他们给出了更多的社会身份的声明，这与他们对于自我的相互依赖的感觉一致。另外，两个国家的男性和女性之间差异很小，可见各国的文化背景对个体的影响很大。

（三）人际环境

人际环境是指个人成长中与父母、教师、朋友以及彼此间相互作用的方式和程度等。父母的教育方式、家庭关系是个体自我价值获取的来源，教师、同伴的认同与接纳影响着个体的自尊、自信，集体地位、学校体验是个体自我同一性形成的重要影响因素，并在潜移默化中影响着个人的自我意识、自我认知和自我体验。

（四）自我价值

自我价值是个体心理中最具影响力的因素，它决定着自我定位和自我发展的走向以及个体的自我评价和自我体验。多元化的社会形成了个体多元化的价值取向。作为同龄人中能够接受高等教育的人，大学生对自我有较高的积极评价，但由于他们远离社会缺乏社会经验，在校园浓郁的学术与文化氛围中生存成长，对社会的了解缺乏切肤的实际与客观的目光，特别是随着高等教育大众化进程的推进，适龄青年接受高等教育机会的增加，社会对大学生的评价更趋客观。大学生自我价值的光环消失后，使他们产生失落感。

（五）理想自我与现实自我的差距

理想自我是指个体想要达到的完美形象，是追求的目标中的我。现实自我是对现实中自我的各种特征的认识，不及理想自我，存在着一定的差距。但如果差距过大，则有可能引起一系列心理问题。如导致个体出现"理想真空带"与"动力缓冲带"，一时间找不到自己生活的方位，开始焦虑与不安。个体为摆脱这种焦虑与不安，力图使自我意识统一，但由于个人具体的情况不同，自我再统一可能是积极的，也可能是消极的。

"乔韩窗口"理论

美国心理学家 Joseph Luft 和 Harrington Lngham 提出关于人自我认识的窗口理论。他们认为人对自己的认识是一个不断探索的过程。因为每个人的自我都有四部分：公开的自我，也就是透明真实的自我，这部分自己很了解，别人也很了解；盲目的自我，别人看得很清楚，自己却不了解；秘密的自我，是自己了解但别人不了解的部分；未知的自我，是别人和自己都不了解的潜在部分，通过一些契机可以激发出来，如图2-2所示。

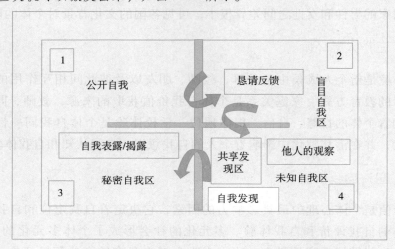

图2-2 "乔韩窗口"理论

恳请反馈→他人的观察→缩小自己不知道的盲目自我；

自我表露/揭露→自我发现→缩小别人不知道的秘密；

共享发现→整合信息→扩大开放区→探索更多未知自我。

1. 公开的自我——我知道，别人也知道

"开放区"是自我最基本的信息，也是了解自我、评价自我的基本依据。

2. 盲目的自我——我不知道，别人知道

与自我观察、自我反省的能力有关。而熟悉并指出"盲目区"的他人，往往也是关爱、欣赏你的人，或者信任你的人（虽然也可能是最挑剔你的人）。所以，我们要学会用心聆听，重视他人的回馈。

3. 秘密的自我——我知道，别人不知道

适度的内敛和自我隐藏，给自我保留一个私密的心灵空间，是正常的心理需要。没有任何隐私的人，就像住在透明的房间里，缺乏自在感与安全感。但是隐藏的自我太多，开放的自我就太少，如同筑起一座封闭的心灵城堡，也就无法与外界进行真实有效的交流与融合。

4. 未知的自我——我不知道，别人也不知道

这是未知的潜意识领域，仿佛隐藏在海面下的冰山，力量巨大却又容易被忽视。对未知区域的探索和开发，能更全面而深入地认识自我、激励自我、发展自我、超越自我。学着尝试一些全新的领域，挖掘潜力，会收获惊喜。

让自己成为珍珠

有一个自以为是全才的年轻人，毕业以后屡次碰壁，一直找不到理想的工作，他觉得自己怀才不遇，对社会感到非常失望。多次的失败，让他伤心而绝望，他感到没有伯乐会来赏识他这匹"千里马"。痛苦绝望之下，有一天，他来到大海边，打算就此结束自己的生命。在他正要自杀的时候，正好有一位老人从附近走过，看见了他，并且救了他。老人问他为什么要走绝路，他说自己得不到别人和社会的承认，没有人欣赏并且重用他……

老人听后，从脚下的沙滩上捡起一粒沙子，让年轻人看了看，然后就随便地扔在了地上，对年轻人说："请你把我刚才扔在地上的那粒沙子捡起来。""这根本不可能！"年轻人说。

老人没有说话，从自己的口袋里掏出一颗晶莹剔透的珍珠，随手扔在了沙滩上，然后对年轻人说："你能不能把我刚才扔掉的那颗珍珠捡起来呢？"

"当然可以！"

"那你现在就应该明白是为什么了吧？你应该知道，现在你自己还不是一颗珍珠，所以你不能苛求别人立即承认你。如果想要别人承认你，那你就要想办法使自己成为一颗珍珠才行。"

年轻人蹙眉低首，一时无语。

分析：大学生年轻气盛，往往会高估自己，瞧不起别人，常常发出"天下谁人不识君"的感慨，却拎不清自己的分量。甚至个别人由于错误的原因而走向极端，玷污了大学生宝贵的声誉。对大学生而言，必须清醒地知道自己只是一粒普通的沙，而不是价值连城的珍珠。

活动与训练

认识自我

一、活动目标

从多个角度了解别人对自己的评价，全面认识自己。

二、规则与程序

（一）活动时间

建议用时 20 分钟。

（二）活动准备

准备材料（每个学生一份）：白纸、黑色记号笔。

（三）活动步骤

1. 教师分发材料；
2. 要求学生思考并填写。

```
父母心中的我：_____
朋友心中的我：_____
老师心中的我：_____
同学心中的我：_____
自己心中的我：_____
```

三、总结

完成后同学以小组为单位进行交流分享。

自我和谐量表（SCCS）

下面是个人对自己看法的陈述，填答时请看清每句话的意思，然后圈选一个数字（1 代表该句话完全不符合您的情况；2 代表比较不符合您的情况；3 代表不确定；4 代表比较符合您的情况；5 代表完全符合您的情况），以代表该句话与您现在对自己的看法相符合的程度，每个人对自己的看法都有其独特性，因此答案是没有对错的，如实回答就行。

1. 我周围的人往往觉得我对自己的看法有些矛盾。　　　　　1 2 3 4 5
2. 有时我会对自己在某方面的表现不满意。　　　　　　　　1 2 3 4 5
3. 每当遇到困难，我总是首先分析造成困难的原因。　　　　1 2 3 4 5
4. 我很难恰当表达我对别人的情感反应。　　　　　　　　　1 2 3 4 5
5. 我对很多事情都有自己的观点，但我并不要求别人也与我一样。　1 2 3 4 5

6. 我一旦形成对事物的看法，就不会再改变。　　　　　　1　2　3　4　5
7. 我经常对自己的行为不满意。　　　　　　　　　　　　1　2　3　4　5
8. 尽管有时得做一些不愿意的事，但我基本上是按自己意愿办事的。　　1　2　3　4　5
9. 一件事好是好，不好是不好，没有什么可含糊的。　　　1　2　3　4　5
10. 如果我在某件事上不顺利，我往往会怀疑自己的能力。　1　2　3　4　5
11. 我至少有几个知心朋友。　　　　　　　　　　　　　　1　2　3　4　5
12. 我觉得我所做的很多事情都是不该做的。　　　　　　　1　2　3　4　5
13. 不论别人怎么说，我的观点绝不改变。　　　　　　　　1　2　3　4　5
14. 别人常常会误解我对他们的好意。　　　　　　　　　　1　2　3　4　5
15. 很多情况下我不得不对自己的能力表示怀疑。　　　　　1　2　3　4　5
16. 我朋友中有些是与我截然不同的人，这并不影响我们的关系。　1　2　3　4　5
17. 与朋友交往过多容易暴露自己的隐私。　　　　　　　　1　2　3　4　5
18. 我很了解自己对周围人的情感。　　　　　　　　　　　1　2　3　4　5
19. 我觉得自己目前的处境与我的要求相距太远。　　　　　1　2　3　4　5
20. 我很少去想自己所做的事是否应该。　　　　　　　　　1　2　3　4　5
21. 我所遇到的很多问题都无法自己解决。　　　　　　　　1　2　3　4　5
22. 我很清楚自己是什么样的人。　　　　　　　　　　　　1　2　3　4　5
23. 我能自如地表达我所要表达的意思。　　　　　　　　　1　2　3　4　5
24. 如果有足够的证据，我也可以改变自己的观点。　　　　1　2　3　4　5
25. 我很少考虑自己是一个什么样的人。　　　　　　　　　1　2　3　4　5
26. 把心里话告诉别人不仅得不到帮助，还可能招致麻烦。　1　2　3　4　5
27. 在遇到问题时，我总觉得别人都离我很远。　　　　　　1　2　3　4　5
28. 我觉得很难发挥出自己应有的水平。　　　　　　　　　1　2　3　4　5
29. 我很担心自己的所作所为会引起别人的误解。　　　　　1　2　3　4　5
30. 如果我发现自己某些方面表现不佳，总希望尽快弥补。　1　2　3　4　5
31. 每个人都在忙自己的事，很难与他们沟通。　　　　　　1　2　3　4　5
32. 我认为能力再强的人也可能遇上难题。　　　　　　　　1　2　3　4　5
33. 我经常感到自己是孤独无援的。　　　　　　　　　　　1　2　3　4　5
34. 一旦遇到麻烦，无论怎样做都无济于事。　　　　　　　1　2　3　4　5
35. 我总能清楚地了解自己的感受。　　　　　　　　　　　1　2　3　4　5

【计分与解释】

各分量表的得分为其包含的项目分直接相加，三个分量表包含的项目为：

自我与经验的不和谐：1，4，7，10，12，14，15，17，19，21，23，27，28，29，31，33

自我的灵活性：2，3，5，8，11，16，18，22，24，30，32，35

自我的刻板性：6，9，13，20，25，26，34

将自我的灵活性反向计分，再与其他两个分数相加。得分越高自我和谐度越低。在大学生中，低于74分为低分组；75～102分为中间组；103分以上为高分组。

三、测试结果说明

"自我与经验的不和谐"：反映的是自我与经验之间的关系，包含对能力和情感的自我评价、自我一致性、无助感等，它所产生的症状更多地反映了对经验的不合理期望。分数越高，表明自我与现实经验越不和谐，主观幸福感越差，且有神经质倾向。

"自我的灵活性"：反映的是自我有较深刻的反省，有较高的自尊水平和较强的自信心，愿意求助他人，这有助于提高自己情绪和行为的协调性。分数越高，自我灵活性越高，高分者强烈要求自己个性的发展，激烈的竞争和强烈的自尊使其不甘人后，尽快调整心情，适应特殊环境，以期在日后取得好成绩。相反，自我灵活性低者，自尊水平低，多有自卑感，对现实的适应缺乏主动性，而显现出刻板、不和谐。

"自我的刻板性"：反映的是个体适应能力、心理调整能力的高低和不良个性的内心冲突。它与身心症状自评量表测量结果的躯体化、强迫、人际关系敏感、抑郁、焦虑、敌对、恐怖、偏执等症状显著相关。分数越高，自我和谐程度越低，可能因对环境不满或逃避而导致自我的僵化，不能改变时则产生无助感。

自我和谐测量总分是将"自我的灵活性"反向计分，再与其他两个分量表分数相加得到的，其分数越高，自我和谐程度越低。

思考与练习

1. 简述自我意识的内涵与特点。
2. 结合自我经验，谈谈影响自我意识发展的因素有哪些？

模块二

从"心"认识自己，悦纳自我

2.2 天生我材，悦纳自我

名人名言

一个人是否有成就只有看他是否具有自尊心和自信心两个条件。

——苏格拉底

 学习目标

1. 理解自我意识偏差。
2. 能够理解自我意识偏差的调试，学会悦纳自我。

小晨的自我意识

小晨来自农村，家境贫寒，相貌平平，身高矮小，她从内心深处是一个自卑的人。在校期间，她一方面努力完成学业，另一方面要为生计奔波做各种兼职。在别人眼里她是一个自律、认真、聪明的女孩。但她却不这么认为，她觉得这只是一种无可奈何的选择。平常的她可以与周围的人融洽相处，似乎是个开朗的人。但她说这不是真实的她。她从来不敢与他人谈论自己的家、诉说自己那份奔波的辛苦，因为这些都是她心底最隐秘的东西，也是让她感到极度自卑的地方，想改变却又是徒劳的。她认为这个"自卑"的我才是真正的"我"，而那个外在的"我"不过是个假象而已，从来也不曾真实地存在过。

观点：小晨无法将"外在的我"与"内在的我"统一起来，认为自己"外在的我"只是个假象而已，并不真正存在，从而不能在心理上认同这样一个自我形象，只认定那个"自卑"的自我形象。所以，无论事实上她有多优秀、多出色、多成功，她都不能真正认同，依然是自卑的。这样的自我意识误区，致使她始终摆脱不了"自卑"的阴影，无法形成正确的自我概念和树立健康的自我形象。

一、大学生自我意识的偏差

（一）自卑

自卑是一个人对自身能力、品质等作出偏低的评价，总觉得自己各方面都比较差，悲观失望、丧失自信心、焦虑抑郁等。自卑心理的产生绝大部分与童年的创伤性经历有关。虽然成年产生自卑心理的也大有人在，但是孩童时代所受创伤造成的自卑感持续时间最长、影响最大、克服起来也最不容易。主要表现在：一是过分敏感，自尊心强。渴望得到关注和重视，过分看重别人对自己的评价，任何负面的评价都会导致内心激烈的冲突，甚至扭曲别人的评价。比如，别人真诚地夸他，他会认为是挖苦，别人不经意的一句话，都会在其内心引起波澜，胡乱猜疑。二是心态失衡。丧失自我价值体验，心态失衡，陷入恶性的心理体验之中，走不出心理的阴影，很难摆脱现实的困境。受到欺负时，即使内心不服气，也自认为是正常的，非常认同自己的弱势身份。严重时极易导致自残、轻生等极端的行为。

（二）自负

自负是一种自我意识偏差，而自负者通常有如下行为：

（1）对批评的反应十分激烈，常常表现为愤怒、羞愧或感到耻辱（尽管不一定当即表露出来）。

（2）总是喜欢指使他人，要他人为自己服务。

（3）过分自高自大，对自己的才能夸大其词，希望受人特别关注。

（4）坚信他关注的问题是世上独有的，不能被某些特殊的人物了解。

（5）对成功、权力、荣誉、美丽或理想爱情有非分的无限幻想。

（6）认为自己应享有他人没有的特权。

（7）渴望持久的关注与赞美。

（8）缺乏同情心。

（9）有很强的嫉妒心。

（三）自我中心

高职学习阶段是大学生自我意识发展最强烈的时期。这一阶段的他们强烈关注自我，再加"00后"的独生子女自带优越感，他们喜欢从自我的角度、标准去认知、评价和行动，加之生活在"互联网+"环境下，他们偏向于在网络世界独处，自我封闭，呈现明显的自我中心倾向。自我中心的人凡事从自我出发，习惯于把"我"作为注意的中心，不能设身处地地进行客观思考。在日常生活中，往往把注意力过分集中在自己的需求和利益上，不顾及他人的感受和需要，不能采纳不同的意见。因此，自我中心的人处理不好人际关系，不容易赢得他人的好感和信任，行为做事难以得到他人的帮助，易遭遇挫折，被同学孤立。

（四）从众心理

从众心理是指在群体的影响和压力下，放弃自己的意见而采取与大多数人一致的自我保护行为。一些大学生认为大家所思所想即代表我，缺乏自己的主见，一味地随大流、凑热闹，甚至只是为了求得他人的认同而从众，改变自己的目标与计划。若从众心理过强则会影响个人发展，缺乏主见和独立性会限制个人自主性和创造性的发展。

二、自我意识偏差的调试

在自我意识发展过程中存在着各种矛盾与偏差是正常现象，不必因此而焦虑或苦恼。只要我们掌握正确的调试自我意识的构建方法，健全自我意识，正确地认识自我、悦纳自我，不断地完善自我、超越自我，依旧会拥有属于自己的快乐人生，如图 2-3 所示。

图 2-3　认识自我

（一）全面分析认识自我

全面而正确的自我认知是培养健康的自我意识的基础。大学生不仅要了解生理自我的状况，更要对自己的心理自我和社会自我的现实状况有深入的了解与认识。一个人只有全面、正确地认识自我，客观、准确地评价自我，才能扬长避短、取长补短，才能在此基础上，合理安排自己的工作和生活，不对自己提出过高的、不切实际的期望目标，也不低估自己的素质和潜力，这样才能充分发挥自己的现实能力和潜在能力。

（二）正确比较认识自我

个人要了解、认识自己的外貌、体态等外在特性是比较容易的，而要认识自己的意识、智力、能力、性格等内在特性是比较不容易的，因为它们不是一目了然的。如何认识和把握人的这些内在特性呢？首先，我们要全面看待自己的优缺点。每个人都既有长处，又有弱点，不能十全十美，所以要接纳自己的不完美，树立正确的认知观念。其次，多角度评价自我。通过自我评价和听取他人对自己的评价，可以更为正确地认识自己。再次，经常地反省自我。通过反省并分析自己成功或失败的原因，对自己做一分为二的分析，严于剖析自己、敢于批评自己，调整自我评价。最后，通过比较认识自我。和自己比，比较自己的成长变化，离理想的自己还有多少差距；和别人比，"取其精华弃其糟粕"就是"得意不忘形，失意不失志"的道理；不要拿别人的长处与自己的短处比，也不要将自己的优点与他人缺点比。因此，既不要妄自尊大，也不要妄自菲薄。

（三）悦纳自我，接受不完美的自己

自我悦纳是对自己的本来面目持肯定、认可的态度，是自我意识健康发展的关键所在。高职学生要学会高兴地、愉快地接受自己的一切，包括身体、性别、家庭背景、社会关系和经济地位。"寸有所长，尺有所短"，没有十全十美的人，我们要正视自己的不完美。要学会欣赏自己、善待自己。不能接纳自我的人，往往自我否定、自我拒绝，有强烈的自卑心理，表现为压抑、不快乐、自暴自弃。因此，要使自己成为幸福的人，就要愉悦地接纳自我，勇敢面对失败，建立自信，做到自尊、自爱、自珍、自强。

（四）行动起来，健全自我意识

全面客观地认识自我，自主愉快地接纳自我，是为了更好地完善自我、塑造自我和超越自我。因此，我们行动起来，有效地健全自我意识。在生活和学习中要做到：学会规划人生，确立合乎自我的目标；培养顽强的意志力，发展坚持性和自制力，增强挫折耐受力；赞美自己，赞美他人，帮助他人，向他人学习；创造机会，感受成功，培养自信心；努力超越自我，不断地学习和修养自己的积极品质，破除陈旧观念。

总结案例

翅膀折了，心在飞翔

2006年由著名导演冯振志执导的青春励志电影《隐形的翅膀》一经公映便引起

了社会各界人士的广泛关注。故事根据真实事件改编,女主角由故事的原型雷庆瑶出演。

雷庆瑶原本是一个跟大家一样有着快乐童年的女孩,在三岁那年的一次意外事故中遭电击失去双臂。这个美丽的生命在此刻遭到幸和不幸的重大抉择。悲痛和挣扎过后,她凭借自己永不服输的坚强性格勇敢地走上了幸运之路。她用双脚学会了自己穿衣、吃饭做饭、缝补衣物,同时学会了书法和绘画,还学会了游泳,并在残运会上取得了第四名的优异成绩。

分析: 当沉睡在茧中的蛹挣扎着痛苦地想要冲破束缚时,它用尽全身力气,挣脱,挣脱……可是好长时间过去了,它的身体仍有一大截还未出来,它疼痛、疲倦,可是它不能放弃,放弃就意味着死亡,所以它只得忍住,继续坚持。影片的故事本身就是对坎坷人生的象征与隐喻。道路虽然曲折,前途却是光明的。自己的努力、同学的支持、老师的理解、教练的激励和决不放弃,主人公才能够住校学习、获得残疾人游泳比赛的优异成绩,并最终考上了体育大学。失去双臂的主人公,终于可以飞起来了,诠释着"我一直有双隐形的翅膀,带我飞过绝望",观众也陪着她洗尽铅华,享受到一种心灵飞翔的喜悦。

"上天在给你关上一扇门的同时,还会为你打开一扇窗。"人生就是不断超越自身的体能、战胜对手和困难、战胜生活中不公正遭遇的过程。

活动与训练

了解自我,认识他人

一、活动目标

正确了解自我,准确认识他人。

二、规则与程序

(一) 活动时间

建议用时20分钟。

(二) 活动准备

A4纸、笔若干。

(三) 活动步骤

1. 每人填写一张"个性特征表",然后研究一下班级内其他同学每个人的个性,把你的认识记下来,对每个人可选择一种类型或3~5种特征。

2. 每人都写完后教师找出其中一人,请其他人说出对他的分析。

三、总结

分享总结,由本人发表对别人评价的感受及自我分析,分享获得的收获。

自卑心理诊断量表

一、活动目标
测试自卑心理情况，了解造成自卑的根源。

二、规则与程序
下面这份"自卑心理诊断量表"，有助于你了解自己是否存在明显的自卑感及造成自卑的主要根源。本测验共15个问题，每个问题有A，B，C三种选择答案，请你在自己情况较符合的答案上打上"√"。

（1）你的身高与周围的人相比如何？
    A. 较矮   B. 差不多   C. 较高

（2）早晨，照镜子后的第一个念头是什么？
    A. 再漂亮一点就好了   B. 想精心打扮一下
    C. 别无他想，毫不在意

（3）看到最近拍的照片你有什么想法？
    A. 不称心   B. 拍得很好   C. 还可以

（4）如果有来世，下列三种中选哪种好？
    A. 做女人够受的，做男人好   B. 做男人太苦，做女人好
    C. 什么都行，男女都一样

（5）你是否想过五年或十年后会有什么使自己极为不安的事？
    A. 多次想过   B. 不曾想过   C. 偶尔想过

（6）你受周围人的欢迎和爱戴吗？
    A. 常有   B. 没有过   C. 偶尔有

（7）你被别人起过绰号，挖苦过吗？
    A. 常有   B. 没有过   C. 偶尔有

（8）老师批过的考卷发下来，同学要看怎么办？
    A. 把分数折起来让他们看不到   B. 让他们看
    C. 将考卷全部藏起来

（9）体育运动后，有过自己"反正不行"的想法吗？
    A. 常有   B. 没有   C. 偶尔有

（10）你有过在某件事上绝不次于他人的自信吗？
    A. 一两次   B. 从来没有过
    C. 在某些方面自己有这种自信，但对不是特殊之事并不介意

（11）如果你所喜欢的异性同学与他人更亲近，你怎么办？
    A. 灰心丧气，以后竭力避开那位异性
    B. 跟那位同性公开或暗地里展开竞争
    C. 毫不在乎，一如往常

（12）碰到寂寞或讨厌之事怎么办？

　　　　A. 陷入深深地厌烦中　　　　　　B. 吃喝玩乐时就忘却了
　　　　C. 向朋友或父母诉说

（13）当被别人称作"不知趣的人"或者"蠢东西"时，怎么办？
　　　　A. 我会回敬他"笨蛋！没教养的"　　B. 心中感到不好受而流泪
　　　　C. 不在乎

（14）如果碰巧听到有人正在说你所要好的同学的坏话，你怎么办？
　　　　A. 断然反驳："根本没有那种事！"　　B. 担心会不会真有那回事
　　　　C. 不管闲事，认为别人是别人，我是我

（15）不管怎样努力学习，如果你的主要功课都会输给你的竞争对手，你怎么办？
　　　　A. 尽管如此还是继续努力，今后加劲干　　B. 感到不行，只好认输
　　　　C. 从其他学科上竞争取胜

【计分与解释】

计分规则如表 2-2 所示。

表 2-2　计分规则

序号	答案		
	A	B	C
1	5	3	1
2	5	3	1
3	5	1	3
4	5	1	3
5	5	1	3
6	1	5	3
7	5	1	3
8	3	1	5
9	5	1	3
10	1	5	3
11	5	1	3
12	5	3	1
13	3	5	1
14	1	5	3
15	3	5	1

三、测试计分与说明

测试计分请参照表2-3的类型与得分对照表。

表2-3 类型与得分对照表

类型	1	2	3	4
得分	15~29	30~44	45~60	61~75

类型1：环境变化造成自卑

平时没有自卑感，是个乐天派，并且往往很自信。对自己的才能、外表、风度充满自信和骄傲，极少有自卑感。如果抱有自卑感的话，那是环境起了变化的缘故，譬如进了出类拔萃的人物相聚一堂的学校或其他场所而未能体现个人的价值时，才引起自卑。

类型2：动机与期望过高引起自卑

有过高的追求，有动机过强、期望值过高的缺点。不满足于现状，想出人头地，以至于去追求不切实际的目标。也可以说，在过分地计较得失胜负，追求虚荣，而无法实现时则往往陷入自卑，难以自拔。

类型3：过早断定不行造成的自卑

在考验前面就贸然断定自己不行，自认为不如别人。这主要是因为不了解周围人们的真实情况，不清楚使自己焦虑的事情的本来面目。当了解真相后，会恍然大悟："怎么，竟是这么回事?!"随之则坦然自如。自卑感主要是由无知造成的，症结在于自认为不行就心灰意冷。

类型4：性格怯懦造成自卑

用消极的眼光看待事物，也与自卑有关。有的症结在于对自身的体魄和外表缺乏自信，光看到不足与不利之处，因而遇事退缩胆怯。

思考与练习

1. 你是否存在自我意识的偏差？如果存在，如何进行自我调节？
2. 简述如何进行自我悦纳？

第二部分

自我成长

模块三　路漫漫其修远，成就自我

模块导读

《礼记·中庸》中说："凡事预则立，不预则废；言前定则不跲；事前定则不困；行前定则不疚；道前定则不穷。"这段话告诫我们：无论做任何事情，事前有准备才能成功。说话先有准备，就不会词穷理屈站不住脚；做事先有准备，就不会被困难束缚；行事前先做计划有定夺，就不会发生错误事后后悔；做人的道理能够事先决定妥当，就不会行不通了。

大学，是我们在进入社会前最重要的一站。在这里，可以自由地学习，可以独立地思考，可以接触各个学科最前沿的理论和思想，这是一种享受，也是大学学习生活的本质。在这里，学习的概念不仅仅指课堂上和教科书里的内容，还包括很多其他方面，如泡图书馆、做实验、参加丰富多彩的课外活动及各类竞赛，参与各种集体和社团活动，聆听各类讲座、讲坛，进行社会调查等。与此同时你可以和同学、师长广泛交往，互相切磋，互相交流，古人云"三人行，必有我师"。学习的时间如此充裕，学习的内容如此广泛，学习的方式如此多样，大学生们尽可在知识的海洋里畅快遨游，在求学的路途中感受大学的魅力……

3.1 认识学习，找准动机

名人名言

博学之，审问之，慎思之，明辨之，笃行之。

——《礼记》

 学习目标

1. 了解大学生学习的内涵与特点。
2. 理解大学生的学习动机。

为何考不出理想成绩

小何同学，进入大学后，每天按时听课，不曾旷课。当他满怀信心地面对学业时，却遇到了学习上的问题。第一学期的考试成绩下来后，发现居然有两门课程挂科。他郁闷地自责道："为什么过去我用这种学习方式能考出好成绩，而现在学习气氛宽松了，学习压力减轻了，反而应付不了呢？"想了很多办法，考试成绩却总是不理想，屡屡因为成绩与奖学金评选失之交臂。他的自尊心受到了打击，感到自己很没用，没信心再继续学下去。

分析：小何同学面对学习，虽然信心满满，但他忽略了中学与大学的不同。同样的学习方法未必适合现在的学习。虽然很努力，却也只是事倍功半的效果。主要表现在不会科学地利用时间，忙于被动应付考试；知识体系构建上，抓不住重点和难点，对新知识不能及时总结归纳，形成不了知识结构；学习环节上，听课方法、阅读方法、复习方法不当，不善于活学活用；对自身的状况和条件认识不足，学习方法与自己的能力、性格、生物周期不合拍，小何同学的问题表面上来自于学习效果不佳，其实原因在于学习方法不当、学习动机不强。

一、大学生学习的内涵与特点

（一）大学生学习的内涵

学习贯穿于个体生命的全过程，是人类最重要的活动形式。广义的学习是指机体经验的获得和行为变化的过程，包括动物行为的习得，又包括人的学习。狭义的学习是指人对客观现实的认知过程，即在社会实践中有目标、有计划、有系统、有组织地掌握知识、技能和行为规范，发展能力的活动。在理解学习内涵的基础上，还要注意以下几点：

（1）学习是经验的结果，只有通过练习和体验才能学习，因此，学习在很大程度上依赖于环境，依赖于个人与环境相互作用的事件。

（2）学习是由后天的经验和实践引起的行为变化，而因生理功能的生长发育所引起的行为变化不是学习。

（3）任何水平的学习，都会引起适应性的行为变化，既有外显行为的变化，也有内隐行为的变化，即个体内部经验的改组和重建，而且这种变化是持久的变化。

（4）学习包括行为潜力的变化，不是所有的学习都表现在外显行为上。但行为潜力的变化要通过操作表现出来，操作把行为潜力变为行为本身。

（二）大学生学习的特点

1. 学习内容的专业性

大学的学习引领为未来职业发展方向。学习内容的专业性是指大学生的学习具有一定的专业指向性。不同于中小学阶段的基础教育，大学生的学习内容是围绕所学专业而安排的，具有较强的专业性。另外，还体现出较强的职业化倾向，学习的最主要目的是为了就业。特别是高等职业教育，是以培养技术型人才为目标，要求学生学习掌握相关的专业技能和技术，侧重实际应用，以适应社会对人才的需求。

2. 学习目的的探索性

大学的学习不仅局限于掌握基本的专业知识和技能，还要对知识的形成过程、发展状况及存在的问题进行更深层次的探索。思维方式不是停留在"读死书，死读书"的层面，而是要向"活读书，迎创新"转变。对于大学生，学习不仅要理解、掌握知识，还要在现有理论的基础上，形成独立见解和知识理论体系，将知识应用于实践探索，培养独立思考、探索创新的意识。

3. 学习过程的自主性

高职学习与中学学习截然不同，更多的是以自觉主动学习为主。老师的课堂讲授只是学习过程的一个环节，此外还有大量的课余学习时间需要自己去攻读、理解、掌握。学什么、怎么学？大学生要有计划、有目地安排自己的时间，在课堂外提升自我。从被动、依赖的学习方式转变为主动、自觉的学习方式。这种充分体现自主性的学习方式，将贯穿于高职阶段学习的全过程，并反映在生活的各个方面。因此，大学生要掌握学习的自主安排、学习内容和学习方法的自主选择等。

4. 学习方式的多元性

高等职业教育阶段，除了课堂学习外，大学生获取学习信息的途径还有很多。在互联网信息化时代，学习不再以教师知识讲授为主，而是以学生多元化学习为主。图书馆是大学的宝藏，学生可以在图书馆查阅文献资料，参与学术讨论，参加讲座论坛等来进行"自我充电"。另外，高职院校开放式的教学模式为学生提供了多种学习的方式，如校企合作的实践历练、顶岗实习及走向社会的社会实践、咨询服务等都为大学生的学习提供了广阔的途径。

知识链接

学习理论

一、联结学习理论

联结学习理论认为，一切学习都是通过条件作用，以刺激S和反应R之间建立直接联结的过程。"强化"在刺激－反应联结的建立中起着重要作用，在刺激－反应联结之中，个体学到的是习惯，而习惯是反复练习与强化的结果。习惯一旦形成，只要原来的或类似的刺激情境出现，习得的习惯反应就会自动出现。

（一）桑代克的尝试－错误学说

桑代克（如图3-1所示）是美国心理学家，动物心理学的开创者，心理学联结主义的建立者和教育心理学体系的创始人。桑代克的实验对象是一只可以自由活动的饿猫，如图3-2所示，他把猫放入笼子，然后在笼子外面放上猫可以看见的鱼、肉等食物，笼子中有一个特殊的装置，猫只要一踏笼中的踏板，就可以打开笼子的门闩出来吃到食物。在迷笼实验中，猫踏到机关的动作逐渐提前并增多，最后终于学到一进箱就会踏机关开门外出取食的地步。

图3-1 爱德华·李·桑代克　　图3-2 迷笼实验

通过这个实验，桑代克认为所谓的学习就是动物（包括人）通过不断地尝试形成刺激-反应联结，从而不断减少错误的过程。他把自己的观点称为试误说。桑代克根据自己的实验研究得出了三条主要的学习定律。

1. 准备律。在进入某种学习活动之前，如果学习者做好了与相应的学习活动相关的预备性反应（包括生理和心理的），学习者就能比较自如地掌握学习的内容。

2. 练习律。对于学习者已形成的某种联结，在实践中正确地重复这种反应会有效地增强这种联结。

3. 效果律。学习者在学习过程中所得到的各种正面或负面的反馈意见会加强或减弱学习者在头脑中已经形成的某种联结。效果律是最重要的学习定律。

（二）巴甫洛夫的经典条件反射

俄国著名的生理学家巴甫洛夫通过用狗作为实验对象（如图3-3所示），提出了条件反射。一是无条件反射，指的是自然的生理反应，不需要学习；二是条件反射，指的是研究助手的脚步声与狗的唾液分泌增加本来没有必然的联系，是一种无关刺激，或称为中性刺激；当脚步声与食物同时、多次重复后，狗听到脚步声，唾液分泌就开始增加，这时中性刺激由于与无条件刺激联结而变成了条件刺激，由此引起的唾液分泌就是条件反应，即条件反射。条件反射还遵循习得、消退、泛化与分化等一系列规律。比如在体育教学中，教师帮助学生辨别动作到位和不到位时的肌肉感觉，从而使动作流畅、有力。

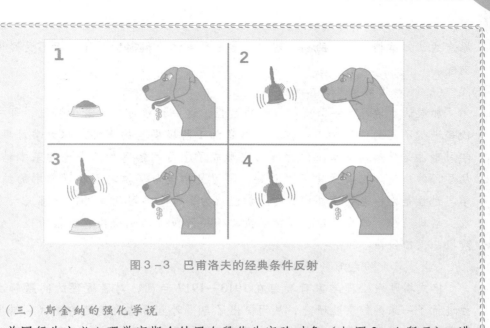

图3-3 巴甫洛夫的经典条件反射

（三）斯金纳的强化学说

美国行为主义心理学家斯金纳用白鼠作为实验对象（如图3-4所示），进一步发展了桑代克的刺激-反应学说，提出了著名的操作条件反射。斯金纳箱的设计犹如桑代克的迷箱，并附有精密电动装置，以便自动记录动物正确反应的次数及频率。通过一系列实验，说明了个体一切行为改变虽然决定于个体本身行为表现的后果，但仍然是受外在因素控制的。

图3-4 操作条件反射实验

二、认知学习理论

认知学习理论认为，学习不是在外部环境的支配下被动地形成刺激-反应（S-R）联结，而是主动地在头脑内部构造认知结构；学习不是通过练习与强化形成反应习惯，而是通过顿悟与理解获得期待；有机体当前的学习依赖于他原有的认知结构和当前的刺激情境，学习受主体的预期所引导，而不受习惯所支配。

（一）加涅的信息加工理论

加涅认为学习是一个有始有终的过程，这一过程可分成若干阶段，每一阶段需进行不同的信息加工。在各个信息加工阶段发生的事件，称为学习事件。学习事件是学生内部加工的过程，它形成了学习的信息加工理论的基本结构。从学习的信息加工模式中可以看到，学习是学生与环境之间相互作用的结果。学习过程是由一系列事件构成的。加涅认为，每个学习动作可以分解成八个阶段：动机阶段、领会阶段、习得阶段、保持阶段、回忆阶段、概括阶段、作业阶段、反馈阶段。

（二）苛勒的完形－顿悟说

格式塔学派心理学家苛勒曾在1913—1917年间，对黑猩猩的问题解决行为进行了一系列的实验研究，从而提出了与当时盛行的桑代克的尝试－错误学习理论相对立的完形－顿悟说，如图3-5所示。苛勒指出："真正的解决行为，通常采取畅快、一下子解决的过程，具有与前面发生的行为截然分开而突然出现的特征。"这就是所谓的顿悟，而顿悟学习的实质是在主体内部构建一种心理完形。

图3-5 完形－顿悟实验

（三）布鲁纳的认知结构学习理论

布鲁纳的主要教育心理学理论集中体现在1960年出版的《教育过程》一书中。布鲁纳主要研究有机体在知觉与思维方面的认知学习，他把认知结构称为有机体感知和概括外部世界的一般方式。布鲁纳始终认为，学校教育与实验室研究猫、狗、小白鼠受刺激后作出的行为反应是截然不同的两回事，他强调学校教学的主要任务就是要主动地把学习者旧的认知结构置换成新的，促成个体能够用新的认知方式来感知周围世界。他重视学科基本结构的掌握，提倡有效学习方法的形成，强调基础学科的早期教学，主张学生的发现学习。

（四）奥苏伯尔的认知同化理论

奥苏伯尔是美国的认知心理学家，他对教育心理学的杰出贡献集中体现在他对有意义学习理论的表述中。他在批判行为主义简单地将动物心理等同于人类心理的基础上，创造性地吸收了皮亚杰、布鲁纳等同时代心理学家的认知同化理论思想，提出了著名的有意义学习、先行组织者等，并将学习论与教学论两者有机地统一起来。奥苏伯尔学习理论的核心是有意义学习。他指出："有意义学习过程的实质就是符号所代表的新知识与学习者认知结构中已有的适当观念建立非人为的和实质性的联系。"在他看来，学习者的学习，如果要有价值的话，应该尽可能地有意义。奥苏伯尔将学习分为接受学习和发现学习、机械学习和意义学习，并明确了每一种学习的含义及其相互之间的关系。

二、学习动机

（一）学习动机的含义

学习动机是学生学习活动的主观意图，是推动学生进行学习的内在力量。苏联心理学家列昂捷夫说："学生学习的自觉性是和动机分不开的。事实上，有正确学习动机的学生才有主动性，学习劲头大，能克服困难，提高学习效果。"学习动机虽不是提高学习效果的唯一心理因素，但却是极其重要的因素。有的心理学家提出，学习动机正确与否，要以时代的道德标准来判断。

心理学家布鲁纳将人的动机分为外部动机和内部动机两种类型。外部动机是指学习的动机来自学习活动以外，由外界事物激发产生的动力作用，比如学生为了得到父母或老师的嘉奖而学习。内部动机是指学习的动机来自学习者本身，是由个体的内在需要而引起的，比如理想、兴趣或好奇心等。

（二）学习动机的表现

1. 良好的学习动机

一切从集体、社会、国家利益出发的学习动机都是正确的。在与社会需要相适应的动机的促使下，学生就会产生学习的自觉性，激发起强烈的求知欲、稳定的兴趣和高度的社会责任感，因而能专心致志，勤奋学习，刻苦钻研。

2. 不当的学习动机

一切从自私的、利己的目的出发的学习动机都是不正确的。学习动机太弱往往会造成学习动力不足，进行的是无目标的学习、为学习而学习，甚至是厌倦或逃避学习。但学习动机也并不是越强越好，如果学习动机和奖励动机过强，过分地看重结果，往往会给自己带来过大的心理压力，长此以往，不仅不利于学习效率的提高，也容易导致生理或心理疾病。另外，如果学习动机是出于想找一种轻松而工资又高的工作，那么他在顺利的情况下很可能会勤奋学习，但在逆境中就容易情绪低落、意志消沉、半途而废。

3. 激发学习动机的建议

那么，怎样激发自己的学习动机呢？我们有如下建议：

（1）树立正确的学习目标。古人云："凡事预则立，不预则废。"在学习中，光确定目标还远远不够，要知道，只有合理的、符合自己实际情况的目标才能指引学生更好地学习。

（2）注重学习兴趣的培养。兴趣是人积极地探索、认识某种事物的倾向，有了这种倾向，人们就会优先注意这种事物，并积极地去了解它。兴趣是最好的老师，只有对学习内容感兴趣，才会产生强烈的求知欲望，自动地调动全部感官，积极主动地参与到教学过程之中。

（3）营造良好的学习氛围。学习动机不仅与自己的意志品质有关，也会受到客观环境的影响。针对学习动机不足的外部原因，要通过多方努力改善外部环境和外部条件。比如，成立学习小组，营造良好的学习氛围，使学校环境更有利于学习，通过相互监督和激励的形式更好地学习。

"氢弹之父"于敏

1985年、1987年和1989年，于敏各获一项国家科技进步奖特等奖；1999年，获"两弹一星"功勋奖章；2015年，荣获2014年度国家最高科技奖；2015年2月27日，于敏获感动中国2014年度人物；2015年4月，于敏获颁"影响世界华人终身成就奖"；2018年11月，入选100名改革开放杰出贡献对象。

从20世纪60年代开始，于敏放弃了个人热爱的基础物理专业，此后30年一直隐姓埋名，专心钻研科研知识。他的一生只有两次公开露面，一次是1999年，国家为"两弹一星"元勋授奖，另外一次是2015年1月9日，国家科技奖颁奖，于敏成为最高科技奖的唯一获得者。

分析： 这又是一个通过脚踏实地的努力成功的例子。面对现状，很多人抱怨工作环境、所在行业、人际关系的不如意，带着不满情绪工作，其效果可想而知。于敏也会遇到各种各样的问题，但是他却不放弃学习的机会，哪怕已经取得了成功，哪怕工作环境艰苦，他也依旧为自己所热爱的事业而付出，一步一个脚印地成长，一步一个台阶地进步，最终获得了成功。

活动与训练

找出有价值的信息

一、活动目标

学会从信息中分析并迅速找出有价值的信息。

二、规则与程序

（一）活动时间

建议用时5分钟。

（二）活动准备

准备故事材料（如下文）。

（三）活动步骤

1. 教师大声朗读一个故事：你正在驾驶一辆公共汽车，里面坐了50位乘客；汽车靠站停下来。这时，有10名乘客下了车，又有3人上了车；下一次靠站，下了7个人，上了两个人；接下来又分别停车两次，每次5名乘客下车，有一次上了6个人，另一次没有人上车。路上，公共汽车和别的车发生了剐蹭，有部分乘客因有急事，决定下车步行，所以8个人下了车；当事故处理完之后，汽车直接开回终点站；在终点站，剩下的乘客下了车。请问：这辆公共汽车的司机是谁？

2. 学生回答问题。

三、总结

教师引导学生总结与分析，并回答哪些信息误导了你？从这个游戏中获得了哪些启示？

学习动机测试

一、活动目标

了解自身学习动机的情况。

二、规则和程序

请看看在平时的学习中，自己是否存在以下情况，存在则在括号中填 A，不存在则填 B。请根据自己的实际情况如实回答，答案没有对错之分。

（　）1. 如果别人不督促你，你极少主动地学习。
（　）2. 当你读书时，需要很长的时间才能提起精神来。
（　）3. 你一读书就觉得疲劳与厌倦，只想睡觉。
（　）4. 除了老师指定的作业外，你不想再多看书。
（　）5. 如有不懂的，你根本不想设法弄懂它。
（　）6. 你常想自己不用花太多的时间，学习成绩也会超过别人。
（　）7. 你迫切希望自己在短时间内就能大幅地提高自己的学习成绩。
（　）8. 你常为短时间内成绩没能提高而烦恼不已。
（　）9. 为了及时完成某项作业，你宁愿废寝忘食、通宵达旦。
（　）10. 为了把功课学好，你放弃了许多感兴趣的活动，如体育锻炼、看电影、郊游等。
（　）11. 你觉得读书没意思，想去找个工作做。
（　）12. 你经常认为，书本知识没啥好学，只有看高深的理论、读大部头作品才带劲。
（　）13. 你更愿意在喜欢的科目上下工夫，而对不喜欢的科目常常会放任自流。
（　）14. 你花在课外读物上的时间比花在教科书上的时间要多得多。
（　）15. 你把自己的时间平均分配在各科上。
（　）16. 你给自己定下的学习目标，多数因做不到而不得不放弃。
（　）17. 你几乎毫不费力就能实现自己的学习目标。
（　）18. 你总是同时为实现几个学习目标忙得焦头烂额。
（　）19. 为了对付每天的学习任务，已经感到力不从心。
（　）20. 为了实现一个大目标，你不再给自己制定循序渐进的小目标。

三、学习动机测试的计分说明

每个题目若选 A，记 1 分；若选 B，记 0 分。
20 个题目可分成四组，它们分别测查学生在学习欲望上四个方面的困扰程度：
1～5 题测查学生动机是不是太弱。
6～10 题测查学生动机是不是太强。
11～15 题测查学习兴趣是否存在困扰。
16～20 题测查学习目标是否存在困扰。
假如学生在某组（每组五题）中的得分在 3 分以上，则可认定他们在相应的学习欲望上存在一些不够正确的认识，或存在一定程度的困扰。

 思考与练习

1. 思考自己为什么要学习，学习的内涵与特点是什么？
2. 请结合自己的学习体验，谈谈学习的动机如何建立。

3.2 克服困难，学会学习

要坚持学而信、学而思、学而行，把学习成果转化为不可撼动的理想信念，转化为正确的世界观、人生观、价值观，用理想之光照亮奋斗之路，用信仰之力开创美好未来。

——习近平

1. 了解大学生常见的学习心理问题。
2. 掌握大学生学习心理问题的调适方法。

马云的成功之路

马云1964年9月10日出生于浙江省杭州市，他的爷爷抗战时做过保长，中华人民共和国成立后被划为"黑五类"，爷爷给他取名为"马云"，就是希望他以后乖巧懂事，少惹是非。12岁时，马云买了台袖珍收音机，从此每天听英文广播，对英语开始感兴趣。13岁起，马云因为打架记过太多，曾被迫转学到杭州八中。之后马云参加中考，考了两年才考上一所极其普通的高中，其中一次数学只得了31分。1988年，马云从杭州师范学院外国语系英语专业毕业，获文学学士学位，之后被分配到杭州电子工业学院，任英文及国际贸易讲师。之后马云成为杭州市优秀青年教师，发起西湖边上第一个英语角，开始在杭州翻译界小有名气。1998年出任中国国际电子商务中心国富通信息技术发展有限公司总经理，1999年创办阿里巴巴，并担任阿里集团CEO、董事局主席。

分析：我们常说，天助自助者，其实人生从不缺乏机会，有些人在等待机会而有些人在创造机会。马云的成功固然有其天时地利人和的因素，但一个懂得自己成全自己的人，是不难成功的。

一、大学生常见的学习心理问题

（一）学习动机不当

学习动机不当主要表现为学习动机不足和学习动机过强两个方面。学习动机太弱，往往会造成学习动力不足，无目标地进行学习，为学习而学习甚至厌倦或逃避学习。对于大学生特别是刚入学的学生来说，学习动机不当主要体现为动机缺乏。经过中学阶段高强度的学习压力阶段，进入大学后，若未能及时树立起新的学习目标，就容易产生松懈心理，学习动机降低，出于补偿心理，迫切地想发展自己的爱好特长。自控力差的学生容易因失控把主要精力放在娱乐上，乐此不疲，而对学习却逐渐失去兴趣。

（二）认知偏差

人的认知将直接影响其行为的选择。在原有的社会大环境下，很多人缺乏对高职教育客观、合理的评价，忽略职业教育的重要性。职业教育和普通教育共同构成了我国教育的完整体系，如同一辆车子的两个轮子，一个人的两条腿都很重要，缺一不可，除分工不同外，没有高低贵贱之分，都是我国现代国民教育体系的重要组成部分。一方面是由于我国的高等职业教育起步较晚，与普通高等教育相比确实各方面都存在一定的差距，而否认高职教育也是高等教育，认为高职学生不是大学生，再加上中国传统思想观念对技术技能人才的误解，从而导致这些思想对于高职大学生的认识偏差，使大学生中一部分人产生自卑、冷漠、不自信的心理。

（三）不良环境影响

社会环境及家庭环境的不良风气对大学生的学习也会产生重要的影响。看到社会上的不公平现象和不正之风后，有的学生便觉得读书无用，滋生厌学情绪；社会中"网红""享乐主义"的影响，使得部分学生不能正确地处理好娱乐和学习的关系，终日迷恋上网、游戏，热衷于交友游玩，想通过投机取巧的方式获得成功。另外，有些家长自身认识具有局限性，认为职业院校没前途，抱着让孩子混文凭、毕业后子承父业的态度，不能正确引导孩子，反而产生负面影响，阻碍学生的发展。

（四）记忆力减退

记忆力减退是许多大学生感到头疼的问题，它不仅直接影响学习的效率，而且还会影响大学生的兴趣和情绪。记忆力减退的主要原因有：身体健康方面的原因（如疾病、体质下降）；不良的生活习惯（如熬夜、吸烟、酗酒、过度疲劳）、学习动机和情绪方面的原因（如焦虑、压抑、过度紧张等）；记忆方法不当；注意力不集中等。

(五)考试心理障碍

从中学到大学,考试是学习生活中必经之事,每个人都经历过无数次考试的洗礼。然而,所有考试都会给学生带来一定的心理压力,使学生产生不同程度的紧张、恐惧和焦虑,也就是考试焦虑。考试焦虑不仅会干扰识记、提取大脑记忆库中的信息检索,出现不会答、错答、漏答的现象,还会影响学生的分析、综合、抽象、概括等具体思维的正常发挥,从而影响正常水平的发挥,导致考试失败。心理研究表明,考试前适度的焦虑可以提供临场发挥的最佳情绪状态,保持适度的紧张,不仅不会失误,还能超水平发挥。

注意力缺陷

法国生物学家乔治·居维叶说:"天才,首先是注意力。"注意力是一切学习的前提和基础。注意力缺失症曾被称为注意力不足过动症(Attention Deficit Hyperactivity Disorder,ADHD),这个名词界定把过动现象也包括进去了。注意缺陷多动障碍(简称ADHD)是指一种以注意缺陷、多动、冲动的行为表现为主要特征的精神病理障碍。尽管是儿童期的一种广泛性发展障碍,但很少有随访研究那些儿童期被诊断为ADHD的个体进入成年期。成人ADHD的概念于1980年首次公认。ADHD成人与儿童一样,均有三种初级特征,包括注意缺陷、活动过多以及冲动等。除了初级特征之外,成人ADHD还存在多种次级特征,包括物质滥用、学习困难、低自我概念、频频迁居、车祸、监禁、工作记录不稳定以及赌博等。其中,物质滥用是成人ADHD鉴定中最常关注的。因为它使评估变得麻烦,使治疗更为复杂。

二、大学生学习心理问题的调适

(一)激发学习动机

合理的学习动机是提升大学生学习能力,促进自主学习的有效途径。学习动机不宜过低,也不宜过强,适度最重要。我们要正确看待学习,增强学习的主动性和自觉性。

(二)培养学习意志

大学生要尽快适应大学的学习方式,养成自主学习的意识。首先,要学会自我监督。没有了家长和老师的督促,更要严格自律、自我约束、自我监督,或同学间相互督促,共同进步。其次,要勇于面对挫折。在学习中,挫折是不可避免的。只有通过不断地经历挫折,在挫折中磨炼,才能逐渐增强对挫折的耐受力,树立战胜挫折的勇气与决心,进而提升意志力。最后,学习要讲究方法,由易逐渐入难。学习要循序渐进,不能因为难度太大而中途放弃,一定要坚持从实际出发、由易入难的原则。

(三)改善心智模式

我们要学会全面、多角度地看问题。应该注重培养自己的发散思维能力,在分析和解决问题时,不能被专业知识束缚,在完成专业学习的同时,注重博采众长,拓宽自己的知识面;在遇到问题时,要有意识地要求自己多角度、全面地进行分析和解决。另外,要摆正心态,争取成功。"学而优则仕"是亘古不变的真理,要树立学习是为自己而学的意识。这样我们就不会一味地把学习当成一种压力,而是一种需要,使我们获得成功的需要。

(四)科学应对考试

对于考试,我们要以积极主动的态度迎接。考试是对自己所学知识掌握程度的检验,是对阶段性学习成果的总结。我们要调整心态,正确看待考试。为更好备战考试,我们可以制定合理的复习计划,有针对性地对考试内容进行全面、系统的复习。扎实的复习是战胜考试焦虑的法宝。另外,还要做好心理和生理准备。我们要根据自己的实际情况,适当调整自己的考前心态,既要克服过分恐惧、焦虑,自我评价过低,又要避免期望值过高,骄傲自满,还应该做到劳逸结合,保证精力充沛以应对考试。

(五)提高记忆力

记忆力是人的智力的重要组成部分。在大学的学习生活中,我们也将面临一些考试,因此,记忆力的好坏就成为能否取得成功的关键因素之一。如果我们掌握了一些有关记忆的心理学知识和方法,并尝试用于自己的学习实践中,是能够提高和增强记忆力的。

模块 三

路漫漫其修远，成就自我

知识链接

德国心理学家艾宾浩斯（H. Ebbinghaus）出生于德国巴门的商人家庭，17岁进入波恩大学学习历史学和语言学。1873年在波恩大学获得博士学位。1875－1878年游学于英国、法国，受费希纳的影响开始用实验方法研究记忆。艾宾浩斯研究发现，遗忘在学习之后立即开始，而且遗忘的进程并不是均匀的。最初遗忘速度很快，以后逐渐变慢。他认为"保持和遗忘是时间的函数"。他用无意义音节（由若干音节字母组成、能够读出但无内容意义即不是词的音节）作记忆材料，用节省法计算保持和遗忘的数量。根据他的实验结果绘成描述遗忘进程的曲线，即为著名的艾宾浩斯遗忘曲线（如图3－6所示）。

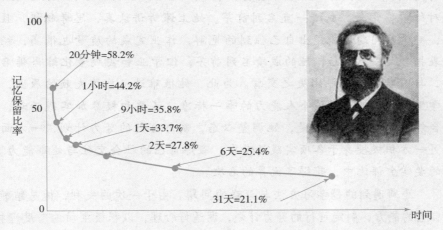

图3－6　艾宾浩斯遗忘曲线

这条曲线告诉人们在学习中的遗忘是有规律的，遗忘的进程很快，并且先快后慢。观察曲线，你会发现，记忆量为100%；20分钟后，记忆量为58.2%；一个小时后，记忆量为44.2%；八至九个小时后，记忆量为35.8%；一天后，记忆量为33.7%；两天后，记忆量为27.8%；六天后，记忆量为25.4%；一个月后，记忆量为21.1%。这说明人们的遗忘是不可避免的，而且在遗忘的规律上，呈现先快后慢的趋势。随着时间的推移，遗忘的速度减慢，遗忘的数量也就减少。

艾宾浩斯遗忘曲线告诉我们，遗忘的规律是先快后慢，特别是识记后48小时之内，遗忘率高达72%，所以不能认为隔几小时与隔几天复习是一回事，应及时复习，间隔一般不超过2天。不断地重复才能让需要记忆的东西牢固地印在大脑里。根据艾宾浩斯的遗忘曲线我们充分体会到，在识记材料后9小时

进行回忆可很快恢复记忆。这时你花 10 分钟就可能记起所学内容，而如果你要等到 10 天后，可能花 1 个小时的复习时间还不一定能达到这样的效果。与其日后"费力不讨好"，不如就在识记后 9 小时内复习，这样既节省了复习时间又达到了良好的记忆效果，我们何乐而不为呢？

小莉的学习策略

小莉是某职业院校班级的学习委员，素以"战略上轻视对手，战术上重视对手"的态度对待学习竞争，成绩一直名列前茅。她上课听讲认真，思考积极，且思维宽广活跃，对学习问题均能提出自己独到的见解，作业完成的质量也很高，经常受到教师的表扬。大一结束后，她的成绩名列前茅，但学业和实践量化综合排名却是中等水平，与国家奖学金评比失之交臂。为此，她很难过，总结失败的原因，她意识到在大学里，学习不是评价个人能力的唯一标准，还要积极参加实践活动，只有兼顾了综合能力才能合格。于是，她调整心态，制订可行的努力计划，一方面不放松学习，另一方积极投身于各项实践活动中，锻炼自己的社会交往与处事能力。终于，在大二的奖学金评比中，获得了优异的名次。

分析： 小莉遇到的是学习方法与策略的问题。由于一次的失利，她总结教训，充分相信自己的能力，制定可行的努力计划，调适好心理，以积极主动的态度迎接失败。

 活动与训练

探寻合适的学习方法

一、活动目标

通过反思和同学交流寻找适合的方法。

二、规则与程序

（一）*活动时间*

建议用时 20 分钟。

（二）*活动准备*

准备 A4 纸、笔若干。

（三）*活动步骤*

1. 每个人填写表 3-1：

表 3-1　学习方法及效果表

序号	使用过的学习方法	效果
1		
2		
3		

2. 4~5人一组，分享个人学习方法。

三、总结

总结并讨论出公认的有效学习方法。

考试焦虑量表

一、活动目标

自测焦虑水平。

二、规则与程序

此量表用于测定初中以上学生在考试期间的焦虑水平。下列 37 个句子描述人们对参加考试的感受，请你阅读每一个句子，然后根据你的实际情况（感受），在每一题的括号内回答（"是"或"否"），答案没有对错、好坏之分，请按实际情况填写，切勿遗漏。

（　）1. 当一次重大考试就要来临时，我总是在想别人比自己聪明得多。

（　）2. 如果将要做一次智能测试，在做之前我会非常焦虑。

（　）3. 如果知道将会有一次智能测试，在此之前我感到很自信、很轻松。

（　）4. 参加重大考试时，我会出很多汗。

（　）5. 考试期间，我发现自己总是在想一些和考试内容无关的事。

（　）6. 当一次突然袭击式的考试来到时，我感到害怕。

（　）7. 考试期间我经常想到会失败。

（　）8. 重大考试后我经常感到紧张，以致胃不舒服。

（　）9. 我对智能考试和期末考试之类的事总感到发怵。

（　）10. 在一次考试中取得好成绩似乎并不能增加我在第二次考试时的信心。

（　）11. 在重大考试期间，我有时感到心跳很快。

（　）12. 考试结束后，我总是觉得可以比实际上做得更好。

（　）13. 考试完毕后，我总是感到很抑郁。

（　）14. 每次期末考试之前，我总有一种紧张不安的感觉。

（　）15. 考试时，我的情绪反应不会干扰自己考试。

（　）16. 考试期间我经常很紧张，以致本来知道的东西也忘了。

（　）17. 重要的考试复习对我来说似乎是一个很大的挑战。

（　）18. 对某一门考试，我越努力复习越感到困惑。

（　）19. 某门课考试一结束，我试图停止有关担忧，但做不到。

（　）20. 考试期间，我有时会想我是否能完成大学学业。

（　）21. 我宁愿写一篇论文，作为某门课程的成绩，而不是参加一次考试。

（　　）22. 我真希望考试不要那么烦人。
（　　）23. 我相信，如果我单独参加考试，而且没有时间限制的话，我会考得更好。
（　　）24. 想着我在考试中能得多少分，影响了我的复习和考试。
（　　）25. 如果考试能废除的话，我想我能学得更好。
（　　）26. 我对考试抱这样的态度：虽然我现在不懂，但我并不担心。
（　　）27. 我真不明白为什么有些人对考试那么紧张。
（　　）28. 我很差劲的想法会干扰自己在考试中的表现。
（　　）29. 我期末考试的复习并不比平时考试的复习更卖力。
（　　）30. 尽管我对某门课考试复习很好，但我仍然感到焦虑。
（　　）31. 在重大考试前，我吃不香。
（　　）32. 在重大考试前，我发现自己的手臂会颤抖。
（　　）33. 在考试前我很少有"临时抱佛脚"的需要。
（　　）34. 校方应认识到，有些学生对考试较为焦虑，而这会影响他们的考试成绩。
（　　）35. 我认为，考试期间似乎不应该搞得那么紧张。
（　　）36. 一碰到发下来的试卷，我就觉得很不自在。
（　　）37. 我不喜欢老师采取"突然袭击"式考试的课程。

二、考试焦虑量表的计分要求

项目及评定标准：共37个项目，涉及个体对于考试的态度及个体在考试前后的种种感受，如身体是否紧张等。各项目均为1/0评分。对每个项目，被试者根据自己的实际情况答"是"或"否"。

例如"参加重大考试时，我会出很多汗"，被试者根据自己的实际情况回答"是"或"否"。评分时，"是"记1分，"否"记0分。注意：第3、15、26、27、29、33题五个项目为反向记分，即"是"记0分，"否"记1分。

统计指标及结果分析：只统计总分，把所有37个项目的得分加起来即为总分。Newman（1996）提出，得分在12分以下，考试焦虑属较低水平；12~20分属中等程度；20分以上属较高水平。其中，15分以上（含15分）表明该被试者的确感受到了因要参加考试而带来的相当程度的不适感。

学习习惯自我测查表

一、活动目标
了解自我学习习惯。

二、规则与程序
阅读每个句子，对符合情况的陈述，在括号中画"√"，对不符合情况的陈述，在括号中画"×"，不能确定的画"?"。

（　　）1. 我实际上连一个完整的句子包括哪些成分都不知道。
（　　）2. 我常常需要有一定的压力才能学习。
（　　）3. 我定期复习。

( ) 4. 我的学习常常被来访者、电话和其他娱乐打断。
( ) 5. 只有完成指定的学习任务,我才能做其他事情,并把这作为一项制度。
( ) 6. 我常利用做作业的时间玩耍、约会、读小说、看电视或听音乐。
( ) 7. 有时,当我坐下学习时,才发现自己连今天的课外作业是什么都不清楚。
( ) 8. 我用所学的书本知识帮助自己理解外部世界中的各种事情。
( ) 9. 我常睡眠不足,因而上课时昏昏欲睡。
( ) 10. 学到一个新词,我常会在此后一段时间内有意识地多使用它。
( ) 11. 我有一个明确的学习计划表,列出了学习时间、地点和进度。
( ) 12. 我在学习时常坐不住,因此无法把精神集中在学习任务上。
( ) 13. 开始学习新功课之前,我对先前学过的材料进行学习。
( ) 14. 如果没有正当理由,我坚持执行自己的学习计划。
( ) 15. 有时,我边看电视边学习,或边听房间里其他人说话边学习。
( ) 16. 在某一课程上我花费的时间过多,在其他课程上时间则不够用。
( ) 17. 我为自己的功课感到担心。
( ) 18. 我喜欢想出具体的例子,来验证所学到的原理和规则。
( ) 19. 在学习时好做白日梦。
( ) 20. 我在教室坐下来学习时,才发现没带所需的课本、铅笔、笔记本或其他用品。
( ) 21. 我会利用某一课程中学到的知识,来理解其他学科的东西。
( ) 22. 有时,我对所学的材料进行"过度学习",即当我第一次能正确背诵时,并不就此停止学习,而是继续背几遍,以巩固学习效果。
( ) 23. 学习时,我常常站起来,来回走走,看看报纸或吃点零食。
( ) 24. 在我阅读时,会注意保持良好的光线条件。
( ) 25. 每当开学,我往往会有一段时间静不下心来学习,难以认真考虑。

学习习惯自我测查表的分析方法

请根据对照表 3-2,查看自己回答得如何。

表 3-2 学习习惯自我测查表说明

检测内容	标准答案	
	应画"√"的题目序号	应画"×"的题目序号
一般性的学习习惯与学习方法	3、5、8、10、11、13、14、18、21、22、24	1、2、4、6、7、9、12、15、16、17、19、20、23、25

说明:本表通过 25 道题来检查你的学习习惯和学习方法。在将自己的回答与标准答案进行对照后,可发现自己在这些方面的不足与误区,以便克服。

思考与练习

1. 在学习过程中,你是否存在学习心理问题?如果存在,你是如何克服的?
2. 简述大学生学习心理问题的调适方法。

模块四　学会交往，走出内向孤岛

模块导读

我们从咿呀学语，到离开家进入幼儿园的那一刻起，就开始学习与人交往，融入集体生活的社会化过程了。因此，每个人都是生活在集体中的社会人，并不是一个孤立的自然人。

经历小学、中学，我们每个人都逐步建立起了属于自己的同学、朋友、老师等人际关系网。同样，相信在高等职业院校中，你的交际圈还会不断扩大。来到大学你将会面临新的生活环境，将会与来自五湖四海的同学打交道。

作为"00后"的你准备好认识新同学、新朋友、新老师了吗？可能在人际交往中你会面临一些困惑，但对于任何人而言，正常的人际交往和良好的人际关系都是心理健康、性格优良和生活幸福的必要条件。我们该如何应对这些人际交往的问题，实现和谐交往，与家人、老师、同学、朋友愉快相处呢？如何通过有效的人际交往使自己更好地生存发展，逐渐提高自己的人际交往能力，并克服在人际交往中容易被忽略但又明显影响交往效果的心理问题，是大学生走向成熟道路上的考题，这就要求每个人都必须交出合格的答卷。人际交往能力对于我们适应未来社会至关重要，让我们一起探索与体会交往的快乐吧。

模块四

学会交往，走出内向孤岛

4.1 认识人际交往

名人名言

人好刚，我以柔胜之；人用术，我以诚感之；人使气，我以理屈之。

——金缨

 学习目标

1. 理解人际交往的内涵与意义。
2. 掌握沟通的技巧。

 导入案例

悲剧人生

林森浩与黄洋均为复旦大学上海医学院2010级学生，分属不同的医学专业。2010年8月起，林森浩入住复旦大学某宿舍楼421室。一年后，黄洋调入该寝室。之后，林因琐事对黄不满，逐渐怀恨在心。

2013年3月29日，林森浩在大学宿舍听黄洋和其他同学调侃说愚人节将到，想趁机整人。林森浩看到黄洋笑得很得意，联想起其他学校用毒整人的事件，便计划投毒"整"黄洋，让同学难受。林森浩携带有毒物质回到421室，趁无人之时，将试剂瓶和注射器内的二甲基亚硝胺原液投入该室饮水机内，后将试剂瓶等物装入黄色医疗废弃物袋，丢弃于宿舍楼外的垃圾桶内。

黄洋在421室从该饮水机接水饮用后，出现呕吐等症状，即于当日中午到中山医院就诊。经检验发现肝功能受损，遂留院观察。4月3日下午，黄洋病情趋重，转至该院重症监护室救治，后经抢救无效，于当天下午3点23分在上海某医院去世。经法医鉴定，黄洋系因二甲基亚硝胺中毒致急性肝坏死引起急性肝功能衰竭，继发多器官功能衰竭死亡。2015年12月11日，林森浩因故意杀人罪被依法执行死刑。

分析：虽然此次投毒事件只是学生群体中的个例，但也可以说是当代大学生心

理问题的缩影。当学生走进大学，在青春期后期阶段，开始走向独立、自立，会面临更多的矛盾和冲突。在人际交往中受到伤害时，要以适当的方式表达不满，使他人明白而收敛自己的行为，同时避免厌恨积累，酿成悲剧。

一、人际交往的内涵

在社会生活中，我们每天都要与他人打交道，每个人都在复杂的人际交往中不断成长与发展。人际交往是指两个或两个以上的个体进行沟通和交流的活动方式，单独的个人不构成人际交往。人际关系是在人与人的交往过程中，通过彼此感知、识别、理解而建立起的相互联系、相互影响、相互作用的心理关系。它包括亲属关系、师生关系、同学关系、同事关系、朋友关系、恋人关系、上下级关系等多个方面。在交往过程中，学会主动、倾听、尊重、理解、沟通、适度自我倾诉等都是必要的。其中，沟通更是强化人际认知的途径，是建立人际关系的基础。人际交往是个体通过一定的语言、文字、手势、体态、表情等手段将信息传递给其他个体或者整个组织群体的过程。

二、人际交往的意义

诗人李白的《赠汪伦》中"桃花潭水深千尺，不及汪伦送我情"，表达了李白对汪伦的深厚情谊。自古以来，人际交往的意义非凡。同样，对于大学生来说人际交往对其成长也具有特殊影响和重要意义。

1. 良好的人际交往有助于认识自我

在人际交往中，以他人为镜，是认识自我、完善自我的必要手段。在交往中，我们能够认识彼此的优点长处，通过他人对自己的态度和评价，以及自己与他人的关系中来了解自己。交往面越宽，交往越深，对对方的认识越完整，对自己的认识也就越深刻。大学生对自我的认识往往处于"理想我"和"现实我"的矛盾冲突之中。只有通过交往，全面审视自己，了解自己与周围人对自己的期望是否相符，从而做出正确的自我评价和自我调整，逐步实现自我的辩证统一，进而摆正个人与他人、集体、社会的关系。

2. 人际交往有利于促进大学生个性发展

我们能够在和谐的人际关系中获得真挚的友谊，缓解抑郁的情绪，增强自信，让自己保持积极乐观。心理学家曾做了大量的研究，表明心理健康的水平越高，与别人的交往越积极，越符合社会的期望，与别人的关系也越深刻。如果个体长期缺乏与他人的积极交往，没有稳定的人际关系，那么具有性格缺陷的可能性就比较大。在学校，大多数人的珍贵友谊来自同学，大学舍友之间的交往状况决定了学校生活的幸福度。在人际关系比较融洽的宿舍里生活，得到大家的欣赏与认可，则会轻松愉快、乐于交往和乐于助人，增强自己的人际自信，让自己保持乐观积极。

3. 人际交往有利于促进学业进步与事业成功

达尔文说过：谈到名声、荣誉、快乐、财富这些东西，如果同友情相比，它们都是尘土……西方心理学家有项调查，当人们被问到"什么使你的生活更富有，更有意义"时，几乎所有人都回答"亲密的人际关系"。爱默生也说：普通人想的是如何养生、如何聚财、如何加固屋顶、如何备齐衣衫，而聪明人考虑的却是怎样选择最宝贵的东西——朋友。友谊是自己一生的宝贵财富，远比物质财富、锦衣玉食更重要。在学生时代，人际交往能够帮我们解决学业的困惑，促进学业的共同进步；工作后，良好的人际关系是一笔宝贵的社会财富，能够为我们保驾护航。

三、沟通的技巧

（一）保持微笑

被誉为"成人教育之父"的卡耐基说：行为胜于言论，对人微笑就是向他人表明"我喜欢你，你使我快乐，我喜欢见你"。微笑是人际沟通的润滑剂，它表示真诚与善意。微笑在处理人际关系时有很大的作用，因为它能让别人在和你交流的时候感到开心和愉悦。一个整天脸色阴沉或毫无表情的人，很难处理好人际关系，也很难受人欢迎。英国伟大的戏剧家莎士比亚说："我宁愿让傻子逗我开心，也不要让一个精明的人令我伤悲。"微笑的人往往充满热情，为人友善，有爱心。

（二）善于倾听

做一个善于倾听的人，鼓励别人谈论他们自己，是一种修养。卡耐基曾说：专心听别人讲话的态度，是我们所能给予别人的最大赞美。不管对朋友、亲人、上司、下属，倾听有同样的功效。在与人沟通的过程中，要学会专心致志地倾听他人谈话，而不是自己滔滔不绝地说个没完。

学会倾听将会改善我们的人际关系，那些讨厌的人就是为自私心及自重感所麻醉的人。那些只谈论自己的人，只为自己设想。而"只为自己设想的人"，哥伦比亚大学校长巴德勒博士称为"无可救药的缺乏教育者"。因此，倾听可以使他人感受到被尊重和被欣赏。如果你只是在滔滔不绝地说，经常会出现凭自己的主观造成对别人的错误判断，这样便会造成人际沟通的障碍和困难，甚至冲突和矛盾。如果你想

成为人际关系良好的人,那就做一个注意倾听他人之人。卡耐基有句名言:如果你希望成为一个善于谈话的人,那就先做一个注意静听的人。问别人喜欢回答的问题,鼓励他谈论自己及其所取得的成就。不要忘记在与你谈话的人,对他自己、他的需要、他的问题,比你及你的问题要感兴趣十倍。

(三)学会赞赏

爱默生说:我遇到的每一个人,或多或少都是我的老师,因为我从他们身上学到了东西。卡耐基有句名言:在你每天的生活之旅中,别忘了为人间留下一点赞美的温馨,这一点小火花会燃起友谊的火焰。在他的著作《人性的弱点》中提出:为人处世的基础技巧,除了"不要批评、不要指责、不要抱怨"以外,就是"表现出真诚的赞美和欣赏"。学会赞美可以让我们的人际关系变得融洽,可以让我们的人生变得与众不同。威廉·詹姆士说过"人类本质里最殷切的需求是渴望被人肯定"。他不用"希望""需要"或是"盼望"等字眼,而是用"渴望",可见赞赏的重要性。因此,要建立良好的人际关系,恰当地赞美别人是必不可少的。

完美沟通的三种姿态

一、诚恳的姿态

拿破仑·希尔说:"诚恳是一种特质,能带来自我的满足、自我尊重,是一天24小时都伴随我们的精神力量。"在人际交往中,诚恳可以收到良好的沟通效果。

我们在与人合作时,往往会遇到这样的问题:如果别人在你的身上花了时间、精力和金钱,那么他就会考虑你的动机是否真诚。比如,你为了集体活动去拉赞助,这时赞助方就会比较关心你的动机,了解你用这笔钱去做什么,是不是为了个人的某种利益等。要解决这样的问题,诚恳是最好的办法。你要努力向别人证明你的诚意,就要把你的诚意表现出来,取得对方的信任。

二、热忱的姿态

中国有句古训:"精诚所至,金石为开。"说的就是热忱的力量。如果一个人对一件事有强烈的热忱,那就没有什么办不到的事情。

成功未必取决于才能,但成功一定要有热忱。热忱是帮助我们战胜所有困难的强大力量,它使我们时刻保持清醒,使我们全身所有的神经都处于警醒状态,它激励我们去做我们内心渴望做的事,不达目的誓不罢休。

所以，在人际沟通中，热忱是很重要的。有了热忱你就会感染他人，就会获得他人的帮助，最终取得事业的成功。

三、谦虚的姿态

谦虚，指虚心，不夸大自己的能力或价值；没有虚夸或自负；不鲁莽或不一意孤行。《诗·小雅·角弓》曰"莫肯下遗，式居娄骄"，郑玄笺曰"今王不以善政启小人之心，则无肯谦虚以礼相卑下，先人后己，用此居处，敛其骄慢之过者"，谦让可以在许多场合（如上车、就餐的时候等）融洽人与人之间的关系，谦让可以保持良好的秩序；在国际交往中，适度谦让可以减少他国的戒备心理，有利于树立良好形象，发展交好关系。

提钱伤感情？

陈俊，广州某高职院校大二学生，家境较好，性格开朗外向，为人大方，人缘不错。与同宿舍的舍友王立平时关系很好。王立是广州本市人，父母都在事业单位工作，家境也不错，但他花钱大手大脚，爱买名牌衣服、鞋、手机、电玩等，有时生活费花超了不好意思向父母要，就向陈俊借钱。陈俊认为都是朋友，平时关系又很好，也不好推脱，于是将钱借给王立，但王立借了钱总是忘记还。直接让王立还钱感觉很尴尬又张不开嘴，陈俊想，自己现在的生活费都是问父母要的，王立总是借钱不还，让他很矛盾又怕伤及感情，所以非常苦恼。因此，他向学校心理咨询室老师请教，合理表达了自己的顾虑，最后在老师的指导下，陈俊与王立在相互沟通体谅中达成共识。

分析： 人际交往时，维护个人信誉尤其重要，答应别人的事情要说到做到，才能获得别人的尊重。借出钱款时，一定要当面说清楚还钱期限。如果到期对方失信，也要表明态度，既不能碍于面子不追款，也不能通过其他方式给同学压力。

发现他人的优点

一、活动目标

善于发现他人的优点，学会宽容，共建友谊。

二、规则与程序

（一）活动时间

建议用时 30 分钟。

（二）活动准备

准备 A4 纸、笔若干。

（三）活动步骤

1. 3～5 人一组，轮流找出对方的 1～2 个优点，并加以赞赏。

例如：你很善良。

你的性格特别好。

你的声音真好听。

2. 小组讨论，当你的同学遇到困难时，你会怎么做？

我会帮你_____。

我可以做_____。

三、总结

小组总结与讨论被赞赏和帮助的感受。

马基雅维里量表

一、活动目标

测定个体与他人和谐相处的能力。

二、规则与程序

这份问卷是由理查德·克里斯蒂在纽约设计的，该问卷对预测特定个体是否会变得与其他人感情十分融洽、是否可以直接利用他人为自己谋利方面十分有效。以下问题是关于你在工作中的行为、你对人际关系的信赖程度以及你赋予它们的价值。

每个问题以陈述的方式提出，请你从 A、B、C、D、E 项中选择你的观点。A—完全同意；B—同意；C—不知道；D—不同意；E—完全不同意。答案无对错之分，请按真实情况作答。

（　　）1. 你只有在认为这样做对获得成功有利时，才把真正原因告诉其他人。

（　　）2. 正直而受人尊敬的人在世界上活得如意。

（　　）3. 绝大多数人生来就是勇敢的。

（　　）4. 你总是认为人们是邪恶的，而且一有机会就会表现出来。

（　　）5. 告诉人们他们喜欢听的是对付他们最好的方式。

（　　）6. "每分钟都有人诞生"，这句话是不正确的。

（　　）7. 不能原谅他人的欺骗行为。

（　　）8. 当要求他人为你做事的时候，应该告诉他人真正的原因，而不是东拉西扯添油加醋。

（　　）9. 帮助重要人物是明智的事。

（　　）10. 如果不走捷径就难以在组织中获得成功。
（　　）11. 罪犯与其他人的不同之处在于，他们愚蠢地被人抓到了。
（　　）12. 患不治之症的人，应该有权利选择无痛苦的死亡，即"安乐死"。
（　　）13. 在最后的分析中，绝大多数人都是好的、善意的。
（　　）14. 你应当只有在符合伦理道德标准时才行动。
（　　）15. 诚实而丢脸比不诚实但看似重要更有价值。
（　　）16. 一般来说，如果没有压力，人们是不会努力工作的。
（　　）17. 面面俱到是可以做到的。
（　　）18. 对大多数人来说，损失一点财产比父母去世更难忘怀。
（　　）19. 完全相信另一个人很容易引起麻烦。
（　　）20. 诚实永远是最好的。

三、评分标准

第1、4、5、9、10、11、12、16、18、19按照A-5、B-4、C-3、D-2、E-1计分；其余10道题按照A-1、B-2、C-3、D-3、E-1计分。

1. 如果得分是20~38分，则你的人际关系并不乐观，应当多加注意。

2. 如果得分是39~54分，你应当学会拒绝，"不"字并不是不可以说的字。

3. 如果得分是55~69分，你是一个愤世嫉俗的诚实的人，至少是相对诚实的人。

4. 如果得分是70~85分，你可以成为博尔吉亚（Borgia）家庭的荣誉成员了（博尔吉亚家庭是一个西班牙的古老家族，家族成员对它充满深情。博尔吉亚家庭成员间具有极其强烈的家族忠诚感，而这种忠诚又使他们把血缘联系视为近乎神圣的关系。博尔吉亚的家庭成员几乎能够原谅任何施加于彼此的罪行）。

5. 如果总分超过了86分，那么你可以成为马基雅维里的教师了。

思考与练习

1. 人际交往对于你的成长有哪些影响？
2. 简述沟通的技巧。

4.2 学会交往，快乐生活

 **名人名言**

人的生活离不开友谊，但要获得真正的友谊并不容易，他需要用忠诚去播种，用热情去灌溉，用原则去培养。

——奥斯特洛夫斯基

 学习目标

1. 了解大学生人际交往中常见的心理问题。
2. 掌握大学生良好人际关系的调适方法。

 **导入案例**

小王的交往困惑

小王，广州某职业技术学院计算机系大二的学生，性格内向、孤僻、不善于交际。大一住校一年，因与舍友相处不愉快，申请调宿舍未果后，他擅自搬出宿舍，与外班的同学住在一起。从此，他很少与自己班的同学来往，集体活动也很少参加，上课时独来独往。时间久了，常常感到特别孤独，还因焦虑患上了中度神经衰弱症。他曾想尽力调整自己，克制情绪，试图通过学习的方法来减轻痛苦，缓解忧虑。然而，事与愿违，由于心理压力过大，他很难集中精力学习，成绩急剧下降。严重的心理困扰使他逐渐失去了坚持学习的信心，他开始厌倦学习，厌恶同学和班级，一天也不愿留在学校了。

分析： 小王性格内向孤僻，当与同学相处不好时，并没有采取积极的应对措施，而是一走了之。然而，这种逃避的态度只会使他在同学面前越来越孤立。尽管他知道自己不善于人际交往，没有可以信任的朋友，并因此很痛苦，却没有正视这种现象，而是尝试通过学习来转移自己的注意力，这是一种逃避现实的心理，也是一种不敢面对问题的懦弱行为。心理学上将这种心理称为"鸵鸟心态"，现代人面对压力大多会采取回避态度，明知问题即将发生也不去想对策，结果只会使问题更加复杂、更难处理。就像鸵鸟被逼得走投无路时，就把头钻进沙子里。

一、大学生人际交往中常见的心理问题

影响大学生人际交往的原因很多，既有环境变化的客观因素，也有大学生自身的主观因素。同学们来自五湖四海，生活习惯、兴趣爱好、性格脾气、价值观念等各有不同，难免会产生矛盾和分歧。

（一）人际交往的认知偏差

首先，学生在认知他人、形成有关他人认知印象的过程中，往往会发生这样或那样的偏差。在许多回忆录中，常常有这样一句话："他还是老样子，像我第一次见到他的时候那样。"事实上不是对方依然如故，而是作者脑海中的第一印象太深刻了，没有因时间的流逝而改变，这也是人际交往中的首因效应。同时，我们在人际交往过程中，应该努力给人留下一个良好的第一印象。其次，产生晕轮效应，即在人际交往中将某个显著特征泛化到其他特征上，常常使人以偏概全，容易对人做出不公正、不客观的评价。如"一白遮百丑""爱屋及乌"的说法，大学生应该做到有效地控制自己输出的信息，避免对自己产生不良的晕轮效应。最后，避免刻板效应。如我们习惯于商人见利忘义、女为弱者等。在人际交往中，高职学生应辩证地认识刻板效应的合理性和局限性，使其成为自己正确评价、辨别事物的工具和手段。

（二）人际交往的信任危机

"老人摔倒了，你扶还是不扶？"此话题一度成为社会热议的焦点（如图4-1所示）。信任危机不是孤立的，也不是抽象的，而是伴随着社会价值取向的全面转型而出现的历史性现象，从而使得社会形态、社会结构和社会规范发生改变，加剧了人际间的功利竞争，使人际关系变得疏离。原有的社会价值观念和道德规范受到了严重冲击，而新的现代价值认知和道德规范尚没有完善，出现了严重的社会价值体系断裂。这不仅动摇了人们的信任倾向，也加剧了人际关系的冷漠，使得个人自保成了人们在面对问题时的首要选择策略，给信任危机的滋生提供了温床；现代科技的飞速发展降低了人们面对面交往的频率，也在某些方面降低了人与人之间的信任度。

图 4-1 老人摔倒了

(三) 人际交往的情绪、情感障碍

1. 羞愧心理

在交往中我们常会看到，有的人谈吐自如，轻松自在；有的人却过分紧张，不知所措。在心理学上，把后一种心理现象称为羞怯心理，是缘于神经活动过分敏感而形成的消极性自我防御机制。羞怯是大多数人都会产生的一种普遍的情绪体验，一般情况下，表现为在交往中不善于自我表露、腼腆、动作扭捏、胆怯、自卑感较强、过分敏感等。除此之外，童年伤害也会影响个人的交往，形成羞怯心理。比如曾在众人面前受到冷淡，以后遇到类似情境会引发羞怯感。由于太在意别人对自己的评价而显得缩头缩脚，吞吞吐吐，表现得不自在，无法与他人沟通，妨碍良好人际关系的建立。

2. 过分以自我为中心

以自我为中心是大学生人际交往中最突出的障碍。人际交往的目的在于满足交往双方的需要，是在互相尊重、互谅互让、以诚相见的基础上得以实现的。如果只考虑自己的感受和利益，而不考虑他人的感受和利益，对人和事缺少客观分析，主观性特别强烈，交友旅程将严重受挫。有些大学生喜欢自吹自擂、装腔作势、盛气凌人、自私自利，从不考虑对方的需要，这样的交往必定以失败而告终。

3. 自卑心理

在日常生活中，除去心理和生理缺陷而引发的自卑感外，因家庭经济状况较差、贫富差距悬殊，引发学生自卑心理的情况也越来越多。在社交中，具有自卑心理的人孤立、离群，抑制自信心和荣誉感，当受到周围人们的轻视、嘲笑或侮辱时，这种自卑心理会愈加强烈，甚至以嫉妒、自欺欺人、忍气吞声的方式表现出来。有自卑感的人，在社会交往中办事无胆量、不自信，习惯于随声附和，无主见。

4. 嫉妒心理

嫉妒心理是指一个人对别人的才能、相貌、学习成绩等方面比自己好而产生的羞愧、憎恨、敌意、愤怒等组成的复杂情感体验。嫉妒是大学生常见的交往不良心理，主要表现在对他人的长处、成绩心怀不满，喜欢挖苦、讥讽、打击他人，看到别人冒尖、出头不甘心等。这种情况严重阻碍了大学生的心理健康和交际能力，影响正常思维，造成人格扭曲。

5. 猜疑心理

猜疑是指无事实依据凭借主观推测而产生不信任的复杂情感体验。一些猜疑心重的大学生，总是怀疑别人在议论自己，说自己的坏话，遇到不顺心的事，不从自己身上找原因，而是怀疑他人恶意中伤。猜疑心重的人往往心胸比较狭窄，气量小，对别人缺乏起码的信任。猜疑心是阻碍人际交往的毒药，会导致人与人之间产生隔阂、矛盾和冲突。

二、良好人际关系的调试

（一）克服羞怯心理

首先，要加强意志锻炼。要纠正自己的一些不正确的观念，要树立自信心。在一些特殊场合，能够正确而及时地调整自己的心理状态，如多参加社团活动、演讲比赛等锻炼自己。其次，不要把别人的评价看得过重，不必过分在意别人的注意，也不必顾虑别人会如何品评自己。有些人还没有说话就先紧张，由于害怕讲话出现差错，担心得到否定评价，结果常常是恶性循环，导致他们在苦闷的漩涡中越陷越深。再次，进行自我暗示，自我鼓舞。要反复提醒自己，反复安慰，鼓励自己，克服羞怯心理。最后，要善于表现自己的优势。全面、客观地认识自己，发现自己的优势，应扬长避短。总之，要努力做到言行举止大方、得体，增加自信，轻松应对社交场合。

（二）审视自己，化解信任危机

在与时俱进的今天，我们更要遵守道德规范，坚持诚实、守信，树立正确的价值观、道德观，时刻以道德的准则来规范自己的行为，努力赢得对方的信任。一方面要严格要求、诚实守信。对待朋友、同事不应欺骗，而是要坦诚相待。另一方面还要学会分享，理解他人。与人分享会拉近彼此的距离。我们要善于与人分享，分享喜悦、忧愁等，要严格要求自己，宽容对待他人，要善于学习别人的长处，更要

敢于包容别人的错误。在生活、学习中要积极地去理解他人，在别人需要帮助的时候无条件地贡献出自己的力量。

(三) 克服自卑心理

在与他人的交往中，我们要正确评价自己。善于发现自己的优点，不要贬低、否定自己，对自己和他人的优缺点进行客观的评价。不要与他人比较自己无法改变的短板（如外貌、身高），而要改善可以通过自己改变的劣势（如学业成绩、社会经历），要注意发扬自己的优点，将自卑的压力转变为努力的动力，从自卑中超越自我。另外，要树立恰当的追求目标，逐步增强自信，走向他人，展示自己的勇气。只有积极地同周围人相处，学习别人的长处，逐步开拓自己的眼界，才能增强自身的见识与能力，才能从根本上克服自卑心理。

(四) 克服嫉妒与猜疑心理

嫉妒和猜疑只会蒙蔽我们的双眼，害人害己。我们树立正确的交友观念，真诚待人，亲近他人，关爱他人，互利共赢。古人云"以诚感人者，人亦诚而应"，以嫉妒和怀疑一切的心理交往，必然会导致自己在与人交往中苦不堪言，失去朋友，孤独伤感。在交往中，只要我们彼此抱着诚心善意，宽以待人、相互理解、接纳、信任的态度，将善良、真诚传递给他人，就会收获属于自己的亲密友谊。

距离产生美

人类学家爱德华·霍尔（1959）在其经典著作《无声的语言》一书中，将日常生活中人与人之间的空间距离分为三类：

（1）亲密距离（6～18英寸①）。这种距离就是身体的充分接近或直接接触。在这个距离内可以感受对方的体热和气味，沟通更多依赖触觉。在通常情况下，这种距离只允许情侣或孩子进入这一范围。亲密距离往往只限于个人情境，如在家中或僻静处，但在有些国家人们在公共场合有亲密接触的习俗，如接吻、拥抱等。在某些情境中迫使人们在互不认识的情况下介入他人的亲密距离，这时人们会通过躲避视线、背朝他人来显示彼此之间的心理距离。

（2）个人距离（1.5～2.5英尺②，2.5～4英尺）。这种距离是朋友之间

---

① 1英寸=2.54厘米。
② 1英尺=30.48厘米。

进行沟通的适当距离，又分为近范围和远范围。近范围可以保持正常视觉沟通，又可以相互握手，陌生人进入这个距离会构成对别人的侵犯。在与别人不熟悉的情况下进入这个距离与人谈话，会使别人边说话边后退。远范围是熟人和陌生人都可以进入的范围。在通常情况下，关系融洽熟悉的人一般是近距离，而陌生人是远距离。

（3）社交距离（4~7英尺，7~12英尺）。这种距离的沟通不带有任何个人感情色彩，用于正式的社交场合。在这个距离内沟通需要提高谈话的音量，需要更充分的目光接触。例如政府官员向下属传达指示、单位领导接待来访者，都往往采用这一距离。

电影"心"赏

海蒂和爷爷

一个孤独的老人独自住在阿尔卑斯山上。一天海蒂的姨妈将从小就失去父母、无依无靠、伶仃飘零的她带到了阿尔卑斯山，投奔住在那里的爷爷。在村民们眼中，爷爷是个倔强而又古怪的老头，大家都对其敬而远之。海蒂刚来时，习惯独居的爷爷不知怎么办，但不喜欢姨妈把海蒂带走，就这样海蒂和爷爷生活在了一起。因为只有爷爷自己一个人住，所以家里的家具桌椅都是单数，吃饭的时候，海蒂没椅子坐只能坐在楼梯上吃饭。

没过多久，海蒂那双天真无邪的眼睛发现了爷爷深藏在内心的柔情，一老一少卸下心防。爷爷就趁海蒂不在家的时候，给海蒂亲手做了一个椅子，两人相依为命，快乐地生活在一起。但好景不长，贪心的姨妈又将海蒂带走了，祖孙俩经历种种磨难后又生活在一起。后来，在乡村牧师的劝说下，祖孙二人终于搬回到爷爷从前居住过的村子，并同村民们建立了友好融洽的关系。没有人是不希望陪伴的，没有人是喜欢孤独的。

打破沉默的盐罐

在一艘轮船上，餐厅很狭窄，里面只有一张餐桌，所有就餐的客人都挤坐在一起，因为彼此比较陌生，所以气氛比较尴尬。突然，小王拿起放在面前的盐罐，微笑着递给右边的女士："我觉得青菜有点淡，您或者您右边的客人需要盐吗？"女士愣了一下，但马上露出了笑容，向他轻声道谢。她给自己的青菜加完盐后，便把盐罐传给了下一位客人。不知什么时候，胡椒罐和糖罐也加入了"公关"行列，餐厅里的气氛渐渐活跃了起来。饭还没吃完，全桌人已经像朋友一样谈笑风生了，他们中间的坚冰被一个盐罐轻而易举地打破了。

第二天分手的时候，他们热情地互相道别。这时，有人说："其实昨天的青菜一点也不淡。"大家都会心地笑了。

活动与训练

三人两足

一、活动目标

1. 使同学们在活动中互相了解、互相认识。
2. 同时锻炼同学们的协调配合、团结互助的能力，本着"友谊第一，比赛第二"的精神，提高大学生的综合素质。

二、规则与程序

（一）活动时间

建议用时40分钟。

（二）活动准备

准备口哨1个、小布条若干。

（三）活动步骤

1. 本次比赛全班都参与，设两队，每队设领队一名，主要负责该队口号的设定、该组人员的选择和成员安全。第一次比赛每队由两名队员参加（男女不限），两队或纵队面对标志物站在起跑线后，每一组两人并肩站立，内侧的小腿用小布条捆住，这样成了"两人三足"，比赛开始。

2. 发令员发令后，各队的第一组向前跑进，绕规定场地一圈，回到终点。第一次比赛结束后第二次比赛在第一次成员的基础上加一个人，三人并肩站立，内侧的小腿用小布条捆住，形成"三人四足"，重新回到起跑线开始下一轮比赛。

3. 第三次比赛在第二次的基础上加一个人，四人并肩站立，内侧的小腿用小布条捆住，形成"四人五足"，重新回到起跑线开始下一轮比赛。这样依次进行，直至所有到场人员都参加完成比赛。

三、总结

请同学相互讨论，发表活动感想，体会协调配合、团结互助的力量。

模块四

学会交往，走出内向孤岛

人际关系综合评价量表

一、活动目标

测定个体的人际关系情况。

二、规则与程序

这是一份人际关系行为困扰的诊断量表，共28个问题，每个问题可以选择"是"（画"√"）或"否"（画"×"）两种回答。请根据自己的实际情况如实回答，答案没有对错之分。

（　　）1. 对于自己的烦恼有口难言。
（　　）2. 和陌生人见面感觉不自然。
（　　）3. 过分地羡慕和妒忌别人。
（　　）4. 与异性交往太少。
（　　）5. 对连续不断的会谈感到困难。
（　　）6. 在社交场合感到紧张。
（　　）7. 时常伤害别人。
（　　）8. 与异性来往感觉不自然。
（　　）9. 与一大群朋友在一起，常感到孤寂或失落。
（　　）10. 极易陷入窘境。
（　　）11. 与别人不能和睦相处。
（　　）12. 不知道与异性相处如何适可而止。
（　　）13. 当不熟悉的人对自己倾诉他的生平遭遇以求同情时，自己常感到不自在。
（　　）14. 担心别人对自己有坏印象。
（　　）15. 总是尽力使别人赏识自己。
（　　）16. 暗自思慕异性。
（　　）17. 时常避免表达自己的感受。
（　　）18. 对自己的仪表（容貌）缺乏信心。
（　　）19. 讨厌某人或被某人所讨厌。
（　　）20. 瞧不起异性。
（　　）21. 不能专注地倾听。
（　　）22. 自己的烦恼无人可倾诉。
（　　）23. 受别人排斥与冷漠对待。
（　　）24. 被异性瞧不起。
（　　）25. 不能广泛地听取各种各样的意见、看法。
（　　）26. 自己常因受伤害而暗自伤心。
（　　）27. 常被别人谈论、愚弄。
（　　）28. 与异性交往不知如何更好地相处。

三、评分说明

画"√"计1分，画"×"计0分，将28道题的选择计分求和。

　　如果你得到的总分是0～8分，那么说明你与朋友相处的困扰较少，善于交谈，性格比较开朗，主动关心别人，对周围的朋友都比较好，愿意和他们在一起，他们也都喜欢你。而且，你能够从朋友相处中得到乐趣，生活是比较充实和丰富多彩的，与异性朋友也相处得比较好。不存在或较少存在交友方面的困扰，善于与朋友相处，人缘很好，能够获得好感与赞同。

　　如果得到的总分是9～14分，那么你与朋友相处存在一定程度的困扰。人缘一般，和朋友的关系并不牢固，时好时坏，经常处在一种起伏波动之中。

　　如果得到的总分是15～28分，那就说明你与朋友相处的困扰较多。分数超过20分，则表明你人际关系的困扰程度很严重，而且在心理上出现较为明显的困扰。可能你不善于交谈，也可能是一个性格孤僻的人，不开朗，或者有明显的自高自大、讨人嫌的行为。

 思考与探索

> 1. 结合自己的交友体验，举例说明大学生人际交往中常见的心理问题有哪些？
> 2. 你最迫切想要改进的人际交往方式是什么？你有什么样的改进计划？
> 3. 简述大学生良好人际关系的调适方法。

模块五　我的情绪，我调控

模块导读

情绪是人的心理状态的晴雨表，它反映着每个人内在的心理状态。情绪情感在人们的学习、工作及生活中起着重要作用，乐观积极的情绪可使生活充满阳光，提高生活质量与工作效率，而抑郁消极的情绪则降低工作和学习效率，影响身心健康。大学生正处于青年期，情绪波动较大，情感体验复杂而丰富，经常会面临着各种各样的情绪困扰。对大学生情绪心理的正确认知与疏导，对其学习、生活将很有裨益。

美国著名思想家、第三任总统杰弗逊说："情感固然是一切美德的源泉，但也是酿成许多灾难的始因。"情感的泛滥成灾，对情绪的不加控制必定会导致悲剧的发生。一个拥有健全、完美人格的人，不会甘心沦为感情的奴隶。理性地对我们的情绪加以引导和约束是为了能够达到一种平衡之美，而这种理性与感性的和谐之美就是生活的艺术与人生的哲学。

5.1　认识情绪，适度表达

 名人名言

　　成功的秘诀就在于懂得怎样控制痛苦与快乐这股力量，而不为这股力量所反制。如果你能做到这点，就能掌握住自己的人生，反之，你的人生就无法掌握。

——安东尼·罗宾斯

 学习目标

1. 理解情绪的概念和分类。
2. 了解情绪的适度表达。

 导入案例

都是情绪惹的祸

　　咸阳某学院超市内，机械专业的小刘正在购物。在排队结账时，因购买物品较多，超市兼职的小张同学在扫描物品时，因一件物品反复识别不了，便放下手中工作，让小刘重新拿一件。小刘一看身后排的长队，不予理睬。小张见状便小声嘟囔了几句话，继续结账。小刘注意到小张在说话，但没听清楚，以为小张在骂自己。于是，便怒不可遏地走到小张面前质问他，两人矛盾瞬间升级，开始相互推搡，超市老板见状后急忙来劝架。事后，小刘、小张分别带来同学在操场围观，双方你一言我一语，最后导致群架，造成轻微伤害。

　　分析：本案例中，我们看到小刘自以为被小张欺负，没有理智的沟通处理，而是带着愤怒的情绪质问对方，小张也没有冷静对待、诚恳解释道歉，双方互不相让、言语不合导致打起群架。如果能够合理表达情绪，这个事件是可以避免的。只要宽容他人、调整好情绪，很多问题都会迎刃而解。

一、情绪的概念和分类。

情绪伴随着每个人,我们的生命因喜怒哀乐而丰富精彩。情绪是什么?"人非草木,孰能无情?"为何我们有时欣喜若狂,有时焦虑不安,有时孤独恐惧,有时满腔怒火,有时痛哭流涕……

(一)情绪的含义

情绪是个体对客观事物态度的体验,是个体需要得到满足与否的反映。黄希庭教授在其著作《心理学导论》中将情绪定义为:情绪是一种复杂的心理现象,它包括情绪体验、情绪行为、情绪唤醒以及情绪刺激等复杂成分。

人类的基本情绪

美国心理学家保罗·艾克曼(Paul Ekman)花了40多年的时间研究人的表情和肢体语言。他到过很多地方观察人的表情,比如巴西、阿根廷、苏联、印度尼西亚、日本等。他甚至在巴布亚新几内亚的丛林部落里生活了三年。那里与世隔绝,从未受到过西方文明的影响。当地人甚至从未照过镜子,从未看过自己的脸,但他们能准确地判断艾克曼带来的照片上的白人处于什么样的情绪状态。大量的研究证明,人类的七种基本情绪(愉快、惊奇、愤怒、厌恶、恐惧、悲伤、轻蔑)的表情不存在文化差异,即不同文化的人都存在这七种情绪,表情也是基本一致的(如图5-1所示)。

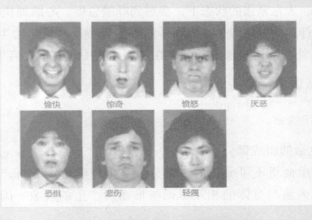

图5-1 人类的七种基本情绪

（二）情绪的要素

面对复杂的情绪现象，心理学家通常把情绪归结为：内省的情绪体验、外在的情绪表现、情绪的生理变化三个方面。

1. 内省的情绪体验

心理学家伊扎德（Izard，1977）提出情绪的四维理论即情绪的强度、情绪的紧张度、情绪的激动度、情绪的复杂度。简单地说，人的情绪状态是在强度、紧张度、激动度和复杂度四个维度上产生的心理感受。内省的情绪体验是人脑对客观环境和客观现实的反映形式，它不同于认知活动，不是对客观事物本身的反映，而是带有主观色彩的反映。例如，人在得到肯定表扬时，会感到快乐；在面临危险时，会感到害怕；在失去亲人时，会感到悲伤等。

2. 外在的情绪表现

外在的情绪表现即表情，具体指面部表情、声态表情和体态表情。面部表情最直接反映着人的情绪状态。人们可通过一个人面部表情的变化，了解一个人的情绪状态。例如，当我们获奖时，会不由自主地露出笑容；当遇到挫折时，会愁容满面。声态表情则是指人们在与人交流时说话的声调、音色和声音节奏的快慢等方面的变化。例如，一个人兴奋时，语调会高昂、语速加快，声音抑扬顿挫。体态表情同样反映着一个人的情绪状态。例如，在等待面试结果时，我们会坐立不安、前后徘徊，此刻的情绪状态和面临的境地显而易见。

3. 情绪的生理变化

在不同的情绪状态下，人的心律、血压、呼吸乃至内分泌、消化系统等都会发生相应的变化。例如，人在紧张的状态下，会感到呼吸急促、心跳加快；在愤怒状态下，会出现血压升高、汗腺的分泌增加、面红耳赤等生理特征。情绪的生理变化既是主观体验的深化，又是外在情绪表现的基础，在情绪结构中起着承上启下的作用。

（三）认识情绪及其分类

1. 正确认识情绪

（1）情绪是生命的组成部分

情绪是每个人生命里不可分割的一部分。从生理学角度分析，情绪是大脑中所储藏的经验回忆和大脑与身体的相互协调与推动所产生的现象。因此，一个正常的人必然是有情绪的。

（2）情绪没有好坏之分

人的情绪有多种特征，用以表现生活中的喜悦、幸福、哀伤、困苦。情绪是个中性词，无好坏之分。所有情绪都有意义，都能增加生命的丰富性。当遭遇挫折的时候，我们会难过、害怕；当面对成功时，我们会开心、愉快。因此，从对人生的意义而言，无论怎样的情绪，都会有一种推动作用，它并无好坏之分。

（3）情绪能够为我们服务

每种情绪都有其意义和价值，我们要学会控制情绪，使情绪能够为我们服务。情绪是我们的资源，善用情绪就是要正确地感知情绪，客观地谈论情绪，这样才能提升自我情绪管理的能力，这是我们确保自身幸福的必修功课。

2. 情绪的分类

情绪一般划分为正面情绪和负面情绪，如图5-2所示。负面情绪或消极情绪有焦虑、紧张、沮丧、失落、失望、郁闷、悲伤、痛苦、嫉妒、猜疑、反感、委屈、抱怨、自卑、愤怒、抵触等。此类情绪体验是不积极的，产生这类情绪后身体会有不适感，甚至影响学习、生活和工作的顺利进行。

图5-2 常见的情绪表情

正面情绪，又称积极情绪，是指个体由于体内外刺激、事件满足个体需要而产生的伴有愉悦感受的情绪。喜悦、感激、宁静、兴趣、希望、自豪、逗趣、激励、敬佩和爱等统称为正面情绪。积极情绪让我们感觉良好，不仅能改变我们的思维，改变我们的未来，同时能够抑制消极的负面情绪。

情绪的钟摆效应

如图5-3所示，钟摆效应是心理学名词，主要是描述人类情绪的高低摆荡现象。

钟摆的运动轨迹是往复的，它总是围绕着一个中心在一定范围内有规律地摆动。当快乐的时候，可以毫无顾忌地笑；在悲伤的时候，可以无所顾忌地哭。不管是喜悦还是哀伤，都是人与生俱来的情绪情感。如果我们不断压抑负面情绪，通常有两个后果：一是突然爆发；二是逐渐消失。情绪的钟摆效应就是指第二种情况。当我们自己感觉很好地控制了自己的情绪同时，也在渐渐减弱自己体验正面情绪的能力。也就是说，当负面情绪的强度从图5-3中的位置5降低到位置4的时候，相应的正面情绪也从最高的位置1降低到了位置2。这样下去，痛苦虽然少了，但是快乐也随之减少了。久而久之，人会感到生活枯燥无味，甚至会觉得人生没有意义。

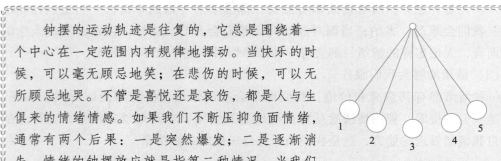

图5-3 情绪的钟摆效应

情绪实际上也是我们能力的体现，每一种情绪都在提示我们生活中可能出现了一些问题，需要我们去解决。所有的负面情绪实际上也是一种推动力，督促我们采取行动，直到这些情绪不再出现。我们应该怎样做呢？应该把自己的情绪强度尽量扩大（重回较大的摆动幅度）。这样，每件事给我们的喜悦、满足、自豪、信心被我们完全得到，达到左边摆动的最高位置，此时心中充满了正能量。因为左边的摆动给了我们喜悦、自信等正面情绪的积极影响，即使右边负面情绪的摆动幅度达到最高位置5，我们也能承受，此时还有很多心态上的技巧可以帮助我们去化解负面情绪。这样一来，即使我们偶然遭遇到负面情绪，由于正面情绪给我们的力量很强大，也就完全能够承受负面情绪了。

钟摆效应的内涵在于：只有像钟摆一样，让两边的幅度尽量扩大，让我们感知正面及负面情绪的能力都很强，才能充分享受人生！"痛"并"快乐"着——"痛快"活着，而不是逃避、压抑地活着！这是一种人生境界！为了不让负面情绪影响我们太久、太深，我们要学会在合适的场合让自己与负面情绪相处，接受它、理解它、安慰它，并在适当的场合学会感谢它、释放它、缓解它。同时，我们也要让自己的正面情绪得到加强，使正面情绪远多于负面情绪，从而使我们的生活充满正能量。

二、情绪的适度表达

1. 向自己表达

情绪表达的第一个层面是向自己表达，就是让你很清楚自己的情绪状态和它的来源。这种表达似乎很容易做到，但是常常被我们所忽略，而合理地表达自我情绪，了解自我情绪状态，对我们的心理健康具有重要的作用。大学生可以通过记录情绪日记、画情绪绘本等方式宣泄和抒发自己的情绪。避免把注意力集中在负面情绪上，多看积极正面的内容，挖掘自身优点，让自己更加阳光自信。

2. 向他人表达

过度压抑愤怒、悲伤等消极情绪，不利于身心健康。"快乐通过分享就加倍，悲伤经过分担就减半。"我们要适度、合理地向周围的人表达自己的情绪，才能使他人理解，使自我压力得到释放。当我们有负面情绪时，可以选择向自己信任的人，如家人、朋友等倾诉。在倾诉的过程中要合理地表达情绪，适当考虑他人感受，有节制地宣泄不满。

3. 向客观环境表达

情绪表达的方式多种多样，我们可以向大自然出发，通过旅游，看祖国的秀丽河山，感受"大漠孤烟直""落霞与孤鹜齐飞"的美好；还可以通过爬山、游泳、做瑜伽、听音乐、看书等来舒缓情绪。比如现代诗人、散文家徐志摩在失恋后，把悲伤情绪转化到文学创作中，写出了《再别康桥》这一经久流传的佳作。

负面情绪如何疏解

每个人都有负面情绪，心情不好、不开心、自暴自弃……这些负面情绪不仅影响我们当时的状态，也不利于我们的健康。当负面情绪来袭时，我们要学会用正确的方法去面对它，主动进行自我疏解，尽快走出负面情绪。

（1）认识到自己的现状。

要学会接受自己的现状，了解自己正处于负面情绪之中，只有认识到这一点，我们才能想办法走出负面情绪。

（2）暂时放下烦心事。

负面情绪一般是在人处于较大压力时产生的，暂时放下手头的烦心事虽然不能立刻缓解你的负面情绪，但它能使负面情绪停止蔓延。

（3）学会自我安慰。

学会为自己加油鼓劲，诸如"开心点""没什么大不了的""放宽心"之类的词句默念十几遍，还是有一定心理暗示作用的，可以在一定程度上舒缓你

的压力。

（4）尽量倾诉。

寻找你可以信任的人去倾诉一下你的烦恼吧！是什么让你产生了负面情绪？如果你觉得自己的负面情绪来得很无理，是各种说不清道不明的情绪的混合，你可以找本日记胡乱涂画来倾诉。

（5）放松心情。

做一些你平时喜欢做的事吧！大到休假旅游，小到哼个歌、刷个淘宝。要工作？那你也可以选择先做自己相对喜欢的工作。当人专心于某件事时，烦恼自然会慢慢被忘掉。

（6）懂得宣泄。

如果以上种种措施都不能让你开心振作起来，那么就好好宣泄一下吧。找个没人的角落大哭一场，哭完了，烦恼也就不见了。不要怕丢脸，哭泣或者其他措施只是你宣泄情绪的一种手段。

 电影"心"赏

抑制愤怒狂躁的火焰

《全民超人汉考克》（Hancock）是一部超级英雄类喜剧电影，由彼得·柏格执导，威尔·史密斯主演。本片讲述作为超级英雄的汉考克因其易怒、矛盾、尖刻的性格，在挽救无数生命的同时，似乎总在事后造成严重的破坏性，似乎超人只有利用高调的行动来宣泄自己的烦闷。

汉考克是个众所皆知的超人，他具备金刚不坏之身，可以自由地上天入地，惩治暴力。但是在这个过程中所造成的巨大破坏激起了民愤，一时间，全民超人成了全民公敌，大家都用"浑蛋"这个词语来称呼他。原因是他好吃懒做、暴力、酗酒，甚至常常因为无法控制自己暴躁易怒的情绪及压力给民众造成了伤害。最后，经过经理人的劝导及自身的有效约束，他最终成为一名真正令人爱戴的全民超人。

拿破仑曾经说过："成功者与失败者的最大不同在于，前者是情绪的主人，而后者是情绪的奴隶。"一个人不管能力再强，如果无法形成一定的自我约束，随意让情绪泛滥而给他人造成伤害，久而久之身边的人都会离他远去，甚至像汉考克一样的超人也难免引起全民公愤。反之，倘若我们能够驾驭自己的情绪并有效管理压力，学会做情绪的主人，我们的生活会越变越美好！

然而，情绪管理谈何容易。正如亚里士多德所说：每个人都会生气的，这并不难。但要能适时适所、以恰当的方式、对恰当的对象、恰如其分地生气，这就难上加难。这考验了一个人的情商，也影响着一个人是否成功。

情绪红绿灯

一、活动目标

理解情绪的多样性，保持乐观心态。

二、规则与程序

（一）材料

事先制作好的情绪图片、音频录像。

（二）建议时间

15 分钟。

（三）活动过程

1. 选出 6 名同学，分别表演惊奇、愤怒、高兴、害怕、悲伤、厌恶 6 种面部表情。将写出这些情绪的卡片分别呈现给 6 位同学，但不能让其他学生看到。

2. 然后这 6 名同学分别进行情绪表演，同时播放音乐。

3. 每次表演完，让同学们猜测是什么情绪，并给予适当的评价，然后谈谈自己的感受。

三、总结

请同学们根据活动体验，相互分享保持健康情绪与乐观心态的方法。

抑郁自评量表（SDS）

一、活动目标

了解自己是否存在抑郁情绪。

二、规则与程序

表 5-1 列出了有些人可能会遇到的问题，请仔细地阅读，然后根据最近一个星期以内自己的实际情况，在每个问题后标明该题的程度得分。其中，"从无或偶尔有"选1，"很少有"选2，"经常有"选3，"总是如此"选4。

表 5-1 抑郁自评量表（SDS）

序号	题目	从无或偶尔有（1）	很少有（2）	经常有（3）	总是如此（4）
1	我感到情绪沮丧、郁闷。				
2	我感到早晨心情最好。				

续表

序号	题目	从无或偶尔有（1）	很少有（2）	经常有（3）	总是如此（4）
3	我要哭或想哭。				
4	我夜间睡眠不好。				
5	我吃饭像平时一样多。				
6	我的性功能正常。				
7	我感到体重减轻。				
8	我为便秘烦恼。				
9	我的心跳比平时快。				
10	我无故感到疲劳。				
11	我的头脑像往常一样清楚。				
12	我做事像平时一样不感到困难。				
13	我坐卧不安，难以保持平静。				
14	我对未来抱有希望。				
15	我比平时更容易愤怒。				
16	我觉得决定什么事很容易。				
17	我感到自己是有用的和不可缺少的人。				
18	我的生活很有意义。				
19	假若我死了，别人会过得更好。				
20	我仍旧喜爱自己平时喜爱的东西。				

三、测试结果说明

主要统计指标为总分。把20道题的得分相加为总分，把总分乘以1.25，四舍五入取整数，即得到标准分。抑郁症的分界值是55分，超过55分为异常，说明你的情绪处于抑郁状态。

焦虑自评量表（SAS）

一、活动目标

了解自己是否存在焦虑情绪。

二、规则与程序

表5-2列出了有些人可能会遇到的问题，请仔细地阅读，然后根据最近一个星期以内自己的实际情况，在每个问题后标明该题的程度得分。其中，"从无或偶尔有"选1，"很少有"选2，"经常有"选3，"总是如此"选4。

表 5–2　焦虑自评量表（SAS）

序号	题目	从无或偶尔有（1）	很少有（2）	经常有（3）	总是如此（4）
1	我觉得自己比平常容易紧张或着急。				
2	我会无缘无故地感到害怕。				
3	我容易心里烦乱或觉得惊恐。				
4	我觉得自己可能将要发疯。				
5	我觉得一切都很好，不会发生什么不幸。				
6	我的手脚发抖。				
7	我因为头痛、颈痛和背痛而苦恼。				
8	我感觉容易衰弱或疲乏。				
9	我觉得心平气和，并容易安静地坐着。				
10	我觉得心跳得很快。				
11	我因为一阵阵头晕而苦恼。				
12	我曾经晕倒或有要晕倒似的感觉。				
13	我吸气呼气都感到很容易。				
14	我的手脚麻木或刺痛。				
15	我因为胃痛和消化不良而苦恼。				
16	我常常想要小便。				
17	我的手脚常常是干燥温暖的。				
18	我脸红发热。				
19	我容易入睡，并且一夜睡得很好。				
20	我做噩梦。				

三、测试结果说明

评定采用 1~4 分制记分，评定时限为过去一周内，主要统计指标为总分。把 20 道题的得分相加为初步得分，把初步得分乘以 1.25，四舍五入取整数，即得到标准分。焦虑评定的分界值是 50 分，分值越高，焦虑倾向越明显。

思考与练习

1. 每个人都会有喜怒哀乐，你了解自己的情绪吗？试举例说明情绪的分类。
2. 结合自己的体验，谈谈如何适度表达情绪。

5.2 调适自身情绪，提高情绪管理

名人名言

能控制好自己情绪的人，比能拿下一座城池的将军更伟大。

——拿破仑

 学习目标

1. 了解大学生健康情绪的标准。
2. 理解迅速调整情绪的心理学方法。
3. 掌握自我情绪调节的方法。

 导入案例

爱地巴跑圈

在西藏，有一个叫爱地巴的人，每次生气和人起争执的时候，就以很快的速度跑回家去，绕着自己的房子和土地跑3圈，然后坐在田地边喘气。爱地巴工作非常努力，他的房子越来越大，土地也越来越广，但不管房地有多大，只要与人争论生气，他还是会绕着房子和土地跑3圈，爱地巴为何每次生气都绕着房子和土地跑3圈呢？所有认识他的人都很疑惑，但是不管怎么问他，爱地巴都不愿意说明。

直到有一天，爱地巴很老了，他的房地已经很广大，他生气，挂着拐杖艰难地绕着土地跟房子走3圈，太阳都下山了，爱地巴独自坐在田边喘气。他的孙子在身边恳求他："阿公，你已经年纪大了，这附近也没有人的土地比你更大，您不能再像从前那样，生气就绕着土地跑啊！您可不可以告诉我这个秘密，为什么您一生气就要绕着土地跑上3圈呢？"

爱地巴禁不起孙子的恳求，终于说出隐藏在心中多年的秘密。他说："年轻时，我若和人吵架争论或生气，就绕着房地跑3圈，边跑边想，我的房子这么小，土地这么小，我哪有时间、哪有资格去跟人家生气，一想到这里，气就消了，于是就把

所有的时间用来努力工作。"孙子问道:"阿公,你年纪老,又变成最富有的人,为什么还要绕着房地跑?"爱地巴笑着说:"我现在还是会生气,生气时绕着房地走3圈,边走边想,我的房子这么大,土地这么多,我又何必跟人计较?一想到这,气就消了。"

分析: 劝君遇事莫生气,生气是用别人的错误来惩罚自己。

一、大学生健康情绪的标准

健康的情绪是健全人格的必要条件之一。一般而言,情绪的目的恰当、反应适度,不带有幼稚的、冲动的特征,符合社会规范的要求,就是情绪健康的标准。情绪是心理健康的窗口,它在很大程度上反映了心理健康的状况。情绪是否健康有以下三方面:

(一) 情绪的目的性明确,表达方式恰当

情绪健康的人能通过语言、仪表和行为准确表达情绪,能够采用被自己和社会所接受的方式去表达或宣泄。

(二) 情绪反应适时、适度

情绪健康人的情绪反应,不论是积极的还是消极的,都是由一定的原因引起的。情绪反应的适度与引起该情绪的情境相符合,情绪反应的时间与反应的强度相适应。

(三) 积极情绪多于消极情绪

情绪虽无好坏之分,但情绪健康的表现是积极情绪多于消极情绪,而且所出现的消极情绪持续时间较短,程度较轻,不涉及与产生消极情绪无关的人和事,即对象明确。否则,情绪反应就是不健康的。

对大学生来说,情绪健康的标准具体表现为以下特点:
①开朗,豁达,遇事不斤斤计较;
②及时、准确、适当地表达自己的主观感受;
③情绪正常、稳定,能承受欢乐与苦痛的考验;
④充满爱心和同情心,乐于助人;
⑤正确地认识自己和他人,人际关系良好;
⑥对前途充满信心,富有朝气,勇于进取,坚忍不拔;
⑦善于寻找快乐,创造快乐;
⑧能面对现实、承认现实和接受现实,善于把个人需要与社会的需求协调起来。

知识链接

情绪的功能

在我们的生活中，情绪不是一种毫无目的、没有任何意义的伴随体验。相反，它们是在适应外界变化的过程中产生的，是具有重要作用的工具。

（1）自我保护功能。

在最简单的水平上，情绪能够帮助我们做出更迅速的反应。当遇到危险状况时，我们马上会有紧张害怕的感觉；当发生利益或权利上的冲突时，人会产生愤怒以应对；当吃到不适的食物或污物时，会产生厌恶感。这些情绪反应表现出非常明显的自我保护倾向，可以使人及时地采取适当的应对措施保护自己不致受"伤"。

（2）社会适应功能。

情绪能够使个体针对不同的刺激事件产生灵活自如的适应性反应，并调节或保持个体与环境间的关系。情绪之所以具有灵活性的特征，是因为情绪的机能不仅来源于个体全部的先天机能，还来源于学习及认知活动。多种情绪都具有调控群体间互动的功能。譬如，羞怯感可以加强个体与社会习俗的一致性；当个体对他人造成伤害时，内疚感可激发社会公平重建。其他的情绪，诸如同情、喜欢、友爱等，能起到构建和保持社会关系的作用。它们可以增强群体内的凝聚力，而且有提高个体社会适应能力的作用。

（3）动力功能。

情绪可以推动人的各种活动，使我们拥有一个积极进取和对社会有贡献的人生。比如自信、勇敢等令人心情舒畅的感受，被称为动力性情绪，会引导并维持你的行为达到特定的目标。现代科学更清楚地提示了人在紧张情绪发生时，会表现出一系列生理变化，如血压升高、呼吸频率提高、肾上腺分泌增加等。这一切都有助于人充分调动体力，去应付紧急状况。适度的情绪反应能够激励人的活动，提高人的活动效率，进而推动人们有效地完成工作任务。

然而在我们的生活中，不可避免地要产生令人不快的情绪，比如愤怒、忧郁、焦虑、忌妒等，有人称之为耗损性情绪，因为这些情绪在一定程度上会消耗我们的能量。但是，这些表面上负面的情绪若不过量还是有积极价值的，因为在感受痛苦的同时，我们也得到了探索和成长的机会。

（4）信号功能。

人与人之间最重要的是情感的交流。一个人不仅能凭借表情传递情感信息，而且也能凭借表情传递自己的某种思想和愿望。表情是思想的信号，如微笑表示赞赏，点头表示默认，摇头表示反对。中国有句俗语"出门看天色，进门看脸色"，意思是说通过别人的情绪反馈信息，领悟到别人对自己的态度。

情绪的表达可以增进人际沟通，有非常重要的信息传递和情感调节作用。比如轻松、热情、喜悦、宽容和善意的情绪表达，会促进人际的沟通和理解；而冷漠、猜疑、排斥、偏执、忌妒和轻视的情绪反应，则会构成人际交往的障碍。

（5）强化功能。

大量研究表明，当出现紧急情况时，消极的情绪能够唤起大脑的警觉；积极的情绪能使一个人的感觉、知觉变得敏锐，记忆获得增强，思维更加敏捷，有助于一个人内在潜能的充分展示。

传说春秋战国时期的吴国大夫伍子胥，为了逃避追捕，要逃往城外。可他看见城门已经有重兵把守，戒备森严，早已为搜捕他布下了关卡。由于极度忧虑，他竟然在一夜之间须发全白，真可谓"愁一愁，白了头"。

二、迅速调整情绪的心理学方法

（一）韦奇定律——不要让闲话动摇了你的意志

即使你已经有了自己的看法，但如果有十位朋友的看法和你相反，你就很难不动摇，这种现象被称为"韦奇定律"。它是由美国洛杉矶加州大学经济学家伊渥·韦奇提出的。韦奇定律有以下观点：一是一个人能够拥有自己的主见是一件极其重要的事情；二是确认你的主见是正确的并且不是固执的；三是未听之时不应有成见，既听之后不可无主见；四是不怕众说纷纭，只怕莫衷一是。不要让闲话动摇了你的信念。一旦确立了自己的目标，就要一直走下去，如果自认为那就是自己想要的，就不要在乎别人的看法，努力达成自己的目标即可。

（二）巴纳姆效应——认识自己

巴纳姆效应又称福勒效应或星相效应，是1948年由心理学家伯特伦·福勒通过试验证明的一种心理学现象。人们常常认为一种笼统的、一般性的人格描述十分准确地揭示了自己的特点，当人们用一些普通、含混不清、广泛的形容词来描述一个人的时候，往往很容易就接受这些描述，并认为描述中所说的就是自己。在这个过程中，人更容易受到来自外界信息的暗示，从而出现自我知觉的偏差，即所谓的"从众"。

避免巴纳姆效应，就要客观真实地认识自己，有以下几种途径：一是勇敢地面对自己。学会正确看待自己的优缺点，不掩耳盗铃，也不自欺欺人，切莫以己之短比人之长，或以己之长比人之短。认识了解自己，从容面对自己的一切。二是培养一种收集信息的能力和敏锐的判断力。判断力是一种在收集信息的基础上进行决策的能力，信息对于判断的支持作用不容忽视，没有收集相当数量的信息，很难做出明智的决断。三是以人为镜，通过与自己身边的人在各方面的比较来认识自己。在比较的时候，对象的选择至关重要。要根据自己的实际情况，选择条件相当的人来进行比较，找出自己在群体中的合适位置，这样认识自己才会相对客观。四是要善于总结。通过对重大事件，特别是重大的成功和失败认识自己。越是在成功的巅峰和失败的低谷，越容易暴露自己的真实性格。

（三）杜根定律——自信比什么都重要

杜根定律：强者不一定是胜利者，但胜利迟早都属于有信心的人。换句话说，你若仅仅接受最好的，你最后得到的常常也就是最好的，只要你有自信。一个人胜任一件事，85%取决于态度，15%取决于智力，所以一个人的成败取决于他是否自信，假如这个人是自卑的，那自卑就会扼杀他的聪明才智，消磨他的意志。这就是心理学上的"杜根定律"。

（四）跨栏定律——把挑战困境看作一种享受

跨栏定律，也被称为跨栏定理。由阿费烈德首先提出，并受到广泛引用。跨栏定律，即一个人的成就大小往往取决于他所遇到的困难的程度。竖在你面前的栏越高，你跳得也越高。当你遇到困难或挫折时，不要被眼前的困境所吓倒，只要你勇敢面对，坦然接受生活的挑战，就能克服困难和挫折，取得更高的成就。这就是著名的跨栏定律。英国有一句老话：如果这件事毁不了你，那它就会令你更加强大。苦难并不是绝对的，它对弱者是万丈深渊，对强者来说却是向上的阶梯。疾病也一样，它使弱者的脏器受损，最后夺取弱者的生命，疾病同样能使强者的脏器更加强大，使人的抵抗力更加顽强。

（五）詹森效应——别让压力成为心灵的羁绊

曾经有一名叫詹森的运动员，平时训练有素，实力雄厚，但在体育赛场上却连连失利，让自己和他人失望。不难看出这主要是压力过大，过度紧张所致。由此人们把这种平时表现良好，但由于缺乏应有的心理素质而导致正式比赛失败的现象称为"詹森效应"。

回顾中国女排的艰难夺冠之路，我们不得不感叹中国女排确实象征和代表了一种精神——锲而不舍，砥砺前行。在2004年雅典奥运会上，中国女排以3:2战胜俄罗斯队,赢得了奥运冠军。事实上,她们起先负于俄罗斯队两局,不能再失局的中国队在第三局并没有出现人们意料中的慌乱,打得依然有板有眼,除了其间出现一次12平外,比分更是一路压着对手。2016年里约奥运会,在面对众多强敌如巴西队、荷兰队、塞尔维亚队的情况下,郎平稳定发挥,带领女排姑娘们,再次夺下冠军。这也是中国女排在时隔12年后,又一次站上奥运会的最高领奖台。在2019年10月日本世锦赛上,中国女排以十一连胜的战绩,交出了最令人振奋的答卷。由此,我们不得不说是中国女排良好的心理素质赢了。

人生的"赛场"是高层次高水平的较量,同时也是心理素质的较量,"狭路相逢勇者胜",只要树立自信心,一分耕耘必定有一分收获。

(六)冰激凌哲学——逆境是一种磨炼

卖冰激凌必须从冬天开始,因为冬天顾客少,会迫使你降低成本,改善服务。如果能在冬天的逆境中生存,就再也不会害怕夏天的竞争。同样,只有吃过苦的人才知道享受生活的美好,经历生死的人才知道生活的安逸是多么快乐。所以,要想在顺境中事业能够蒸蒸日上,那么就必须在逆境中经过一番锤炼,这就是由中国台湾著名的企业家王永庆提出的"冰激凌哲学",又称"瘦鹅理论"。

(七)亲和效应——像磁铁一样吸引别人

亲和效应的主要含义是:人们在交际应酬中,往往会因为彼此之间存在着某种共同之处或者相似之处,从而感到相互之间更容易接近。这种接近会使双方萌生亲密感,进而促使双方进一步相互接近、相互体谅。人们在人际交往中往往存在一种倾向,即对于自己较为亲近的对象,比如有共同的血缘、姻缘、地缘、学缘或者业缘关系,有相似的志向、兴趣、爱好、利益,或者彼此共处于同一团体或同一组织的人,会更加乐于接近。我们通常把这些较为亲近的对象称为"自己人"。

一个人如果想要让身边的同事、朋友把自己当成"自己人",除了无法改变的血缘外,关键是要懂得与他人的相处之道。要让别人对自己产生好感,认同并喜欢自己,就需要拿出"亲和力"。只有这样的人才会把周围的人吸引到自己身边来,才会让别人认同你,把你当成"自己人"。

(八)跷跷板互惠原则——互利互惠才能皆大欢喜

玩过跷跷板的人都知道,两个人分别坐在跷跷板的两端,你用力一压,对方就跷起来;对方再用力向下压,你就可以跷起来。跷起来处在上方的感觉是兴奋的,如果游戏的双方都自私地不肯向下压,那么游戏就不能继续下去。只有当双方都不停地轮流向下压,才能交替享受游戏的乐趣。这就是跷跷板互惠原则。

人与人之间的互动，就如同玩跷跷板一样，任何关心、帮助和友好都是一个相互的过程。帮助别人，给予别人，表面上看是一种失去，但在给予中，我们也能从对方那里得到，从而达到互惠互利。一个永远不愿吃亏、不愿让步的人，即便真讨到了不少好处，也不会快乐。因为，自私的人如同坐在一个静止的跷跷板顶端，虽然维持了高高在上的优势位置，但整个人际互动却失去应有的乐趣，对自己或对方都是一种遗憾。

三、自我情绪调节的方法

（一）生理平衡法

生理平衡法是一种快速改变自己或他人情绪状态的方法。每当自己或他人出现负面情绪且想摆脱时，通过这种方法来帮助自己或他人改变情绪状态，保持甚至增强对环境变化的适应能力，很快便会产生效果。

第一步：保持坐姿，双腿伸直，双脚叠放，双手手指亦交叉结合，反转至胸口。具体步骤如下：

①双手叠放，假如右脚在左脚之上，则右手亦在左手之上。

②伸出手指，双手拇指向下，掌心对掌心。

③双手手指交叉，合掌。

④双手握成的拳头向下向胸口方向翻转向上，直至紧贴胸口，眼睛下望可以望到手指。

第二步：舌尖向上顶住口腔内上颚门牙稍后的地方，把呼吸速度调慢。

第三步：把全部注意力转移至心脏上，维持三分钟。

（二）调息放松法

调息放松法是一种最简单却颇为有效的控制呼吸达到放松的方法，通过深呼吸缓解焦虑。具体操作时，首先要保持坐姿，背部向后靠并挺直，头、颈、背在一直线上，松开束腰的皮带或衣物，将双掌轻轻放在肚脐上，要求五指并拢，掌心向下。其次，闭上双眼，平静呼吸，体会气流先进入鼻腔，并向上冲击鼻腔顶部，然后再进出双肺的感觉。保持呼吸缓慢、有节律地进行，吸气时让腹壁轻轻地扩张，呼气时腹壁回缩，而胸腔不动。最后，在练习过程中，随着气体的吸入，生命之力及平和的气息吸入体内，而随着气体的呼出，你的紧张情绪、疾病及杂质也都随之排出体外。练习时始终保持头脑的清晰，摒除一切杂念。

（三）积极自我暗示法

主动地运用积极的自我暗示可以帮助我们调节情绪。可行的做法有言语自我暗示。设计一句鼓励自己的话作为常用语。比如在考试紧张时，绝对不能说"我太焦虑了"，因为这时潜意识得到的暗示不是"不焦虑"，而是忽略了"不"的"焦虑"，应该说"我一定可以"来激励自己。另外，动作和表情自我暗示也会起到作用。如每天对着镜子给自己一个微笑，暗示自己美好的一天从微笑开始，这样每天就会快乐一点。

（四）转移注意法

当人被某些不良情绪所困扰而处于情绪的低谷时，可以暂时忘记那些导致不良情绪的事件，从苦闷中解脱出来，将注意力转移到其他自己感兴趣的、积极有益的活动中去，以保持愉快的心情。

（五）合理宣泄法

压抑和隐藏情绪会对人的身心造成伤害，而不合理地发泄情绪同样会对自身、他人造成伤害。因此，要学会选择合适的方式进行宣泄情绪。如在悲伤难过时通过跑步可以释放情绪压力，或者在适当的场合哭一场、放声唱歌、大叫，或向他人倾诉等。情绪的调节有多种方法，我们应该主动调节和合理宣泄负面情绪，适当激发正面情绪，做情绪的主人。

（六）升华

升华是对不良情绪的一种高水平的调试，通过其他事情的成功来改变自己的失败处境，改善自己的心境，将强烈的情绪冲动所带来的能量，转化为建设性的、有价值的、有积极意义的事情的力量，也就是我们通常所说的化悲痛为力量。

（七）寻求帮助

当我们难以控制情绪，不能自我调节不良情绪的时候，向他人寻求帮助是最直接有效的途径。大学里都有专业心理咨询服务中心，有了情绪困扰，我们可以选择寻求专业人士的帮助，从而避免随便宣泄给身边的亲人和朋友，破坏掉自己的人际关系和社会支持系统。

案例总结

霍金：让思想在宇宙的最深处飞扬

一个瘦得出奇、全身瘫痪的天才，他的身体无力地蜷缩在轮椅里，思想却在宇宙的最深处飞扬，穿越时间与空间，追寻宇宙的尽头，探索黑洞的隐秘——这就是

斯蒂芬·威廉·霍金（如图5-4所示），被称为"当今爱因斯坦"的思想家、物理学家。

没有哪一位科学家的著作能像《时间简史》那样成为发行量上千万，全世界平均每500个人就拥有一册的畅销书。在西方，没有读过《时间简史》甚至会被认为是没有受过教育。它的作者，就是这位从21岁起身患卢伽雷氏症、除了思想，只能支配3根手指、必须依靠机器才能与人交流的科学巨人。

霍金具有钢一般的意志、超凡的智慧、卓越的学识、多舛的命运、高尚的情趣，他以病残之躯激扬文字，具有指点宇宙的非凡经历。他于1985年和2002年两次访华，先后在中国科技大学、北京师范大学、浙江大学发表演讲。他酷爱生活，也喜欢音乐，摇着轮椅跳舞……

图5-4　霍金

这是"科学"和"思想"的碰撞。思想要超前，科学要实证，这些都没有错，经过实证考验的思想才能成为科学；缺少了思想，科学也难以获得进步。既然思想催生科学，那就让思想在宇宙的最深处飞扬！

 活动与训练

信念与情绪

一、活动目标

喜怒有因，感受并体验信念对情绪的影响。

二、规则与程序

（一）活动时间

建议用时20分钟。

（二）活动准备

准备A4纸、笔若干。

（三）活动步骤

1. 试着写下你觉得不合理的想法与合理的想法，以及两种想法之下，你可能有的感受、可能采取的行为，如：

（1）作为班长，你想组织大家聚餐，但同学有反对的声音。

（2）与朋友喜欢上同一个人，她抢先去表白。

（3）在一次英语演讲比赛中，名次不理想。

2. 信念签：让学生将"想法"写好后，卷成签状，放入信念筒中，然后请学生按顺序从签筒中抽一个"想法"签,并合作表演抽到的"想法"所表达的情绪,请其他学生分辨哪些为合理的想法或不合理的想法,并说明。

三、总结

请大家分享活动体验,讨论如何恰当抒发情绪,总结信念对情绪的影响。

情绪能力小测试

一、活动目标

测定情绪能力。

二、规则与程序

这个测试包括33道题,测试时间为25分钟,最大情商值为174分。如果已经准备就绪,请开始填写并计时。

(一)请从下面的问题中,选择一个最符合自己情况的答案,请尽可能少选中性答案(第1~9题)

1. 自己有能力克服各种困难:_____
   A. 是的　　　　B. 不一定　　　　C. 不是的

2. 如果我能到一个新的环境,我会把生活安排得:_____
   A. 和从前一样　B. 不一定　　　　C. 和从前不一样

3. 一生中,我觉得自己能达到所预想的目标:_____
   A. 是的　　　　B. 不一定　　　　C. 不是的

4. 不知为什么,有些人总是回避或冷落我:_____
   A. 不是的　　　B. 不一定　　　　C. 是的

5. 在大街上,我常常避开自己不愿打招呼的人:_____
   A. 从未如此　　B. 偶尔如此　　　C. 有时如此

6. 当我集中精力工作时,如果有人在旁边高谈阔论:_____
   A. 我仍能专心工作　　　　B. 介于A、C之间
   C. 我不能专心且感到愤怒

7. 我不论到什么地方,都能清楚地辨别方向:_____
   A. 是的　　　　B. 不一定　　　　C. 不是的

8. 我热爱所学的专业和所从事的工作:_____
   A. 是的　　　　B. 不一定　　　　C. 不是的

9. 气候的变化不会影响我的情绪:_____
   A. 是的　　　　B. 介于A、C之间　C. 不是的

(二)请如实回答下列问题(第10~16题)

10. 我从不因流言蜚语而生气:_____
    A. 是的　　　　B. 介于A、C之间　C. 不是的

11. 我善于控制自己的面部表情:_____

A. 是的　　　　B. 不太确定　　　　C. 不是的

12. 在就寝时，我常常：_____
　　A. 极易入睡　　B. 介于A、C之间　　C. 不易入睡

13. 有人侵扰我时，我：_____
　　A. 不露声色　　　　　　　　B. 介于A、C之间
　　C. 大声抗议，以泄己愤

14. 在和人争辩或工作出现失误后，常会震颤，感到精疲力竭，不能继续安心工作：_____
　　A. 不是的　　B. 介于A、C之间　　C. 是的

15. 我常常被一些无谓的小事所困扰：_____
　　A. 不是的　　B. 介于A、C之间　　C. 是的

16. 我宁愿住在僻静的郊区，也不愿住在嘈杂的市区：_____
　　A. 不是的　　B. 不太确定　　C. 是的

（三）在下面的问题中，请选择一个最符合自己情况的答案，请尽可能少选中性答案（第17～25题）

17. 我被朋友和同事起过绰号、挖苦过：_____
　　A. 从来没有　　B. 偶尔有过　　C. 这是常有的事

18. 有一种食物使我吃后呕吐：_____
　　A. 没有　　B. 记不清　　C. 有

19. 除了看见的世界之外，我的心中没有另外的世界：_____
　　A. 否　　B. 记不清　　C. 是

20. 我会想到若干年后会发生使自己极为不安的事：_____
　　A. 从来没有想过　　　　　　B. 偶尔想到过
　　C. 经常想到

21. 我常常觉得自己的家庭对自己不好，但心里知道他们的确对我很好：_____
　　A. 否　　B. 说不清楚　　C. 是

22. 每天我一回家就立刻把门关上：_____
　　A. 否　　B. 偶尔是　　C. 是

23. 我坐在小房间里把门关上，但我仍觉得心里不安：_____
　　A. 否　　B. 偶尔是　　C. 是

24. 当一件事需要我作决定时，我常常觉得很难：_____
　　A. 否　　B. 偶尔是　　C. 是

25. 我常常用抛硬币、翻纸、抽签之类的游戏来预测凶吉：_____
　　A. 否　　B. 偶尔是　　C. 是

（四）请按实际情况如实回答下面各题，仅需选择"是"或"否"即可（第26～29题）

26. 为了工作我早出晚归，早晨起床常常感到疲惫不堪：是＿＿＿＿ 否＿＿＿＿
27. 在某种心境下，我会因为困惑陷入空想，将工作搁置下来：是＿＿＿＿ 否＿＿＿＿
28. 我的神经脆弱，稍有刺激就会使自己感到战栗：是＿＿＿＿ 否＿＿＿＿
29. 睡梦中，我常常被噩梦惊醒：是＿＿＿＿ 否＿＿＿＿

（五）本组测试共4题，每题有5种答案，请选择最符合自己情况的答案（第30～33题）

分数：1分—从不，2分—几乎不，3分—一半时间，4分—大多数时间，5分—总是

30. 工作中我愿意挑战艰巨的任务。＿＿＿＿
31. 我能发现别人好的想法。＿＿＿＿
32. 我能听取不同的意见，包括对自己的批评。＿＿＿＿
33. 我时常勉励自己，对未来充满希望。＿＿＿＿

三、计分要求

计分时请按照记分标准，先算出各部分得分，然后将几部分得分相加，得到的那部分值即为你的最终得分。

第1～9题，每回答一个A得6分，回答一个B得3分，回答一个C得0分。计＿＿＿＿分。

第10～16题，每回答一个A得5分，回答一个B得2分，回答一个C得0分。计＿＿＿＿分。

第17～25题，每回答一个A得5分，回答一个B得2分，回答一个C得0分。计＿＿＿＿分。

第26～29题，每回答一个"是"得0分，回答一个"否"得5分。计＿＿＿＿分。

第30～33题，计＿＿＿＿分。

总计为＿＿＿＿分。

四、结果点评

测试后如果得分在90分以下，说明EQ较低，常常不能控制自己，极易被自己的情绪所影响。很多时候，容易被激怒、动火、发脾气，这是非常危险的信号——事业可能会毁于自己的急躁。对此，最好的解决办法是能够给不好的东西一个好的解释，保持头脑冷静，使自己心情开朗，正如富兰克林所说"任何人生气都是有理的，但很少有令人信服的理由"。

如果得分为90～129分，说明EQ一般，对于一件事，不同时候的表现可能不一

样,这与自我的意识有关,虽然比得分在 90 分以下的人更具有 EQ 意识,但这种意识不是常常都有,因此需要在平时多加注意、时时提醒。

如果得分在 130~149 分,说明 EQ 较高,是一个快乐的人,不易恐惧担忧,对于工作热情投入、敢于负责,为人更是正义正直、有同情关怀之心,这是优点,应该努力保持。

如果得分在 150 分以上,则是个情绪智力良好者,情绪智力不但不是事业的阻碍,更是事业有成的一个重要前提条件。

 思考与练习

1. 简述大学生健康情绪的标准。
2. 结合自己的情绪体验,谈谈自我情绪调节的方法。

模块六　直面挫折，化解压力

❀ 模块导读

　　人生，有时心如止水，静静地感受生活的宁静，百事顺利，日子和美；人生，有时波澜起伏，大起大落，时而悲伤，时而兴奋，时而痛心，时而欢喜。但是，不管怎样，一生都应该有坚强的信念和执着的目标，使你勇往直前，追求不懈。

　　心理学研究表明，需要产生动机，动机支配行为。如果个体的需要和动机得不到满足，就会产生挫折感。挫折具有两重性，既可使人积极向上，也可使人消沉低落。大学生在日常学习、生活、人际交往等方面难免会遇到挫折，正确地认识挫折，应对挫折，把握住积极的方向，有助于大学生心理健康的发展。人生路上的挫折不可避免，用孩提的眼光看待挫折，跌倒本是寻常事；用智者的眼光审视挫折，你所能得到的会比失去的更多。失败乃成功之母，挫折也是一种财富。挫折可以使人沉沦，也可以使人猛醒和奋起，关键在于承受挫折的时候，能否发现自己好的一面、自己的优点，从而振作起来。当一个人鼓起战胜挫折的勇气和信心时，就能对挫折有较高的适应力，和大家轻松聊一聊，帮你从挫折中站起来。

6.1 认识压力，化解压力

名人名言

世上无难事，只畏有心人。有心之人，即立志之坚牢也，志坚则不畏事之不成。

——任弼时

 学习目标

1. 理解压力的含义。
2. 了解大学生的压力源与类型。
3. 认识大学生的压力应对及自我调适方法。

 导入案例

小木匠的故事

初中毕业后，儿子不想再上学了，跟着父亲做起了木匠。由于没有考上高中，儿子的情绪十分低落，感到前途渺茫。

一天，儿子学刨木板，刨子在一个木结处被卡住，怎么使劲也刨不动它。"这木结怎么这么硬？"儿子不由得自言自语。"因为它受过伤。"在一旁的父亲插了一句。"受过伤？"儿子不明白父亲话里的含意。"这些木结，都曾是树受过伤的部位，结疤之后，它们往往变得最硬。"父亲说，"人也一样，只有受过伤后，才会变得坚强起来。"父亲的话让儿子心头一亮。

第二天，儿子放下了刨子，要求回学校读书。

分析：人生正是因为有了伤痛，才会在伤痛的刺激下变得清醒起来；人生也正是因为有了挫折，才会在苦难的磨炼下变得坚强起来。

模块六

直面挫折，化解压力

一、大学生的压力

（一）压力的含义

对于压力，我们并不陌生，每个人的一生都会面临各种各样的压力。学者们很难对压力做出一个明确、全面的定义。关于压力至少有三种不同的含义。第一，压力是一种刺激，是指那些使人感到紧张的事件或环境刺激。环境的重大改变、影响个人的重大生活事件、日常生活的困扰均是重要的压力源。第二，压力是一种主观反应，即压力是因紧张唤醒的一种内部心理状态，它是人体内出现的解释性、情感性、防御性的应对过程。第三，压力是个体对需要或伤害侵入的一种生理反应。

知识链接

> **压力的分类**
>
> 杰夫·戴维森在《应对压力》一书中，将压力分为好坏两个方面。
>
> 1. 好压力是指那些能够让你振奋，使你按时完成学习和工作任务，按时参加各种活动的压力；同时它可以使你充满活力，对生活充满向往，充分享受生活。
>
> 2. 坏压力是指那些会让你感到焦虑、愤怒和沮丧，甚至危害到身体健康的压力；它可以使心理和生理两个方面产生不良状态。

（二）大学生压力的来源

1. 压力源的类型

压力产生的原因是复杂的，压力的来源简称为压力源，主要包括使人们感到紧张的事件和环境，如考试压力、就业压力、生存压力等。

心理学家在研究中，将造成压力的各种生活事件，分析总结为以下三种。

（1）客观压力源与感知压力源。客观压力源是指使个体感到压力的环境因素，比如过高或过低的温度。研究表明，客观压力源直接影响大学生的健康。由于个体的差异性，不同的人可能会对类似的环境有不同的感受。比如爬山，有的同学会觉得是特别好的锻炼方式，有的同学认为太累、太受罪。

（2）基于学习任务的压力源与社会压力源。基于学习任务的压力源与学习内容和学习任务有关，比如要求完成的任务、考试的难度等，都可能成为压力源。社会压力源是指学习和生活中的人际关系，比如与同学发生的冲突以及与恋人之间关系的处理等。

（3）挑战性压力源与阻碍性压力源。挑战性压力源是我们在学习或生活中为了达到理想目标和实现自身价值，而必须完成的要求，比如超负荷学习量、时间压力以及学习任务的复杂性等。阻碍性压力源是指学习、生活中被同学们视为不必要的阻挠和障碍，包括角色冲突、角色模糊、组织派别之争和缺乏职业保障等。

国家社科基金项目研究成果（编号11BKS067）认为大学生压力源根据其所涉及的活动领域，可分为以下几种类型：

（1）学习压力。如老师的讲课没有吸引力、学习内容难以理解、考试成绩不理想等。

（2）生活压力。如生活费太少，未交学费而被老师多次谈话，饮食、作息习惯发生较大改变等。

（3）发展压力。如没有努力的目标或方向、考级考证的种类太多不知道如何选择等。

（4）环境压力。如寝室人际关系太差、学校食堂饭菜不满意、空气污染严重，学校管理过于严格等。

（5）社交压力。如与同学交往困难、不敢询问老师、没有好朋友、不敢和人沟通、和父母冲突增多等。

（6）婚恋压力。如未婚同居、恋爱失败、单相思、怀孕等。

2. 压力源的影响因素

（1）与个体如何认知这个压力源以及他对自己应对压力能力的评估有关。如果个体认为自己有能力应对压力源，那么会感觉到较小的压力；反之，则会感觉压力很大。

（2）与评估方式、过程及其结果有关。

（3）与个体对压力源的易感性有关。易感的个性容易产生压力反应和心理问题。

（4）与每个人的人格特征、应对能力、对应对资源的调动等因素有关。

（5）心理冲突也是形成压力的重要原因。

（三）常见的压力症状

1. 面临重大丧失，如入党没有通过测评、亲人亡故、失恋等。

2. 无缘无故生气或与人敌对，出现社交障碍，不愿与人交往。

3. 酒精或非法药物的使用量增加。有人有压力时喜欢借酒消愁，谁知举杯消愁愁更愁！有人会借助非法药物来缓解压力。实际上，这些都不能缓解压力。

4. 注意力下降。很多时候精力无法集中，这也是压力的信号。

5. 行为异常。很多时候，压力下的行为是非常态化的，一定因事情而起。

霍普的实验

历史上第一个对抱负现象进行实验研究的是美国德裔心理学家勒温在柏林时的一位学生——德国心理学家霍普。在1930年发表的题为《成功与失败》的论文中，霍普报告了他关于成功与失败成为导致人的抱负水平提高或降低的因素的实验研究成果。难度太高或过分容易的任务，都不能使人产生成功感或失败感，不同的人对成功与失败具有不同的态度或不同的抱负水平极限。因此，现实的、可行的抱负应该是个体能够在科学地把握客观世界与主观世界的基础上建立起来的抱负，只有这样，才能尽可能避免挫折，使各种目标得以实现。

二、压力与身心健康

压力会影响人们的身心健康，早已被公认。持续的压力会给人身体、精神、心绪安宁造成巨大的伤害。

上海师范大学应用心理学系傅安球教授说："在强压力或高压力下，（人们）会出现心率加快、血压升高、肌肉紧张、出汗增多、头痛、胃肠功能失调、睡眠不好等生理改变；还会出现注意力下降、自信心不足、焦虑、抑郁、愤怒等消极情绪；另外长期压力之下的个体用压力测量表分析发现，会出现强迫症状、人际关系敏感、敌对情绪、抑郁症状、偏执和恐怖症状等负性表现。"

(一) 压力对大脑的影响

压力可以促使大脑皮层释放某些激素，使身体做好处理危险的准备。大脑在一定的压力下思维和应对会更加迅速。但是，达到忍受压力的临界点之后，大脑就无法正常工作，出现记忆力减退、丢三落四、注意力不集中、丧失意志力、酗酒、吸烟、暴饮暴食等不良习惯。

(二) 压力对消化系统的影响

身体进行压力反应的第一步就是促使血液从消化系统转向主要肌肉群。肠胃可能会清空内部物质，使身体做好迅速反应的准备。很多经历压力、焦虑和紧张的人也会出现胃痛、恶心、呕吐、腹泻等症状（医生称为紧张的胃）。长期的阶段性压力

和慢性压力与许多消化系统疾病紧密相关，比如应激性的大肠综合征、胃溃疡、大肠炎、溃烂、慢性腹泻等。

（三）压力对心血管的影响

压力会造成高血压。紧张、焦虑、易怒、悲观的人遭遇心脏病突发的可能性更高，事实上，对压力越敏感的人患心脏病的概率越高。压力也会造成不良的生活习惯，间接地引发心脏病。

（四）压力对皮肤的影响

粉刺等皮肤性问题通常都与激素分泌失调有关，而压力正是造成激素分泌紊乱的重要因素。很多三四十岁的女性会在月经周期的特定时候遭受粉刺的侵扰。压力会延长皮肤问题发生的时间，疲惫的免疫系统则需要更多的时间才能修复各类损伤。长期压力会导致慢性粉刺的出现，还会引起牛皮癣、麻疹等各类皮炎。

（五）压力会引发疼痛

功能衰退的免疫系统和日益敏感的痛觉都会损害身体健康，包括慢性疼痛。身体处于压力状态的时候，偏头痛、关节炎、纤维肌疼痛、多发性硬化、骨质退化等都会发生。

（六）压力对免疫系统的影响

当长期释放的压力激素破坏了身体平衡之后，免疫系统就无法正常有效地工作。

（七）压力对疾病的影响

关于哪些疾病与压力有关，哪些疾病与病毒或遗传有关，不是所有的专家都能达成共识。但是，越来越多的科学家相信，身体和精神的相互联系意味着压力能够影响绝大多数的生理问题。反之，生理疾病和伤痛也会影响压力。如此，形成一个不良循环：压力—疾病—更多压力—更多疾病。

（八）压力对情绪的影响

压力能够引起多种精神和情绪的反应，反之，这些反应也能产生压力。情绪压力有很多种形式，社会应激中的工作压力，即将来临的重大事件，恋人、同学、父母之间的感情问题，亲人离世等，这些生活中的突发变化都会促发情绪压力，关键在于如何看待这些事情。情绪压力会使人失去自尊、悲观厌世、渴望自我封闭等。情绪压力非常危险，相对身体压力而言，人们更容易忽视情绪压力。然而两者对身体和生活的伤害却是同等的。找出情绪压力的源头是压力管理的关键。如果你能同时关注身体压力和情绪压力，生活将会更加轻松。

三、大学生的压力应对及自我调适

（一）主动应对，变压力为动力

既然压力不可避免，同时压力又具有两重性，那么作为当代的大学生就应当积极应对，变被动为主动。积极地适应压力，对压力情境进行积极的再评价。将注意力从压力事件本身和消极情绪中转移到如何应对压力、如何解决问题上来，远离负面情绪，避免悲观失望，绝不坐以待毙。用积极的认知和积极的情绪来面对逆境，我们就能获得自身能力的锻炼和提高，并能采取积极的行动化解压力。

（二）面对压力的自我调适

自我调适是指从自我出发调节自身的心理，使之得到平衡。自我调适是大学生化解压力保持心理健康的一个重要途径，恰如俗话所说"解铃还须系铃人"。

自我调适的方法主要有以下几种：

（1）自我反思法。通过对自己的反思，找到自己在压力问题上的错误认识，比如，了解自身思想是否脱离实际、对自身条件估计是否准确、对问题是否夸大等。找出自身压力问题发生的根本原因，然后对症下药。

（2）自我慰藉法。在大学生活和学习过程中，大学生遇到点压力是很正常的，当经过主观努力仍无法改变时，可适当进行自我安慰，以缓解心理压力，保持稳定的情绪。遇到因问题而引起的焦虑、烦躁、抑郁、失落等情绪时，可用"亡羊补牢，犹未为晚""塞翁失马，焉知非福"等话来安慰自己，以解除烦恼与痛苦。

（3）自我暗示法。多给自己积极的心理暗示，让自己自信满满，给自己加油鼓劲，让自己兴奋与振作。

（4）自我激励法。自我激励主要是指用生活中的哲理、榜样或明智的思想观念来激励自己，同各种不良情绪做斗争，坚信未来是美好的。

（5）适度宣泄法。当遇到各种矛盾冲突，或压力过大引起不良情绪时，可适当地发泄，可以向老师和同学们倾诉自己的烦恼、苦闷，使不良情绪得到疏导；也可以通过体育活动来排遣，如打球、游泳、登山等。但自我宣泄要注意场合，注意身份，把握好尺度，以免影响或伤害他人，造成不必要的损失。

除了以上传统的自我调适方法外，现在国内外非常流行"休闲疗法"，其方法主要有以下几种。

1. 香气疗法

目前在世界上比较流行，人在芬芳的环境下能够舒缓紧张的神经。在这种芳香

的环境中，做一做伸展运动、练一练瑜伽，都有助于应对压力。同时，温度在38~40℃的洗澡水，能促进血液循环，使人得到镇静，不妨试试用洗澡来解压吧！

2. 阅读疗法

适当地阅读不仅能增长知识，还可以安定人的情绪。所以，在你充满压力的时候，不妨拿一本自己喜欢的小说、漫画或者幽默故事来阅读吧！

3. 音乐疗法

对于大多数大学生而言，音乐是日常生活中必不可少的调味剂。音乐能培养人的理性思维。优美的声音形态浓缩而成的生动可感的音乐形象，使人产生身心共鸣，在美的意境中进入人的潜意识层，逐渐沉淀为由直觉转化的理性。音乐也能影响人的生理。常见的减压放松曲目有《春江花月夜》《高山流水》《蓝色多瑙河》等。

4. 电影疗法

在充满压力的时候，可以根据具体情况和个人喜好来选择看一部电影，要么放声痛哭发泄负面情绪，要么开怀大笑抛开烦恼。

此外，也可以选择适当地吃点零食。当食物与嘴部皮肤接触时，一方面它能够通过皮肤神经将感觉信息传到大脑中枢，而产生一种慰藉，使人通过与外界物体的接触而消除内心的压力；另一方面当嘴部接触食物并进行咀嚼和吞咽运动的时候，可以使人对紧张和焦虑的注意力转移到嘴部，在大脑摄食中枢产生另外一个兴奋灶，从而使紧张兴奋区得到抑制，最终使身心得到放松。

大多数人都能承受很大的压力

美国麻省的艾摩斯特学院曾经做了一个很有意思的实验。实验人员用很多铁圈把一个小南瓜整个箍住，然后观察当南瓜逐渐长大时，能够承受铁圈多大的压力。

最初他们估计南瓜最大能够承受大约500磅①的压力。在实验的第一个月，南瓜承受了500磅的压力；实验到第二个月时，这个南瓜承受了1500磅的压力；当它承受到2000磅压力时，研究人员必须把铁圈捆得更牢，以免南瓜把

---

① 1磅=453.59237克。

铁圈撑开。

最后整个南瓜承受了超过5000磅的压力，瓜皮才产生破裂。他们打开南瓜后发现瓜已经不能吃了，因为在试图突破铁圈包围的过程中，它的果肉变成了坚韧牢固的层层纤维。为了吸收充分的养分，以突破限制它成长的铁圈，它的根部甚至延展超过8万英尺，所有的根往不同的方向全方位地伸展，最后这个南瓜独自接管了整个培植园的土壤与资源。

南瓜能够承受如此庞大的压力，那么人类在逆境下又能够承受多少的压力呢？大部分人并不知道自己有多坚强。但是，大多数人能够承受的压力一定会超过自己的预期。

案例总结

小猪脱臼

一头猪的腰部脱臼，在那里费力地爬着，小孩要去帮猪按摩，爷爷喊住了他，爷爷拿起一个土块向那头猪扔去，猪吓得挣扎着跑起来，爷爷在后面追赶它，只见那猪跑着跑着腰部便上去了，恢复了正常。

分析：人遭受挫折就好像小猪脱臼，真正能帮助你的不是别人而是你自己。如果我们在挫折的伤痛中忽视了自己的潜能和改正错误的勇气，一味地等待外力的帮助，这就等于放弃了自己对自己承担的责任和义务，这是一种懒惰和没有出息的做法。

活动与训练

共同应对困难

一、活动目标

使学生知道，在困难和压力面前要与同伴相互帮助，相互支持，才能战胜一切。

二、规则与程序

（一）活动时间

建议用时30分钟。

（二）活动准备

准备报纸若干、轻音乐。

（三）活动步骤

1. 教师挑选6对学生（1男1女为1对，男强壮，女瘦小），在每对选手面前的地上铺开一张报纸。

2. 教师讲解游戏规则，在报纸上坚持时间最长的一对学生即为获胜者，开始前先找一组示范。

3. 各对选手站到报纸上，教师开始计时，数10下，坚持不住者即遭淘汰。

4. 把进入第二轮的各对选手面前的报纸对折一半，再让选手站上去，教师开始计时，同样数10下，坚持不住者即遭淘汰。如此循环，直到决出胜者。

三、总结

指导教师进行点评，大家参与讨论，讲述自己的感受。

压力问卷

一、活动目标

了解个体应对压力的能力。

二、规则与程序

完成下面的测试问卷，了解自己的压力程度。请对下列各题做出"是"或"否"的回答，了解自己的压力程度。同学们不需要在每一道题上思考太多时间，凭直觉作答，"是"计1分，"否"计0分，回答完毕把各题相加，统计总分，然后认真阅读后面的解释。

1. 因为发生了某些没有预料到的事，你感到心烦。
2. 你感觉到你不能控制你生活中的重要事情。
3. 你常常感到紧张和压力。
4. 你常常不能成功地应付生活中有威胁性的争吵。
5. 你觉得不能成功地应付生活中所发生的重要变化。
6. 你对把握你的个人问题没有信心。
7. 你感到事情不是按你的意愿发展。
8. 你发现你不能应付你必须去做的所有事情。
9. 你不能控制生活中的一切烦恼。
10. 你觉得你所有方面都是失败的。
11. 因为事情都是发生在你能控制的范围之外，你会因此而烦恼。
12. 你发现你自己常在考虑自己必须完成的那些事情。
13. 你不能控制消磨时间的方式。
14. 你感觉积累的大量困难不能克服。
15. 朋友同学的生日，免不了花钱，你往往不想在这类场合出现以免花钱。
16. 若你刚买的鞋穿了一天就裂口了，你会气愤、痛苦和抱怨。

17. 你由于某件小事跟好朋友生气，大家互不相让，结果你会一个人生闷气，想忘掉这件事情，可就是忘不掉。

18. 当父母因为学习责备你而使你感到压力很大时，你不会和他们争吵，而只会一个人压抑情感。

19. 你的一个非常要好的朋友因为某些原因转学了，你很难过，不想面对现实。

三、评分标准

0~6分：你能够应付生活中的许多事情，但有时也会有些烦恼，这是正常的。

7~14分：你有轻度的心理压力，虽然常会体验到不必要的烦恼，但你基本能处理生活中的问题。你应学会调节自己的心情，保持轻松愉快的心境。

14~19分：你已经在承受巨大的心理压力，你不能处理生活中的许多问题，因此使你紧张、不安，影响到你的学习生活身心健康。你应尽快改变这种情况，否则将使你的学习生活不能正常进行。

 思考与练习

1. 谈谈你对压力的理解，并举例说明。
2. 简述大学生压力源与类型。
3. 在日常的学习和生活中，我们应该如何应对压力？

6.2 直面挫折，锤炼自我

 **名人名言**

正路并不一定就是一条平平坦坦的直路，难免有些曲折和崎岖险阻，要绕一些弯，甚至难免会误入歧途。

——朱光潜

 学习目标

1. 理解挫折的含义。
2. 认识大学生挫折心理影响因素。
3. 认识大学生常见的挫折类型，并掌握大学生挫折应对的策略。

 导入案例

驴子的故事

有一天，某个农夫的一头驴子不小心掉进一口枯井里，农夫绞尽脑汁想办法救出驴子，但几个小时过去了，驴子还在井里痛苦地哀嚎着。最后，这位农夫决定放弃，他想这头驴子年纪大了，不值得大费周章地去把它救出来，不过无论如何，这口井还是得填起来。于是农夫便请来左邻右舍帮忙一起将井中的驴子埋了，以免除它的痛苦。农夫的邻居们人手一把铲子，开始将泥土铲进枯井中。

当这头驴子了解到自己的处境时，刚开始哭得更凄惨。但出人意料的是，一会儿之后这头驴子就安静下来了。农夫好奇地探头往井底一看，出现在眼前的景象令他大吃一惊：当铲进井里的泥土落在驴子的背部时，驴子的反应令人称奇，它将泥土抖落在一旁，然后站到铲进的泥土堆上面。就这样，驴子将农夫们铲到它身上的泥土全数抖落在井底，然后再站上去。很快地，这只驴子便成功地上升到井口，然后在众人惊讶的表情中快步跑开了。

模块六

直面挫折，化解压力

一、挫折

（一）挫折的含义

挫折是个体在从事有目的的活动过程中，动机受到干扰阻滞，无法克服被迫放弃从而导致需要得不到满足，产生的负面情绪状态。其含义主要体现在以下三方面：其一，是挫折情境，即指对人们有动机、有目的的活动造成的内外障碍或干扰的情境状态或条件。其二，是挫折认知，即指对挫折情境的知觉、认识和评价。其三，是挫折反应，即指个体在挫折情境下所产生的烦恼、困惑、焦虑、愤怒等负面情绪交织而成的心理感受，即挫折感。其中，挫折认知是核心因素，挫折反应的性质及程度主要取决于挫折认知。

（二）常见的挫折的类型

1. 生活中的挫折心理

来自农村、父母下岗家庭的大学生，在生活压力方面面临着一定的心理挫折。由于经济条件的限制，父母不能满足其城市化的各种生活需求，但又不甘于简朴的生活，盲目追求攀比，心理长期不平衡，容易产生挫折感。如有些大学生作风奢华，聚餐、逛街、购物，使一些经济相对困难的同学望而却步，盲目羡慕高消费，但又因经济状况无法满足而导致自卑，心理不平衡。

2. 学业问题带来的挫折

学业问题带来的挫折主要有：其一，考试成绩不理想造成的挫折感。高职学生进入大学之后，接触到大量的知识，他们希望自己能够通过努力取得非常优秀的成绩，但是学习方法不对、基础不扎实等原因，使考试成绩不理想，很容易产生挫折感。其二，学习动机过强导致的挫折感。学习动机过于强烈会降低学习效率，有些大学生不顾自己的实际情况，把学习目标制定得很高，但由于目标难以达到，便会自责不已。其三，专业学习带来的挫折感。有些同学在进入大学之前并不了解自己所学的专业，当所学专业与自己的认知出现不符的情况时，便会感到苦恼、失落、困惑，甚至产生厌学、弃学、转专业的想法。

3. 交往中的挫折心理

人际关系紧张，往往会使大学生苦恼，产生挫折心理。有些大学生在与同学、朋友、老师相处的过程中，由于关系处理不当，造成人际关系不协调，感到孤独无助；有些大学生由于自我评价不恰当，自命不凡、目空一切、骄傲自满，或极度自卑、畏缩不前、性格孤僻，不习惯集体生活，无法与他人和谐相处，人际关系紧张，自然会产生挫折。

4. 求职的挫折心理

随着社会经济的发展，就业市场对个人的能力要求也越来越高。大专学历的毕业生在就业竞争市场中所占优势不明显。大学生在择业过程中渴望有公平竞争的机会，但目前很多行业仍没有完全打破常规，由于学校、学历甚至性别等原因，职业院校学生在就业时更容易遇到求职挫折，很容易便失去信心，变得怨天尤人。

5. 性格缺陷的挫折心理

大学生的生理成熟与心理成熟并不是同步的，在生理上，他们已是"成人"，但在心理上，他们还有待成熟，会表现出幼稚、脆弱、依附性强等心理，因此受挫后往往会心灰意冷，意志消沉。而且他们的社会阅历太浅，面对各种社会矛盾，心理难以调适，易产生挫折。

二、大学生挫折心理影响因素

1. 外部因素

挫折的外部因素又称客观因素，主要包括自然环境、家庭环境、学校环境、社会环境四个方面。

（1）自然环境。由于人力无法克服的自然因素限制而产生的挫折，如天灾、意外事件、生老病死等。在面对很多自然灾害的时候，生命显得渺小无助，由此产生挫折感。如地震、山体滑坡、台风等造成的房屋塌陷、人员伤害等，给人们的工作、学习和生活带来了巨大的影响。

（2）家庭环境。家庭环境中的影响因素包括家庭经济条件、父母的婚姻状况、父母的教育方式等。

（3）学校环境。从幼儿园到小学、中学、大学，我们都在追求名校的道路上成长与奋斗。无论是父母卖力购置学区房，还是子女奋力拼搏重点名校，都是因为看重学校环境对个人的影响。大到学校的师资力量、社会地位、认可程度以及硬件设施等，小到班级分类、专业选择，都可能使我们产生挫折感。我们可能会因考不上名校而产生挫败感，会因学校的师资、设备简陋而失望。

（4）社会环境。社会环境的挫折包括个体在社会生活中受到政治、经济、宗教、伦理道德因素以及风俗习惯的制约而产生的挫折。

2. 内部因素

任何有意识的人都在不同程度上存在着挫折感。但挫折感的强烈程度和持续时间和人的性格、期望值、修养有关，主要体现在以下几个方面。

（1）动机强度。挫折的产生与否和个体的需要、动机等因素有密切关系。需要越迫切、动机越强烈，受挫后，挫折感就越强。例如，某大学生因高考失利考入高职院校，大一就为自己订好专升本的目标，动机很强，但由于各种原因最终以失败而告终，一下子失去了目标。如果这个高职学生仅把专升本作为一种尝试，即使没有考上，也不会形成这么强烈的挫折感。

（2）自我期望值。对任何事物的自我期望与现实都可能有一定的差距，如果不从实际出发，只考虑主观愿望，人为拉大两者之间的关系，就会产生挫折感。主要表现在期望值绝对化、过分概括化、无限夸大后果。例如，一次评优失利就认为整个评优体系有问题，从而只看到消极的一面，看不到积极的一面。

（3）抱负水平。抱负水平指的是个体对自己所要求达到的目标或标准，即自我要求的水平。一般来说，规定的标准高，即抱负水平高；规定的标准低，即抱负水平低。抱负水平高的人比抱负水平低的人易产生挫折感。例如，A、B、C 三名同学，英语都考 75 分，A 非常满意；B 觉得和自己预料的差不多；而 C 同学感到失败。

（4）心理承受力。心理承受力是指个体在心理上对社会生活中重大变动的可接受性、适应性与耐受性。大学生挫折感的强弱与心理承受力的大小有非常直接的联系。例如，性格外向的人相对性格内向的人，抗挫折能力要稍强；经受过艰苦磨炼的学生再遇到困难时比生活一直顺利缺乏挫折的人，心理承受能力要强。

三、大学生挫折应对的策略

心理学家马斯洛曾说："挫折对于个体来说未必是坏事，关键在于他对待挫折的态度。"人生不可能一帆风顺，有挫折的人生才更加精彩。因此，学会正确应对挫折，提高抗挫能力，对大学生来说十分重要。

（一）正确认识挫折

首先，挫折的存在具有普遍性，许多成就大业的人，无不是从磨炼和坎坷中过来的。其次，挫折具有两面性。挫折会给人带来打击、损失和痛苦，但也使人奋起和成熟，从中得到锻炼。最后，从变化的角度看待自己所面临的挫折，要正视挫折的积极作用。挫折能磨炼人的性格和意志，增强人的创造能力，使人对面临的问题有更清醒、更深刻的认识。

（二）运用心理防御机制

积极的心理防御机制能够使我们在遭受困难与挫折时减轻或免除精神压力，恢复心理平衡，甚至激发我们的主观能动性，激励我们以顽强的意志力去克服困难、战胜挫折。当一个人遇到挫折时，可以用幽默来化解困境，使内心的紧张和重压释放出来，化作轻松一笑，维持心理的平衡。例如我们在遇到让自己尴尬或难看的场合时，可以采用适当的方式调侃一下自己，从而化解尴尬，使自己的心理达到一种高层次的平衡。另外，心理防御机制也有消极的作用，我们应该学习如何使用积极的、成熟的防御机制来应付可能面临的挫折情境，化防御机制为激励机制，既缓解内心冲突又调节行为，尽量克服消极防御机制带来的负面影响，以求得心理平衡和自我结构的完善。

（三）挫折心理的自我调适

在遇到挫折时，可以主动进行自我心理调适，以恢复心理平衡，防止挫折心理的伤害，努力做到以下几点。

1. 宣泄不良情绪

使用正确的方法进行自我疏导和宣泄。宣泄不良情绪可以采用倾诉、唱歌、运动放松等方式。适当发泄要注意发泄的"度"，不能不注意对象、地点、场合、方式，更不能无端迁怒于他人或他物，把别人当成出气筒。

2. 树立自信心

在遭受挫折和失意的时候，正确看待，不要轻易怀疑自己，努力去发掘自己的优点，树立自信心，振作精神，重新站立起来。

3. 培养兴趣爱好

广泛的兴趣和爱好，是健康心理的"减压阀"。大学生在学好专业知识的同时，可以适当培养自己的兴趣爱好，如看书、运动、摄影、游泳、唱歌、跳舞等。

4. 进行合理的自我归因

归因是指个体对自己或他人的社会行为结果进行推断和解释原因的过程。客观看待自己，恰当自我归因，会帮助我们更好地了解自己，克服挫折影响，走向成功。

5. 升华法

将挫折造成的痛苦、愤怒转化为具有社会价值的积极行为，使受压抑的潜能得到变相释放，以缓冲精神的压力，使心理趋向平衡，每一位同学都希望自己事事顺利，但客观上却不是一切尽如人意。因此，自觉运用升华法是消除不良情绪的有效方法。

（四）与他人交往调适

通过与自己熟悉或亲近的人沟通，达到交流感情、减轻烦恼困扰的方法。大学生在受到挫折打击后，及时向同学、朋友坦言倾诉，会产生良好的心理调节作用。交往调适需要找准合适的对象，即找那些心心相印的同情者。心理学原理告诉我们，真挚的同情常常能使失衡的心理得到相对的缓冲。因此，需要记住若对方与你不交心，对你的挫折不理解，甚至持幸灾乐祸的态度，就谈不上从对方那里获得疏解。

最后，大学生要切记，在学习、生活中遇到挫折时，一定要避免通过饮酒、抽烟、滥用药物来消愁、发泄，这是非常错误的调适方法，只会适得其反。因为酒精、烟直接损伤大脑神经细胞，并对胃、肠、肝脏、肺的功能产生损伤，其后果不堪设想。为了自己的健康，一定要戒除这些不良习惯。

被拒绝了1009次的肯德基创始人

桑德斯上校退休后拥有的所有财产只是一家靠在高速公路旁的小饭店。饭店虽小，但颇具特色，与众不同。可最受欢迎的、也是客人最爱吃的一道菜就是他发明的香酥可口的炸鸡，仅此就给他带来了一笔可观的财富。多年来，他的客人一直对他烹制的炸鸡赞赏有加。可是令他万万没想到的是，由于高速公路改道别处，饭店的生意突然间也一落千丈，最后只好关门歇业。被逼无奈，桑德斯上校决定向其他饭店出售他制作炸鸡的配方，以换取微薄的回报。

在推销的过程中，没有一家饭店愿意购买他的配方，并且还不时地嘲笑他。被别人嘲笑并不是件令人愉快的事，更何况到了退休的年龄还被人嘲笑，这就更令人难以接受了，而这恰恰发生在了桑德斯上校身上。他不但被人嘲笑，并且接连不断地被人拒绝，可见这些经历对他的影响有多么巨大。但他始终没有放弃，在没有找到买主之前，他开着车走遍了全国，吃住都在车上，就在被别人拒绝了1009次后，终于有人同意采纳他的想法，购买他的配方。从此他的连锁店遍布全世界，也被载入了商业史册。这就是肯德基的由来。

人们为了纪念这位桑德斯上校，就在所有的肯德基店前竖立一尊他的塑像，以此作为肯德基的形象品牌。

分析： 俗话说"神枪手是一枪一枪打出来的"，缺乏坚持不懈的毅力或者认为自己不能得到自己想要的东西，这两者都是阻碍大多数人勇于改变的关键原因。如果你能够紧紧抓住自己的目标不放并坚持不懈，那么很快你就会超过大多数人。记住，是你掌握着自己的生活。如果你一心想达到一个目标，就一定会有办法取得成功。

 活动与训练

回忆挫折事件

一、活动目标

1. 回忆挫折，让学生了解和分析面对挫折的各种心理变化。
2. 对自己的挫折经历进行客观积极的分析和评价，从而提升学生的挫折应对能力，培养成功心态。

二、规则与程序

（一）活动时间

建议用时 20 分钟。

（二）活动准备

准备 A4 纸、笔若干及轻音乐。

（三）活动步骤

1. 请每位同学写下一件最令自己有挫败感的事件，想一想当时自己是怎样处理的？效果如何？写时不用署名。
2. 写完后交给教师，教师从中抽出几件最有代表性的事件，分别发给各个小组，请小组成员对这个事件谈谈自己的看法，以及给予他的建议。

三、总结

讨论结束后，请一位小组代表到前面来和大家分享感受。

挫折忍受程度小测试

一、活动目标

测试个体忍受挫折的程度。

二、规则与程序

从每题的三个选项中选择一个选项，填入括号内。

1. 公路上发生了一起交通事故，警察控制了局势，你会（   ）。

　　A. 停下来打听情况　　　　　　　　B. 袖手旁观

C. 继续走路

2. 就在准备出去玩的时候，家里急需你留下来，你会（ ）。

    A. 义无反顾地去玩　　　　　　B. 非常不情愿地留下来，且满腹牢骚

    C. 留下来，等有空的时候再去玩

3. 你（ ）抱怨自己的健康状况。

    A. 经常　　　　B. 有时　　　　C. 从不

4. 在大街上发现某人不省人事时，你会（ ）。

    A. 赶紧离去　　B. 设法帮助　　C. 找警察或叫医生

5. 当医生劝说你应该注意休息，改变日常生活习惯时，你会（ ）。

    A. 不予理睬　　B. 减少日常活动　　C. 完全接受

6. 很不幸，在某件事上你已经失败两次，当别人鼓励你第三次努力时，你会（ ）。

    A. 拒绝　　　　　　　　　　　　B. 满腹狐疑地再试一次

    C. 先考虑一会儿，做一番研究，然后再做尝试

7. 书读到很精彩的部分时，却到了睡觉时间，特别是第二天的学习还需要全力以赴地完成，你会（ ）。

    A. 接着读　　　B. 匆匆浏览　　C. 立即合上书，躺下睡觉

8. 在某次聚会上，突然发现自己的上衣或裤子破了，你会（ ）。

    A. 赶紧回家　　B. 极力掩饰　　C. 请朋友帮忙，以摆脱困境

9. 当确认自己被跟踪时，你会（ ）。

    A. 撒腿就跑　　B. 停下来和别人说话　　C. 继续向前走，直到有人的地方

10. 当你不幸将多年的积蓄丢得一干二净时，你会（ ）。

    A. 精神受到极大打击　　　　　　B. 向朋友借钱

    C. 耸耸肩，重新开始

三、计分要求和方法

计分标准：选择A得10分，B得5分，C得0分。

总分为50～100分者：不是命运的故意捉弄，而是自我缺乏勇气。应采取措施，使自己不要过分好奇、多疑或胆小怕事，勇于面对现实。

总分为25～45分者：能正视人生，应付自如，希望能持之以恒。

总分为0～20分者：能很好地处理各种问题，几乎不向困难低头，是命运的主人。

思考与练习

1. 结合实际，谈谈我们应该用怎样的心态对待挫折、困难。
2. 简述大学生挫折心理的影响因素。
3. 试述挫折的表现及战胜挫折的方法。

模块七　健全人格，塑造心智

❀ 模块导读

　　人格是伴随着人的一生不断成长的心理品质，其成熟意味着个体心理的成熟，其魅力展示着个体心灵的完善。人格也称个性，这个概念源于希腊语 Persona，原来主要是指演员在舞台上戴的面具，类似于中国京剧中的脸谱，后来心理学借用这个术语说明：在人生的大舞台上，人也会根据社会角色的不同来换面具，这些面具就是人格的外在表现。面具后面还有一个实实在在的真我，即真实的自我，它可能和外在的面具截然不同。

　　人格是一个丰富而复杂的心理成分，凝聚着文化、社会、家庭、教育与先天遗传的个体风貌。"人有千面，各有不同"，人格有着鲜明的个性特征，其差异铸就了个体千差万别、千姿百态的心理面貌。大学生正处于朝气蓬勃的青春期。在此期间，不仅身心会发生巨大的变化，自我意识也将由分化、矛盾冲突逐渐走向统一。这是大学生人格发展、完善的重要时期。所以每一个大学生都应该关注自己的人格状况，积极地塑造自己，逐步使自己拥有健康、完善的人格。

模块七 健全人格，塑造心智

7.1 把握人格特征，正视身心发展

名人名言

患难与困苦是磨炼人格的最高学府。
——苏格拉底

学习目标

1. 了解人格的含义和特点。
2. 理解人格的结构。
3. 会学判断自己的人格类型。

杜军的人格问题

杜军，男，脾气暴躁，容易冲动，人际关系非常紧张。周边宿舍学生了解他的性格和行为特点后，不愿与他交往，因此杜军经常独来独往。在校期间也多次因琐事与同宿舍或周边宿舍同学起冲突。杜军常以自我为中心，不考虑其他同学的感受，生活习惯严重干扰同宿舍的其他同学。在接受批评教育后，他意识到错误并表态会照顾宿舍同学的感受，但是过几天又恢复常态。杜军生性敏感多疑，对他人常抱有猜疑、仇视和偏颇的看法，对社会上的一些正常现象都觉得很不公平或表示不理解。他常对自己的缺点及干扰别人的行为无所察觉，也不改正，对别人对自己的批评概不接受，以各种理由反驳。

分析： 杜军属于典型的偏执型人格障碍倾向的学生。偏执型人格以偏执和猜疑为主，个体表现为对他人极端不信任，对非常小的摩擦也会表现出愤恨的反应。对自己估计过高，看问题主观片面，判断事物容易绝对化、情绪化和非理性化，很难与他人融洽相处，容易给自己的工作、生活和心理健康带来负面影响。

一、人格

（一）人格的含义

"人格"是我们日常生活中经常使用的词汇，如"他的人格高尚""你侮辱了我的人格""他出卖了自己的人格"等，这些描述包含了人格的多重含义。关于人格可以从生理、心理、宗教、社会、伦理、法律等不同领域赋予不同的含义，因此人格的概念界定歧义颇多，研究者各自的研究领域的取向不同，对人格的理解也有很大差异。心理学界一般将人格定义为：带有动力倾向性的、比较稳定的个性心理的总和，它包括个性倾向性和个性心理特征两个方面。个性倾向性是指一个人对现实的态度和行为倾向。它是人格中最活跃的成分，是个体心理活动的动力。个性倾向性一般包括需要、动机、兴趣、理想、信念和世界观。个性心理特征是指个体经常地、稳定地表现出来的心理特点，主要包括能力、气质、性格。个性心理特性是人格中最稳定的成分，但又是可变的。

（二）人格的特点

（1）人格是全面整体的。人格不是对人某一方面的描述，而是对人整体的描述，反映的是人的整体性。人格既包含人的内在品质，也包含人的外在行为。

（2）人格是相对稳定的。人的内在品质和行为具有相对的一贯性。

（3）人格具有独特性。人格是人的独特结构，人格使人有别于他人，成为一个独立的个体。

（4）人格是一个内在的动力组织。人格具有能量，决定人的动机和行为，这是人的行为实践的推动力量，也是人在行为实践中遭受挫折、产生疾病的内在原因。

（5）人格具有社会性。人格是人在社会生活中不断吸收社会思想和行为规范而产生的结果，所以看问题时，我们一定要把人所处的社会环境和家庭环境结合起来。

（三）人格的分类

目前，有关人格类型的理论有许多种，国际上最典型的是"五大人格"理论。该理论认为人格可分为外向性、友善型、谨慎型、情绪稳定型、开放型这五种类型。

1. 外向型

它的一端是极端外向，另一端是极端内向。外向者爱交际，表现为精力充沛、乐观、友好和自信；内向者的这些表现则不突出，但并不是说他们就是自我中心的和缺乏精力的，他们比较含蓄、自主与稳健。

2. 友善型（又称为宜人型）

它的一端是乐于助人、可靠、富有同情心；另一端则是抱有敌意，为人多疑。前者注重合作而不是竞争；后者喜欢为了自己的利益和信念而争斗。

3. 谨慎型（又称为尽责型）

它是指人如何自律、控制自己。处于维度高端的人做事有计划，有条理，并能持之以恒；居于低端的人马虎大意，容易见异思迁，不可靠。

4. 情绪稳定型（又称为神经质）

处于维度高端的人更容易因为日常生活的压力而感到心烦意乱；处于维度低端的人多表现为自我调适良好，不易出现极端反应。

5. 开放型

它是指对经验持开放、探求的态度，不仅仅是一种人际意义上的开放。处于维度高端的人不墨守成规、独立思考；处于维度低端的人比较传统，更喜欢熟悉的事物。

二、人格的结构

人格是由不同成分构成的一个结构系统，不同成分从不同方面反映出个体的差异。人格结构系统包括认知、动机、气质、性格、自我调控等成分。气质与性格是人格的重要方面。

（一）气质

气质指个体表现在心理活动的强度、速度、灵活性与指向性的一种稳定的心理特征。人的气质差异是先天形成的，受神经系统活动过程的特性所制约。在现实生活中，有的人脾气暴躁，有的人豪爽霸气，有的人沉着稳定，有的人活泼开朗，有的人多愁善感，有的人胆小怕事，这些都是气质特征的表现，即我们平时所说的脾气和秉性。气质特点在人身上的不同组合，构成了不同的气质类型。

1. 气质类型

（1）胆汁质：这类人精力旺盛，直率，热情，行动敏捷，情绪易于激动，心境变换剧烈。这类职业院校学生有理想、有抱负，有独立见解，反应迅速，行为果断，表里如一；不愿受人指挥，而喜欢指挥别人；一旦认准目标，就希望尽快实现，遇到困难也不折不挠，但往往比较粗心，学习和工作带有明显的周期性特点，能以极

大的热情和旺盛的精力投入学习和工作，一旦精力消耗殆尽时，便会失去信心，情绪顿时转为沮丧而心灰意冷。

（2）多血质：这类人具有活泼好动，反应迅速，情绪发生快而多变，兴趣容易转移等特征。这类职业院校学生易于适应环境的变化，性情活泼、热情，善于交际，在群体中精神愉快，相处自然，常能机智地摆脱困境；他们在学习和工作上肯动脑，主意多，不安于机械、刻板、循规蹈矩，常表现出较强的工作能力和办事效率；对外界事物兴趣广泛，但容易失于浮躁，见异思迁。

（3）黏液质：这类人安静，稳重，反应缓慢，沉默寡言，情绪不易外露，注意力稳定，难于转移，善于忍耐。这类职业院校学生反应较为迟缓，但无论环境如何变化，都能基本保持心理平衡；凡事深思熟虑，力求稳妥，一般不做无把握的事情，在各种情况下都表现出较强的自我克制能力；他们外柔内刚，沉静多思，不易流露内心的真情实感；与人交往时，态度适度，不卑不亢，不爱抛头露面和作空泛的清谈；学习、工作有板有眼，踏实肯干，严格恪守既定的生活秩序和制度。但他们过于拘谨，不善于随机应变，固定性有余而灵活性不足，有墨守成规、因循守旧的表现。

（4）抑郁质：这类人孤僻，行动迟缓，情感体验深刻，善于觉察别人不易觉察到的细小事物。这类职业院校学生在生理上难以忍受或大或小的神经紧张，厌恶那些强烈的刺激；他们的感情细腻而脆弱，常为区区小事引起情绪波动；心里有话，宁愿自己品味，也不愿向别人倾诉；喜欢独处，与人交往时显得腼腆、忸怩，善于领会别人的意图，在团结友爱的集体中，很可能是一个容易相处的人；遇事三思而行，求稳不求快，对力所能及的工作能认真负责地完成。在学习、工作一段时间后，常比别人更感疲倦；在困难面前常怯懦、自卑和优柔寡断。

2. 正确理解气质

（1）气质类型没有好坏之分，但应扬长避短。每一种气质都有它积极的一面，也有它消极的一面。气质会对人的心理过程和行为产生影响，但不能决定一个人活动的社会价值和成就的高低。只有当气质在人们的行为活动中表现出来，成为一种固定的性格特征时，才可能影响人们的行为方向和内容。

气质特征会对学习活动产生影响。胆汁质学生思维敏捷，学习热情高，刚强但粗心、急躁；多血质学生机智灵敏，适应性好，兴趣广泛，但烦躁、不踏实；黏液质者刻苦认真，但迟缓、不灵活；抑郁质者思维深刻，谨慎细心，但迟缓、精力不足。了解自己的气质，可以有的放矢地调整，使学习更上一层楼。不同专业、职业对气质特点有不同要求，一些气质特征往往能为个人从事某种职业活动提供有利条件。

（2）善于应对各种气质，提高社会适应能力。大学生在人际交往中，要注意学会观察、分析周围同学的气质特征,采取合适的交往方法。了解自己和他人的气质特征,对自己的心理健康、人际交往都有着重要意义。

(二)性格

1. 性格的含义

性格是个体比较稳定的心理特征,指人对客观现实的稳定态度和习惯化的行为方式。性格是个性心理特征中最重要的方面,它通过我们对事物的倾向性态度、意志、活动、言语、外貌等方面表现出来,是主要个性特点即心理风格的集中体现。

2. 性格的特征

(1)性格的态度特征。指个体对自己、他人、集体、社会等的态度与看法,如谦虚与自大、自信与自卑、同情与冷漠等。

(2)性格的理智特征。表现为心理活动过程方面的个体差异的特点,如主动与被动、丰富与贫乏、理想与空想等。

(3)性格的情绪特征。个人受情绪影响或控制情绪程度状态的特点,如乐观、悲观、消极、热情。

(4)性格的意志特征。个人自觉控制自己的行为及努力程度方面的特征,如目的性与盲目性、自制与放纵、犹豫与果断、坚强与脆弱等。

3. 大学生应具备的性格特征

(1)善于与他人相处,有合作精神。乐于与人交往,乐于接纳别人,有和谐的人际关系。

(2)能正确地认识现实,接纳现实。对生活、学习、工作中的各种困难与挑战都能妥善处理。

(3)热爱生活,乐于学习和工作。

(4)能经常保持乐观的心态,笑迎生活。无论遇到开心或难过的事情,都能很好地控制自己的情绪。

身高一米六的 NBA 球星

美国职业篮球联赛中有一个夏洛特黄蜂队,其中有一位身高仅 1 米 60 的运动员,他就是蒂尼·博格斯——NBA 最矮的球星。他这么矮,怎么能在巨人如林的篮球场

上竞技，并且跻身大名鼎鼎的 NBA 球星之列呢？这是因为他具备自信的人格。

博格斯自幼酷爱篮球运动，但由于身材矮小，伙伴们瞧不起他，有一天他伤心地问妈妈："妈妈我还能长高吗？"妈妈鼓励他："孩子，你能长高，长得很高很高，会成为人人都知道的大球星。"从此长高的梦像天上的云在他心里飘动着，促使他每时每刻都渴望实现梦想。

"业余球星"的生活即将结束了，博格斯面临着更严峻的考验，1 米 60 的身高能打好职业赛吗？博格斯横下心来决定要凭自己 1 米 60 的身高，在高手如云的 NBA 赛场中闯出自己的天地。"别人说我矮，反倒成了我的动力，我偏要证明矮个子也能做大事情。"在威克·来福斯特大学和华盛顿子弹队的赛场上，人们看到博格斯简直就是一个"地滚虎"，从下方来的球，90% 都被他收走。后来凭借精彩出众的表现，他加入了实力强大的夏洛特黄蜂队，在他的一份技术分析上写着：投篮命中率 50%，罚球命中率 90%。

一份杂志专门为他撰文说，他个人技术好，发挥了矮个子重心低的特长，成为一名使对手害怕的断球能手。"夏洛特的成功在于博格斯的矮"，不知是谁喊出了这样的口号，许多人都赞同这一说法，许多广告商也推出了爱球星的照片，上面是博格斯淳朴的微笑。成为著名球星的博格斯，始终牢记着当年妈妈鼓励他的话，虽然他没有长得很高很高，但是可以告慰妈妈的是，他已经成为人人都知道的大球星了。

分析：身高 1.60 米的博格斯，能够成为一名球艺出众的 NBA 球星，关键就在于他相信自己，并能够在此基础上充分发挥自己的身高优势，使自己成为夏洛特黄蜂队里的超级断球手，博格斯的成功告诉我们这样一个道理，无论是谁，只要有健全的人格，只要相信自己，就能够成功。他的事迹值得每一个青少年学习。

活动与训练

自我人格分析

一、活动目标

分析自己的人格特质。

二、规则与程序

（一）活动时间

建议用时 30 分钟。

（二）活动准备

准备"理想的我"人格特质分析表、笔若干、轻音乐。

（三）活动步骤

1. 4～5 人为一组，要求每位学生完成表格填写（表 7-1）。

表 7-1 "理想的我"人格特质分析表

假如我是一种动物 我希望是_____？因为_____	假如我是一种花 我希望是_____？因为_____	假如我是一棵树 我希望是_____？因为_____
假如我是一种食物 我希望是_____？因为_____	假如我是一种交通工具 我希望是_____？因为_____	假如我是一种电视节目 我希望是_____？因为_____
假如我是一种电影 我希望是_____？因为_____	假如我是一种乐器 我希望是_____？因为_____	假如我是一种颜色 我希望是_____？因为_____
假如我有万能的力量，我希望_____，因为_____		

2. 小组讨论，分享我的人格特质。

三、总结

每个小组派出一个代表，就本次活动谈谈自己的感受。

气质类型测试

一、活动目标

了解自身的气质类型。

二、规则与程序

下面60道题，可以帮助你大致确定自己的气质类型，请根据自己的情况在"很符合、比较符合、介于符合与不符合之间、比较不符合、完全不符合"五个答案中选择一个适合自己的。

（1）做事力求稳妥，一般不做无把握的事。

（2）遇到可气的事就怒不可遏，想把心里话全说出来才痛快。

（3）宁可一个人干事，也不愿很多人在一起。

（4）到一个新环境很快就能适应。

（5）厌恶那些强烈的刺激，如尖叫、噪声、危险镜头等。

（6）和人争吵时总是先发制人，喜欢挑衅。

（7）喜欢安静的环境。

（8）善于和人交往。

（9）羡慕那种善于克制自己感情的人。

（10）生活有规律，很少违反作息制度。

（11）在多数情况下情绪是乐观的。

（12）碰到陌生人觉得很拘束。

（13）遇到令人气愤的事，能很好地克制自我。

（14）做事总是有旺盛的精力。

（15）遇到问题总是举棋不定，优柔寡断。

(16) 在人群中从不觉得过分拘束。
(17) 情绪高昂时，觉得干什么都有趣；情绪低落时，又觉得什么都没意思。
(18) 当注意力集中于某一事物时，别的事很难使我分心。
(19) 理解问题总比别人快。
(20) 碰到危险情境，常有一种极度的恐怖感。
(21) 对学习、工作、事业怀有很高的热情。
(22) 能够长时间做枯燥、单调的工作。
(23) 符合兴趣的事情，干起来劲头十足，否则就不想干。
(24) 一点小事就能引起情绪波动。
(25) 讨厌做那种需要耐心、细致的工作。
(26) 与人交往不卑不亢。
(27) 喜欢参加热烈的活动。
(28) 爱看感情细腻、描写人物内心活动的文学作品。
(29) 工作学习时间长了，常感到厌倦。
(30) 不喜欢长时间谈论一个问题，愿意实际动手干。
(31) 宁愿侃侃而谈，也不愿窃窃私语。
(32) 别人总是说我闷闷不乐。
(33) 理解问题常比别人慢些。
(34) 疲倦时只要短暂的休息就能精神抖擞，重新投入工作。
(35) 心里有话宁愿自己想，也不愿说出来。
(36) 认准一个目标就希望尽快实现，不达目的誓不罢休。
(37) 学习、工作一段时间后，常比别人更疲倦。
(38) 做事有些莽撞，常常不考虑后果。
(39) 老师讲授新知识时，总希望他讲得慢些，多重复几遍。
(40) 能够很快地忘记那些不愉快的事情。
(41) 做作业或完成一件工作总比别人花的时间多。
(42) 喜欢运动量大的剧烈体育运动或参加各种文艺活动。
(43) 不能很快地把注意力从一件事转移到另一件事上去。
(44) 接受一个任务后，就希望能把它迅速解决。
(45) 认为墨守成规比冒风险强些。
(46) 能够同时注意几件事物。
(47) 当我烦闷的时候，别人很难使我高兴起来。
(48) 爱看情节跌宕起伏、激动人心的小说。
(49) 对工作抱有认真严谨、始终一贯的态度。
(50) 和周围人的关系总相处不好。
(51) 喜欢复习学过的知识，重复做能熟练做的工作。
(52) 希望做变化大、花样多的工作。
(53) 小时候会背的诗歌，我似乎比别人记得清楚。
(54) 别人说我"出语伤人"，可我并不觉得这样。

(55) 在体育活动中，常因反应慢而落后。

(56) 反应敏捷、头脑机智。

(57) 喜欢有条理而不甚麻烦的工作。

(58) 兴奋的事情常使我失眠。

(59) 老师讲新概念，常常听不懂，但是弄懂了以后很难忘记。

(60) 假如工作枯燥无味，马上就会情绪低落。

三、计分标准

计分标准如表 7-2 所示。

表 7-2 评分标准表

气质类型	题号													得分
胆汁质	2	6	9	14	17	21	27	31	36	38	42	48	50	54	58	
多血质	4	8	11	16	19	23	25	29	34	40	44	46	52	56	60	
黏液质	1	7	10	13	18	22	26	30	33	39	43	45	49	55	57	
抑郁质	3	5	12	15	20	24	28	32	35	37	41	47	51	53	59	

很符合 2 分；比较符合 1 分；介于符合与不符合之间 0 分；比较不符合 -1 分；完全不符合 -2 分。

确定气质类型的方法如下：

（1）如果某类气质得分明显高出其他三种，且均高出 4 分以上，则可定为该类气质；如果该类气质得分超过 20 分，则为典型；如果该类得分在 10～20 分，则为一般型。

（2）两种气质类型得分接近，其差异低于 3 分，而且又明显高于其他两种，高出 4 分以上，则可定为这两种气质的混合型。

（3）三种气质得分均高于第四种，而且接近，则为三种气质的混合型，如多血-胆汁-黏液质混合型，或黏液-多血-抑郁质混合型。

思考与练习

1. 你对自己的性格和气质有哪些新的认识？
2. 简述人格的含义和特点。

7.2 健全人格，塑造积极心智

名人名言

自我概念比真实自我对个体的行为及人格有更为重要的作用。

——罗杰斯

 学习目标

1. 理解常见的人格障碍及矫治方法。
2. 掌握健全人格的塑造方法。

 **导入案例**

人格的较量

有位老教授昔日培养的三个得意门生如今事业有成：一个在官场上春风得意；一个在商场上捷报频传；一个埋头做学问，如今也苦尽甘来，成了学术专家。于是有人问老教授："你认为三人中哪个会更有出息？"老教授说："现在还看不出来。人生的较量有三个层次，最低层次是技巧的较量，其次是智慧的较量，他们现在正处于这一层次，而最高层次的较量则是人格的较量。"

分析：这个故事生动地说明，在人的素质结构中，人格起着近乎决定性的作用。人格素质是大学生综合素质的重要组成部分，综合素质的发展和提高包含着人格素质的发展和提高，而人格素质的发展和提高对综合素质的发展和提高有着重要的促进作用。因此，寻找通向健全人格之路、塑造健全的人格是大学生心理健康教育的重要目标之一。

一、大学生常见的人格障碍

人格障碍也称病态人格，是一种心理变异，既没有智力缺陷，也不属于精神疾病，但是行为明显偏离正常行为模式，如图7-2所示。参照美国《心理障碍的诊断与统计手册》中的分类，人格障碍分三大类群。第一类以行为怪僻、奇异为特点，包括偏执型、分裂型人格障碍；第二类以情感强烈、不稳定为特点，包括戏剧型、自恋型、反社会型、攻击型人格障碍；第三类以紧张、退缩为特点，包括回避型、依赖型人格、强迫型人格特征。人格障碍一般始于童年和青少年，通常是在不良先天素质的基础上，遭受环境有害因素的影响而形成的。

图7-2 人格障碍

（二）人格障碍的诊断标准

《中国精神疾病分类方案与诊断标准修订版（CCMD-Ⅱ-R)》中对人格障碍的诊断标准说明如下。

1. 症状标准

（1）有特殊的行为模式：在情感、警觉性、冲动控制、感知和思维方式等方面，有明显与众不同的态度和行为。

（2）具有的特殊行为模式是长期的、持续性的，不限于精神疾病发作期。

（3）其特殊行为模式具有普遍性，导致其社会适应不良。

2. 严重程度标准

（1）社交或职业功能明显受损。

（2）主观上感到痛苦。

3. 病程标准

开始于童年早期、青少年或成年早期，现年18岁以上。

4. 排除标准

（1）严重身体疾病。

（2）脑器质性疾病。

(3) 精神疾病，如精神分裂症、情感性精神病。
(4) 严重的或灾难性的精神刺激。

(三) 人格障碍的类型

1. 反社会型人格

主要表现在时常做出不符合社会要求的行为，其特点是缺乏道德责任感，违法乱纪，对他人和社会冷酷无情，缺乏同情心和羞耻感，且不能从挫折和惩罚中吸取教训等。《中国精神疾病分类方案与诊断标准修订版（CCMD－Ⅱ－R）》中对这类人格障碍的诊断标准说明如下。

患者在 18 岁前有品行障碍的，至少有下述表现中的三项：

（1）经常逃学；
（2）被学校开除过，或因行为不轨而至少停学一次；
（3）被拘留或被公安机关管教过；
（4）至少有两次未经说明而外出过夜；
（5）反复说谎（不是为了躲避体罚）；
（6）习惯性吸烟、喝酒；
（7）反复偷窃；
（8）多次参与破坏公共财物活动；
（9）反复挑起或参与斗殴；
（10）反复违反家规或校规；
（11）过早有性行为；
（12）虐待动物或弱小同伴。

患者在 18 岁后有不负责任的、违反社会规范的行为，至少有下述表现中的三项：

（1）不能维持长久的工作（或学习），如经常旷工（课），或者期望工作但得到工作后又长久（六个月或更久）待业，或多次无计划地变换工作。
（2）有不符合社会规范的行为，且这些行为已构成拘捕的理由（不管拘捕与否），如破坏公共财产。
（3）易激惹，并有攻击行为，如反复斗殴或攻击别人，包括殴打配偶或子女（不是为保护他人或自卫）。
（4）经常不承担经济义务，如拖欠债务、不抚养小孩或不赡养父母。
（5）行动无计划或有冲动性，如进行无事先计划的旅行，或旅行无目的。
（6）不尊重事实，如经常撒谎、使用化名、欺骗他人以获得个人的利益或快乐。
（7）对自己或他人的安全漠不关心。

（8）危害别人时无内疚感。

2. 偏执型人格

其特点是敏感、固执；对自己过分关心，自我评价过高；自尊心和自卑感极强，情感冷淡，孤独多疑；爱幻想或常有奇怪的观念，总认为别人要和自己过不去；容易迁怒别人，不考虑他人感受，不能与家人、朋友、同学等友好相处。根据《中国精神疾病分类方案与诊断标准修订版（CCMD－Ⅱ－R）》中对偏执型人格的特征表述，患者症状至少符合以下项目中的三项，方可诊断为偏执型人格障碍。

（1）过分探察、广泛猜疑，常将他人无意的、非恶意的甚至友好的行为误解为敌意或歧视；或无足够根据，怀疑会被人利用或伤害，因此过分警惕与防卫。

（2）将周围事物解释为不符合实际情况的"阴谋"，并可成为价值观念。

（3）易产生病态嫉妒。

（4）过分自负，若有挫折或失败则归咎于他人，总认为自己正确。

（5）好嫉恨他人，对他人过错不能宽容。

（6）脱离实际地好争辩与敌对，固执地追求个人不够合理的"权利"或"利益"。

（7）忽视或不相信与其想法不相符合的客观证据，因而很难说理或用事实来改变他的想法。

3. 强迫型人格

主要表现是做事过于追求完美，过分自我约束和自制，常有不安全感和不完善感，谨小慎微，顾虑多端，墨守成规，对人对事死板，缺乏随机应变的能力。根据《中国精神疾病分类方案与诊断标准修订版（CCMD－Ⅱ－R）》中对强迫型人格的特征表述，患者症状至少符合以下项目中的三项，方可诊断为强迫型人格障碍。

（1）做任何事情都要求完美无缺、按部就班、有条不紊，但有时反而会因此影响工作效率。

（2）不合理地要求别人也要严格地按照他的方式做事，否则心里会很不痛快，对别人做事很不放心。

（3）犹豫不决，常推迟或避免做出决定。

（4）常有不安全感，穷思竭虑，反复考虑计划是否得当，反复核对检查，唯恐疏忽和差错。

（5）拘泥细节，甚至生活小节也要"程序化"，不遵照一定的规矩就感到不安或要重做。

（6）完成一项工作之后常缺乏愉快和满足的体验，反而容易悔恨和内疚。

（7）对自己要求严格，过分沉溺于职责义务与道德规范，无业余爱好，拘谨吝啬，缺少友谊。

4. 分裂型人格

其特点是行为怪癖而偏执，极端内向、孤僻，言行怪异，情感冷漠；明显的社会化障碍，回避社交，几乎没有朋友。根据《中国精神疾病分类方案与诊断标准修订版（CCMD-Ⅱ-R）》中对分裂型人格的特征表述，患者症状至少符合以下项目中的三项，方可诊断为分裂型人格障碍。

（1）有奇异的信念，或与文化背景不相称的行为，如相信透视力、心灵感应、特异功能和第六感官等。

（2）奇怪的、反常的或特殊的行为或外貌，如服饰奇特、不修边幅、行为不合时宜、习惯或目的不明确。

（3）言语怪异，如离题、用词不要、繁简失当、表达意见不清，并非文化程度或智能障碍等因素所引起。

（4）不寻常的知觉体验，如错觉、幻觉、看见不存在的人等。

（5）对人冷淡，对亲属也不例外，缺少温暖体贴。

（6）表情淡漠，缺乏深刻或生动的情感体验。

（7）多单独活动，主动与人交往仅限于生活或工作中必需的接触，除一级亲属外无亲密友人。

5. 自恋型人格

其特点是过分的自我关心、自我中心、自尊自夸，常常幻想自己了不起、有才学、有美貌，不能接受别人的建议和批评，缺乏同情心，嫉妒他人等。根据《中国精神疾病分类方案与诊断标准修订版（CCMD-Ⅱ-R）》对自恋型的人格的特征表述，如出现以下症状中的五项，即可诊断为自恋型人格。

（1）对批评的反应是愤怒、羞愧或感到耻辱（尽管不一定当即表露出来）。

（2）喜欢指使他人，要他人为自己服务。

（3）过分自高自大，对自己的才能夸大其词，希望受人特别关注。

（4）坚信他关注的问题是世上独有的，不能被某些特殊的人物了解。

（5）对无限的成功、权力、荣誉、美丽或理想爱情有非分的幻想。

（6）认为自己应享有他人没有的特权。

（7）渴望持久的关注与赞美。

（8）缺乏同情心。

（9）有很强的嫉妒心。

6. 癔症型人格

又称表演型或歇斯底里人格，其特点是情绪波动大，喜欢引起他人的注意和赞扬，喜欢出风头，自我中心，易和别人争吵，易受别人暗示。根据《中国精神疾病分类方案与诊断标准修订版（CCMD－Ⅱ－R)》中对癔症型人格的特征表述，患者症状至少符合以下项目中的三项，方可诊断为癔症型人格障碍。

（1）表情夸张，像演戏一样，装腔作势，情感体验肤浅。

（2）暗示性高，很容易受到他人的影响。

（3）自我中心，强求别人符合他的需要或意志，不如意就给别人难堪或表示强烈不满。

（4）经常渴望表扬和同情，感情易受伤害。

（5）寻求刺激，积极参加各种社交活动。

（6）需要别人经常注意，为了引起注意，不惜哗众取宠，危言耸听，或者在外貌和行为方面表现得过分吸引异性。

（7）情感反应强烈、易变，完全按个人的情感判断好坏。

（8）说话夸大其词，掺杂幻想情节，具体的真实细节，难以核对。

7. 爆发型人格

又称冲动型或攻击型人格，其特点是以被动的方式表现其强烈的攻击倾向；表面上唯唯诺诺，背地里不予合作；如故意迟到、故意不回电话和回信、故意拆台使工作无法进行；顽固执拗，不听调动，拖延时间，暗地破坏和阻挠；仇视情感与攻击倾向十分强烈，但又不敢直接表露于外。根据《中国精神疾病分类方案与诊断标准修订版（CCMD－Ⅱ－R)》中对爆发型人格的特征表述，患者症状至少符合以下项目中的三项，方可诊断为爆发型人格障碍。

（1）有不可预测和不考虑后果的行为倾向。

（2）行为爆发难以自控。

（3）不能控制不当的发怒，易与他人争吵或冲突，尤其是当行为受阻或受批评、指责时。

（4）情绪反复无常，不可预测，易引发愤怒和暴力行为。

（5）生活无目的，事先无计划，对很可能出现的事也缺乏预见性，或做事缺乏坚持性，如不给予奖励，便很难完成一件较费时的工作。

（6）强烈而不稳定的人际关系，与人关系时而极好，时而极坏，几乎没有持久的朋友。

（7）有自伤行为。

8. 回避型人格

其主要特点是心理自卑，行为退缩，面对挑战采取逃避态度或无能力应付；容易因为批评或不同意而受伤害；避开或不接触重大的社交或职业活动；因为害怕说话不适当或表现愚蠢在社交场合保持沉默。美国《精神障碍的诊断与统计手册》中对回避型人格的特征进行了描述，并认为只要符合以下项目中的四项，即可诊断为回避型人格。

（1）很容易因他人的批评或不赞同而受到伤害。
（2）除了至亲之外，没有好朋友或知心人（或仅有一个）。
（3）除非确信受欢迎，一般总是不愿卷入他人的事务之中。
（4）行为退缩，对需要人际交往的社会活动或工作总是尽量逃避。
（5）心理自卑，在社交场合总是缄默无语，怕惹人笑话，害怕回答不出问题。
（6）敏感羞涩，害怕在别人面前露出窘态。
（7）在做那些普通的但不在自己常规之中的事时，总是夸大潜在的困难、危险或可能的风险。

9. 依赖型人格

其主要表现为自己无法做决定，也无法进行工作或执行计划，必须要依靠别人给予过多的指导或保证；不果断，缺乏判断能力；因害怕被拒绝，即使坚信别人是错误的，仍同意对方的意见或建议，为博取他人的好感而愿意做自己不愉快或降低自己身份的事；经常担心自己会被抛弃等。

二、健全人格

（一）健全人格的标准

关于健全人格的标准，心理学家们从各个方面描述了健全人格的特征。

1. 奥尔波特的健全人格标准

奥尔波特认为，具有健全人格的人是成熟的人。成熟的人有以下7条标准：
（1）专注于某些活动，在这些活动中是一个真正的参与者。
（2）对父母、朋友等具有表达爱的能力。
（3）有安全感。
（4）能够客观地看待世界。
（5）能够胜任自己所承担的工作。
（6）客观地认识自己。
（7）有坚定的价值观和道德心。

2. 罗杰斯的人格健全标准

罗杰斯认为，具有健全人格的人是充分起作用的人。充分起作用的人有以下五个具体的特征：

(1) 情感和态度上是无拘无束的、开放性的，没有任何东西需要防备。

(2) 对新的经验有很强的适应性，能够自由地分享这些经验。

(3) 信任自己的感觉。

(4) 有自由感。

(5) 具有高度的创造力。

3. 弗洛姆的健全人格标准

弗洛姆认为，具有健全人格的人是创造性的人。除了生理需要，每个人都有各种各样的心理需要，这正是人与动物的重要区别。具有健全人格的人将以创造性的、生产性的方式来满足自己的心理需要。

4. 弗兰克的健全人格标准

弗兰克认为，具有健全人格的人是超越自我的人。超越自我的人有以下7条标准：

(1) 在选择自己行动方向上是自由的。

(2) 自己负责处理自己的生活。

(3) 不受自己之外的力量支配。

(4) 缔造适合自己的有意义的生活。

(5) 有意识地控制自己的生活。

(6) 能够表现出创造的、体验的态度。

(7) 超越了对自我的关心。

（二）大学生健全人格的标准

1. 正确的自我意识

应能够正确地认识自己，客观地评价自己，自尊、自信、悦纳自己；能够自我监督，自我调节，努力发展身心潜能；能够与环境保持平衡。

2. 具有和谐的人际关系

人际关系和谐，乐于交朋友，善于交朋友，有自己良好的人际交际圈。人际交往范围扩大，能积极参与各种形式的社会实践。

3. 良好的社会适应能力

对外部世界有着浓厚的兴趣，有着广泛的活动范围和许多爱好，同时，能容忍

别人与自己在价值观与信念上存在的差别，能根据事物的实际情况看待事物，而不是根据自己的主观愿望来看待事物。

4. 乐观向上的生活态度

热爱生活和学习，精神饱满，充满信心，心胸豁达，每天能保持乐观的人生态度。

5. 良好的情绪调控能力

优秀的大学生情绪上稳定性与波动性、外显性与内隐性并存，情感丰富多彩，积极的情绪、情感体验在学习和生活中占主导。

三、大学生健全人格的塑造

（一）认识自我，悦纳自己

大学生要全面、客观地认识自我，会学欣赏自我，既不不妄自尊大，也不妄自菲薄。从实际出发，扬长补短，对自己的人格品质进行优化组合。要选择某些良好的人格品质作为自己努力的目标，如自信、开朗、热情等人格特征，可作为人格塑造的依据。同时，针对自己人格上的缺点、弱点予以矫正，如自卑、抑郁、胆小、粗心、急躁等。

（二）提高自我防御和自我调控能力

心理健康的大学生能够适当地表达和控制自己的情绪，在学习和生活中表现的愉快、乐观、开朗、满意等积极情绪状态总是占据主导。其中，自我防御系统和自我调控能力，是影响大学生心理健康与否的重要因素。个体应该能够合理调试自己的不良情绪，提高自我控制能力，善于应对挫折，提高挫折承受力。

（三）融入集体，提高人际交往能力

人格发展和塑造的过程是个体实现社会化的过程，是个体与他人、集体、社会相互作用的过程。人是社会人，人际交往是个体的一种需要，人际交往需要得不到满足就会产生各种心理障碍，因此人际交往能力对于个体的发展至关重要。发展良好的人际关系就要学会关心他人的需要，准确地从别人的言语、行为中体察别人的思想、愿望和感受，真诚地赞美，不做无建设性的批评、多与他人沟通意见，保持自尊和独立等。另外，集体是人格塑造的平台，可以通过参加集体活动，锻炼和提升自己的人际交往技能。

(四)丰富知识,提高个人素养

荣格说:"文化的最后成果是人格。"一个人要进行独立思考,就需要有广泛的知识,尤其是人文、科学的知识。有不少人格发展缺陷源于无知,无知容易使人自卑、粗鲁,而丰富的知识则使人自信、坚强、理智等。因此,要健全自己的人格,必须以知识的学习为支撑,提升自身的科学素养。各学科的全面发展是人格健全发展的智力基础,有了智力基础,人格发展的速度与质量才有保证。另外,无论是知识的获取、能力的形成,还是意志的磨炼都离不开实践。一个人的勤奋、坚韧、乐观、细致等人格特征都是长期实践锻炼的结果。大学生应积极参加各种有益身心健康的实践活动,提高自身能力与修养。

(五)培养健康的生活习惯

健康的生活习惯对健全人格的塑造也有重要作用。因此,大学生要做到生活作息规律,合理饮食,锻炼身体,不嗜烟酒,做到独立、自立、不拖延、有条理等,丰富自己的业余生活,培养良好的兴趣爱好。

电影"心"赏

《妈妈再爱我一次》——常怀感恩之心

影片讲述的是精神病医生林志强留学归国,正要展开精神病院的业务,偶然发现院中一名病人,竟是他失踪18年的母亲秋霞!原来当年其母秋霞与其父林国荣相恋,但遭林母以秋霞身家不清白为由拆散鸳鸯,另外为国荣娶妻。已经怀孕的秋霞来到乡下投靠姨母,并在生下志强后独力抚养,母子二人感情极佳。数年后,国荣之妻娟娟经证实不能生育,林家父母为了延续香火,用尽办法要志强离开母亲回到林家认祖归宗。秋霞几经内心挣扎,终于答应。但年幼的志强因思念母亲而无法过平静生活,经常偷偷回到乡下找母亲。

一次风雨之夜,志强躲在庙外避雨,秋霞等人遍寻不着,翌日清晨找到时,志强已奄奄一息昏迷不醒。秋霞大为激动,失足跌下楼梯成为疯妇。18年后,志强终于找到他心爱的母亲,并以一曲儿歌"世上只有妈妈好"重新唤醒母亲尘封多年的记忆,母子相认大团圆。

感恩,是人类的传统美德。无论是中华民族传颂的"滴水之恩,当涌泉相报",还是西方的感恩节,传递的都是知恩图报的美德。然而,经济推动下的物欲社会,每个人对物质追求在不自觉、不自主中不断升温,感恩美德正在逐渐被淡忘。但不懂感恩,就不懂感情,就没有互相牵绊的关爱和责任。

怀着一颗感恩的心,去看待父母、看待亲朋、看待社会,你将会发现自己是多

么快乐，放开你的胸怀，让霏霏细雨洗刷你心灵的污染。学会感恩，因为这会使世界更加美好，使生活更加充实。

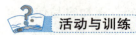

探索自我性格优势

一、活动目标

引发感恩情怀，和谐人际关系，认识并善用自身的性格优势。

二、规则与程序

（一）活动时间

建议用时 35 分钟。

（二）活动准备

准备轻音乐。

（三）活动步骤

1. 在学习、工作、生活中，很多人给你帮助，选择其中 3 个你认为最重要的人，你想对他（她）说什么？
2. 6~8 个人为一个小组，在小组内进行分享。
3. 每个小组派出一名代表，就本次活动谈谈自己的感受。

三、总结

通过"我想对你说"，引发同学们的感恩情怀，挖掘同学们自身的性格优势，提升感恩能力，善用性格优势，为塑造健全心智奠定基础。

人格健康度测试

一、活动目标

测试个体人格健康的情况。

二、规则与程序

请仔细阅读每一条信息，然后根据自己的实际感觉，选择符合自己心理状态的答案。选项 A 表示常常发生或非常明显；选项 B 表示偶尔发生或有一点倾向；选项 C 表示完全没有。

（　　）1. 上床之后，很难入眠，就算睡着了，也是浅眠，老是做梦。
（　　）2. 心情经常焦躁不安，难以提高工作效率，注意力难以集中，健忘。
（　　）3. 不管做什么都觉得很烦，全然没有干劲。
（　　）4. 觉得和别人见面或交际，是一件很麻烦的事。
（　　）5. 经常在意自己是不是有缺陷，例如"身上发出气味""有口臭"等。

(   ) 6. 某个观念一旦深植脑中，便很难再更改。
(   ) 7. 老是觉得自己做了些见不得人的失败、糟糕、不道德的事，或是犯了什么罪。
(   ) 8. 总是挂念着一些鸡毛蒜皮的小事，例如：门窗关了没有、水关好没有。上床之后还不忘爬起来确定一下，出门了也会返回来再确认才能安心。
(   ) 9. 经常害怕留给别人不好的印象，或者在人前害羞。
(   ) 10. 一紧张就直冒冷汗，全身血液都涌进脑中，什么话也说不出来，只是不停地颤抖。
(   ) 11. 具有害怕身处下列几种场所的倾向：高的地方、宽敞的地方、水上、封闭的小房间、电梯间、隧道、拥挤的人群等。
(   ) 12. 具有恐惧特定动物、交通工具（公交车或其他）、尖锐的物体或其他各种稍微不同的东西的倾向。
(   ) 13. 不断意识到有人在监视自己、偷窥自己，或是说自己的坏话，这种感觉挥之不去。
(   ) 14. 曾觉得有人想加害自己，或是阴谋陷害自己。
(   ) 15. 如果不稍微碰一下某些物品，或做些连自己都莫名其妙的动作，就不能安心外出和工作。如爬楼梯的时候一定要一次迈两格，否则就觉得不安心，或有与此类似的情形。
(   ) 16. 上课或办公的时候经常下意识地把桌上的几张纸、几支铅笔或其他东西数上好几次，并成为一种习惯。
(   ) 17. 从早上吃早餐到上课上班，从回到家到就寝，把所有的行程像仪式一样照顺序进行，一成不变，否则就有不安心的倾向。
(   ) 18. 一天非得洗上好几次手，觉得所有的东西都不干净。
(   ) 19. 在寂静的重要会议进行中，有想要大喊大叫的冲动，或其他与此类似的情形。
(   ) 20. 站在常发生自杀的地方、悬崖边、大楼顶上时，便觉得头晕目眩。
(   ) 21. 碰到自己担心或为难的场所时，会发生想呕吐、拉肚子、胃痛、头痛、心脏不正常、发疹、发热等症状。
(   ) 22. 白天突然觉得很想睡，而且无法抗拒地就沉沉睡去。
(   ) 23. 经常担心自己在学习或工作上会产生令人困扰的征兆，例如：身为学生不能回答老师提出的问题、播音员老是说错话等。
(   ) 24. 非常注意自己的心脏跳动声音及呼吸，并为此失眠。
(   ) 25. 曾经觉得自己的心脏快要停止跳动似的，呼吸困难。觉得头晕目眩，好像快要晕倒了，或有其他类似情形发生过。
(   ) 26. 有幻想自己"碰到灾难"或"遭遇不幸"的倾向。
(   ) 27. 总是怀疑自己是不是得了癌症、脑部疾病、心脏病、艾滋病、性病，或是某种传染病。
(   ) 28. 认为自己没用，只会给周围的人添麻烦，就算活下去也毫无益处。
(   ) 29. 对事物的看法偏向悲观、忧郁。
(   ) 30. 除以上所列举的情形外，觉得自己有其他足够判断为神经病的征兆。

三、评价与分析

A 计 2 分；B 计 1 分；C 计 0 分。统计一下 A、B、C 的数量，算出合计分数，大致的评价说明如下。

0~5 分：请您放心吧！你的人格极为健康与坚韧，可以顺利适应各种现实环境。但或许因为太过坚强了，容易给别人"缺乏温柔体贴"的印象。请反省看看是否真有这种情形。

6~13 分：如果您住的地方是都市，做的工作又是必须劳费精神的工作，或者您的学习需要投入很多精力，那么这种分数，算是马马虎虎，还是属于健康范围中。

14~25 分：您在精神上大概过于疲累了，建议您采取某些适当的处置作为防范，比如减少工作量，或以适当的休闲娱乐来调剂工作的紧张心情等。

26~60 分：您的状况呈现危险信号，建议您最好去做心理咨询。

 思考与练习

1. 结合实际谈谈健全人格的影响因素。
2. 简述健康人格的标准，并结合所学谈谈如何塑造健康人格。

模块八　邂逅爱情，理性应对

模块导读

　　大学谈恋爱，必修还是选修？有人说大学里的爱情是一门必修课，只有当你爱上一个人时，心智才是健全的。大学里的爱情故事，有一点纯洁和青涩，有一点诗意和朦胧，很美丽动人，也很浪漫精彩……校园、朋友、爱情，这些驿动的元素变成了青春的符号，成就了最自由、富有活力、纯真的恋爱。不必考虑将来，只享受这一切。可以哭，可以笑，可以无拘无束，没有成人恋爱的纠缠与众多的考虑元素。相思的酸楚，相恋的幸福，相伴的温馨，相爱的甜蜜，还有曾经受过的伤，无法忘却的痛。

　　虽然大学谈恋爱的好处颇多，但很多人认为大学生谈恋爱应该是门选修课。他们的观点是谈恋爱需要缘分，大学生各方面准备还不成熟，目的性太强，反而有害。选修这门课付出的精力太大，而最后如果一旦修不到圆满的结局反而会留下痛苦的回忆，还不如最初就放弃这门课。大学恋爱会给我们带来哪些改变呢？让我们一起去探寻。

8.1 理解爱情真谛，合理对待情感

名人名言

真正的爱情能够鼓舞人，唤醒他内心沉睡着的力量和潜藏着的才能。

——薄伽丘

学习目标

1. 了解爱情及爱情的心理结构。
2. 掌握大学生恋爱的特点与类型。
3. 认识异性交往。

徐志摩的爱情故事：林徽因与徐志摩

徐志摩（如图8-1所示）是偶然在伦敦国际联盟协会上认识林徽因的。林徽因当时十六岁，在伦敦一所女子中学读书，正是花一般的年龄，长得又像花一般娇艳，文学修养又好。她既有中国传统闺秀的遗颜，又有西方女子落落大方的风度。她与志摩一见钟情，双双坠入爱河。他俩月下漫步，花前谈心，舞会上双双起舞，宴会上频频起杯，绿纱窗下共研文学。徽因被志摩渊博的学识、风雅的谈吐、广泛的兴趣、潇洒的举动、英俊的外貌所吸引住。徐志摩也佩服徽因的博学多才与美貌。

张幼仪的到来使这对热恋中的男女清醒了过来。徐志摩受到沉重的打击，他在极度的痛苦中度过了一段时间。徐志摩虽知林徽因不会再回到他身边，却仍苦恋着徽因，并设法接近徽因。而林徽因总在他俩间保持一段距离。后来徐志摩同于小曼结婚后，他仍暗恋着林徽因。

图8-1 徐志摩

于是他寄情于诗歌创作中，一首脍炙人口的《再别康桥》为后人传颂。全诗以离别康桥时的感情起伏为线索，细致入微地表达了诗人对康桥的爱恋、对往昔生活的憧憬、对眼前无可奈何的离愁。

一、关于爱情的概述

（一）爱情的含义

问世间情为何物？罗杰斯说"爱是深深的理解和接受"；车尔尼雪夫斯基说"爱情的意义在于帮助对方提高，同时也提高自己"；莎士比亚说"爱情不是花荫下的甜言，不是桃花源中的蜜语，不是轻绵的眼泪，更不是死硬的强迫，爱情是建立在共同语言的基础上的"；鲁迅说"人必须生活着，爱才有所附丽"；李商隐说"身无彩凤双飞翼，心有灵犀一点通"。从古今中外名人对爱情的描述，我们可以看出爱情是人类最复杂、最神秘、最微妙的感情，是一种强烈的内心体验。每一个人都有爱的渴望、憧憬和追求。爱情是年轻人极为关注的、经久不衰的热点，独具魅力，拨动着大学生的心弦，令人神往。有人用世界上最美的语言赋予它美的色彩和诗的意境，也有人在忧虑和痛苦中汲取痛彻心扉的哀伤和辛酸。于是有人把爱情比喻为一件高妙的艺术品，因为无论怎么研究也难以穷尽其奥秘。那么，爱情究竟是什么呢？

爱情使者丘比特问爱神阿佛洛狄："LOVE是什么意思？"阿佛洛狄说："L"是Listen（倾听），爱就是无条件、无偏见地倾听对方的需求，并且予以协助。"O"是Obligate（感恩），爱需要不断地感恩，付出更多的爱，灌溉爱的禾苗。"V"是Valued（尊重），爱就是展现你的尊重，表达体贴，真诚的鼓励，发自内心的赞美。"E"是Excuse（宽恕），爱就是仁慈地对待，并宽恕对方的缺点和错误，接受对方的全部。

随着社会的发展，大学生恋爱在校园已成为普遍现象，他们性发育成熟，自我意识增强，对异性开始产生好奇感、倾慕感，恋爱愿望比较强烈，愿意结交异性朋友。总之，爱情是男女之间基于一定客观物质条件和共同人生理想，在各自内心形成的相互之间最真挚的爱慕，并渴望对方成为自己终身伴侣的强烈、稳定和专一的感情。

知识链接

Lee 氏爱情图

爱情现象十分复杂，也难有一个明确的分类。但从心理学的角度来看，加拿大社会学家 John Alan Lee（1974）将现代男女之间的爱情关系分为以下 6 种形式。

1. 占有式爱情。占有式爱情通常是单方面的，表现为对所爱对象的强烈的占有欲望，一旦对方有所懈怠，没有以同样的方式回应，就会产生强烈的嫉妒猜忌，很容易导致偏激的行为。

2. 浪漫式爱情。浪漫式爱情脱离了基本需求，将爱情理想化，包含着天真与理想化的成分，把爱情看成是脱离现实、风花雪月的故事，只在乎瞬间的美丽，不考虑长远的未来。

3. 奉献式爱情。奉献式爱情是一种完全无私的情感，心甘情愿为所爱的人牺牲一切，完全不求任何回报，认为"爱情是付出而不是索取"。

4. 现实式爱情。现实式爱情是满足相对现实性的需要，是对于彼此需要的回应，为生存而生活，情感需求则退居其次。

5. 伴侣式爱情。伴侣式爱情是在相互了解的基础上，由友情缓慢地逐渐演变的情感，是一种平淡而深厚的东西，一般表现为细水长流，而非刻骨铭心的体验，是以走向婚姻为目的的情感交往。

6. 游戏式爱情。游戏式爱情视爱情如游戏，只为满足个人的一己之私，只追求个人需要的满足，在恋爱行为中表现为轻易更换恋爱对象，是一种极其没有道义和责任感的行为。

（二）爱情的心理结构

爱情一直是哲学、宗教、心理学、美学、文学与社会学中引起激烈争论的话题。而爱情的自然属性与社会属性，是任何一种观点都不能否认的。即生命的生产，无论是自己生命的生产（通过劳动），或他人生命的生产（通过生育），都表现为自然关系和社会关系的双重关系。

弗洛姆说："人是社会性动物，需要克服分离、摆脱孤独。爱恰恰是人类克服分离、摆脱孤独最主要的方法。"异性之间的人际影响和吸引、亲密关系等发展到顶峰就是爱情。弗洛姆认为，爱是一门艺术，要求人们有这方面的知识并付出努力。真爱的基本要素，首先是"给"而不是"得"，"给"是力量的最高表现，恰恰是通过

"给",才能体验我的力量:我的"富裕"、我的"活力"。爱情的积极性除了有"给"的要素外,还有一些其他的基本要素。这些要素是所有爱的形式共有的,那就是:关心、责任心、尊重和了解。

1986年,美国心理学家斯滕伯格提出了著名的爱情三角形理论。他认为,所有爱情体验都由三大要素构成:亲密,心理上喜欢的感觉,感到亲近、相互关联,包括对爱人的赞赏、照顾爱人的愿望、自我展露和内心的沟通;激情,一种情绪上的着迷,外表吸引和性吸引是最重要的因素;承诺,个人内心或口头对爱的预期,包括将自己投身于一份感情的决定及维持感情的努力。在本质上,承诺主要是认知性的,亲密是情感性的,而激情是动机性的。斯滕伯格把这三个要素形象地比作三角形的三个边。三个要素不同的组合方式产生不同的爱情类型,不同的爱情类型可以表示为不同三角形,其中,三角形的面积代表的是爱情的多少,三角形的形状说明的是爱情三要素之间的关系。斯腾伯格认为爱情的三个成分会随着时间的变化而发生变化,伴侣在不同时期可能会体验到不同类型的爱情。比如在刚确立恋爱关系时,可能体验到的是浪漫之爱,而对于老夫老妻来说则更多的是相伴之爱。

社会心理学家沃尔斯特夫妇通过大量实例分析提出,爱情有两种基本形式:一是情欲支配的浪漫爱,它是热切倾心于另一个人的一种状态;另一种则是伴侣爱,它指我们为那些与我们的生活密不可分的人体验到的一种钟爱之情。伴侣爱与短暂的浪漫爱相比更牢固持久。在爱情关系中,任何一方的行为往往都建立在对双方利益的考虑上,伴侣爱使人们把伴侣利益置于自己之上。

简而言之,爱情是一个具有复杂心理结构的统一体。不仅包含审美、激情等心理因素,而且还包括生理激起与共同生活的愿望等复杂因素,不仅是生理上的冲动(身体上的接触),更包括美感、亲密感、羡慕与尊敬、赞许、提高自尊(独特性和尊重感)、占有欲、行动自由和深厚的同情心等体验。

斯滕伯格的爱情三元理论

斯滕伯格的三元理论主要从西方人的感情经历和生活体验出发,根据亲密、激情和承诺的有无和程度的高低将爱情进行分类,分为以下"爱情"情感体验,如图8-2所示。

图8-2 斯滕伯格的爱情三元理论

1. 喜欢：只有亲密

与他人感到亲近，彼此之间相互分享秘密、交换信息。但他对你不存在生理上的吸引，你也没有对维持这段关系作出承诺。大多数典型的友谊都属于这种情感。

2. 迷恋：只有激情

对他人有很强烈的欲望，但你们并不亲密，彼此之间也不存在长期承诺，如"一见钟情"。

3. 空爱：只有承诺

与他人并不亲密，互不交流，彼此间也不存在激情。但却要维系这段关系，始终要对彼此负责，如中国古代的"父母之命，媒妁之言"。

4. 浪漫之爱：亲密 + 激情

相互分享秘密，充满激情，彼此吸引，但未来不确定，不会相互承诺，如罗密欧与朱丽叶的爱情。

5. 相伴之爱：亲密 + 承诺

彼此分享秘密，但生理上没有特别的吸引，却都对这段关系有着承诺。这属于典型的亲密朋友之间的关系。"我们彼此坦诚，我们渴望永远做朋友，但我们之间不存在激情。"

6. 愚昧之爱：激情 + 承诺

肉体上的吸引力，并且希望保持彼此间肉体上的相互吸引。但并不亲密，忽视相互了解。这种情感就像旋风一样，很可能导致人们"闪婚"然后不久便又"闪离"。

7. 完满之爱：亲密 + 激情 + 承诺

这是斯滕伯格对于"爱"的完整定义。

二、大学生恋爱

（一）大学生恋爱的类型

1. 志同道合型

这类恋爱者基本上具有正确的恋爱观，人格成熟，能够以理性引导爱情，正确处理恋爱与学习、生活等的关系。双方相互倾慕，志同道合，有较强的事业心、进取心和自控能力；有共同的理想、抱负、价值观念。能把幸福的爱情转化为学习和工作的动力，让爱情促使双方的进步，同时促进双方的成长。

2. 生活实惠型

毕业去向是大学生最为关注的主题，有些同学为了避免"毕业即分手"在自己身上上演，恋爱就被融入了毕业动向的因素，同时对方的家庭条件和发展前途也是各自关注的要点。这种类型的恋爱，大学生彼此间的爱慕与向往也许并不强烈，但是有确定的生活目标，这种爱情是理智的、现实的。

3. 从众攀比型

在高职院校，恋爱已成为一种普遍现象。但一些大学生很容易产生恋爱攀比心理，当周边的同学有了异性朋友时，为了显示出自己的能力和魅力，从而攀比、炫耀也匆忙地谈起"恋爱"。但由于这种恋爱目的性不强，缺乏认真的态度，把谈恋爱看作是一种精神上的补偿，所以带有很大的随意性。

4. 玩伴消费型

精神空虚，时常感到孤独和寂寞，为了弥补精神上的空虚，迫切地想与异性朋友交往，"恋爱"成为一种近期性的精神需求。尤其是周末，当寝室的室友成双成对地走出校园，自己一人在寝室时，有一些同学就会产生一种空虚感，试图通过谈恋爱来缓解。

5. 追求浪漫型

这类学生情感比较丰富细腻，浪漫的爱情对他们有着强烈的吸引力，对爱情浪漫色彩的追逐和窥探心理日趋强烈。他们强调跟着感觉走，沉浸在两人花前月下的甜蜜与快乐中，较少地考虑现实问题。

6. 功利世俗型

这是一种非常势利的实用主义恋爱类型。在谈恋爱时，以对方的家境、门第、

地位、名誉、处所等作为恋爱的前提条件，更注重物质条件而非爱情本身。

（二）大学生的异性交往

1. 把握好异性交往中的"度"

在与异性交往的过程中，无论是在身体上，还是在心理上，都应与异性保持一定的距离，以互相尊重为前提，共同进步为目标，所以把握好与异性交往的"度"尤为重要。

（1）异性交往与学业

大学生的恋爱，即异性交往不是阻碍学业的理由。爱情与学业应该是相互促进、彼此成就的。对于一个学生来说，学习始终是我们现阶段人生的目标，一定要把握好与异性交往的"度"，兼顾爱情和学习，并使其成为推动学业发展的助动力。

（2）正常交往与性骚扰

正常的交往关系是建立在双方自愿自主的前提之下，在这一关系中，双方都要能够自主自愿地表达自己的意愿。任何违背一方意愿而进行的行为都属于骚扰，而不是正常交往。骚扰分为语言性骚扰和躯体性骚扰。语言性骚扰是指反复追求一个曾多次拒绝自己的异性，用尽一切办法试图让对方接受自己的感情，对其正常生活造成影响和干扰。躯体性骚扰是指在违背对方意愿的前提下，对其进行抚摸以及其他任何形式的性行为。区分骚扰和正常交往行为的关键就在于是否违背了一方的主观意愿。

正常交往应该带给人快乐和幸福而不是痛苦和困扰。骚扰是伤害的一种，会给别人带来一定程度的影响，是不正常的交往行为。对于骚扰他人的一方来说，一定要分清追求和骚扰的区别。正常交往不是"死缠烂打"就能得到的，如果错误地认为对方的拒绝是"以退为进""欲拒还迎"，陷入自己的臆想之中而对对方的生活造成严重干扰，这不仅严重侵犯了被骚扰者的人格尊严，也影响到自身人际关系的和谐与稳定。而对于被骚扰的一方来说，一定要学会对这些违背自身意愿的行为说"不"。要严厉地拒绝和制止，而不应该一味地忍气吞声，在必要的时候，还可以寻求值得信赖的第三方的帮助。

2. 异性交往中的道德

人们经常说，恋爱是始于才华、陷于颜值、忠于人品的美好过程。因此，在异性交往中，一定要保持理智，坚持道德底线，承担和履行自己应尽的责任和义务。

（1）交往过程负责任

爱是一种能力，更是一种责任。爱，要能站在更长远的角度对彼此双方的关系进行思考，要能无私地为对方奉献自己的全部。在异性交往中，青年学生要始终牢记，正常的交往是同高尚的道德融为一体的，它不仅是一种权利，更意味着一定的责任和义务。一旦双方确定了交往关系，就要有道德约束的意识，共同担负相应的责任与义务。爱情是一种给予，它蕴含着彼此的责任感和义务感，要求双方相互尊重、相互负责，尊重对方的情感和身体，这也是交往道德最突出的表现。同时还充分了解自己和对方，要有能力、有信心给对方全部的信任，要有能力、有信心创造共同的未来。

（2）交往行为有分寸

随着社会的发展，人们交往观念的开放程度相应提高，异性交往成为一种很正常与普遍的现象。但是，在公众场合还是应该注意把握基本的行为分寸，不要进行过分亲密的不雅行为，避免给他人带来尴尬和不适。

爱情和学业双丰收

张丽在大学入学当天认识了上一届的学长陈聪。陈聪知道张丽是自己的学妹后，很热情地帮她提东西，在去报到的路上还不时地向她介绍学校的基本情况和新生入学的相关政策。张丽瞬间对这位师哥有了强烈的好感。在后来不断的接触过程中，张丽发现自己喜欢上了陈聪，并且确信对方也有这个想法，因为陈聪会不时发短信给张丽，询问她的学习和生活状况。有了这种想法以后，李丽和陈聪的关系变得微妙起来。在接触过程中了解到彼此都有专升本的想法后，两人开始相约一起去图书馆学习，相互激励对方。

分析：恋爱是一把双刃剑，你若精彩，蝴蝶自来。在恋爱中，若能恰当正确处理恋爱与学习的关系，像张丽和陈聪一样，就会在恋爱中彼此成就对方，提升自己。

爱情观澄清

一、活动目标

了解自己的追求与价值取向，认清生活中最有价值的东西。

二、规则与程序

（一）活动时间

建议用时30分钟。

（二）活动准备

准备 A4 纸、笔若干、轻音乐。

（三）活动步骤

1. 分组：每组 8～10 人，男女各半。

2. 调查：心目中的 TA。

（1）男生填写：你心目中的白雪公主

依次写出女生最吸引你的三项特质：温柔、漂亮、贤惠、热情、真诚、稳重、聪明勤奋、身材好、有修养、好运动、有主见、活泼外向、内向文静、善于打扮、穿着大方、爱好相近、家庭背景好，或其他你认为重要的特质。

（2）女生填写：你心目中的白马王子

依次写出男生最吸引你的三项特质：高大、英俊、幽默、真诚、稳重、热情、聪明、勤奋、讲义气、好运动、有主见、有修养、出手大方、乐观外向、穿着潇洒、爱好相近乐于助人、家庭背景好，或其他你认为重要的特质。

三、总结

以小组为单位，分享讨论。

大学生的恋爱观测试

一、活动目标

测试个体恋爱观。

二、规则与程序

根据实际情况选择一个最符合自己心理状态的答案。不要在一道题上花太多时间，第一反应的答案最准确。

1. 我对爱情的幻想是：（　　）

　　A. 满足自己人生神秘的欲望和需求

　　B. 令人心花怒放，充满无限欢乐和诗意

　　C. 实现自己远大理想的阶梯，使人振奋向上

　　D. 没有想过

2. 我希望我开始谈恋爱是：（　　）

　　A. 由于一次偶然的相遇结下了一段微妙的因缘，彼此就追求

　　B. 由于两人青梅竹马，情深意长，最终成为爱情

　　C. 由于在工作和学习中产生爱情

　　D. 无法回答

3. 我认为爱情是：（　　）

　　A. 男女间的性爱

　　B. 男女间的一种最纯洁的感情

　　C. 异性间的相互爱慕，渴望对方成为自己伴侣的感情

D. 不清楚

4. 我希望我的恋人：（　　）

　　A. 待人和蔼可亲，相貌较漂亮，有权有势

　　B. 有漂亮的容貌，健美的身体，待人接物周到，举止优雅

　　C. 长相一般，用心体贴自己，为人忠厚老实

　　D. 无法回答

5. 我喜欢我爱人在三美之中是：（　　）

　　A. 外貌美　　　　　　　　　　B. 姿势、仪表、发式美

　　C. 心灵美　　　　　　　　　　D. 拒绝回答

6. 我想象中的小家庭的业余时间是这样度过的：（　　）

　　A. 各人干各人的事，互不干涉

　　B. 有共同事业，互相商讨，共同进取

　　C. 虽然自己对某事没兴趣，但还是愿意陪对方消磨时间

　　D. 不想回答

7. 我对爱情的字面解释是：（　　）

　　A. 爱情、性爱是男女之间友谊的高级形式

　　B. 有爱并不一定有情，而有情必定有爱

　　C. 爱情两字是不能拆开的，它是男女之间的感情

　　D. 没想过

8. 我喜欢的爱情格言是：（　　）

　　A. 爱情，这疯狂的字眼，为了你还有什么不能办到呢

　　B. 生命诚可贵，爱情价更高。若为自由故，两者皆可抛

　　C. 痛苦中最高尚、最纯洁和最无私的乃是爱情的痛苦

　　D. 都有点喜欢

9. 恋爱后自己有一位异性朋友时：（　　）

　　A. 没有必要告诉对方，这是自己的自由权利

　　B. 让对方知道，但不允许对方干涉自己

　　C. 让对方知道，并且在对方同意的条件下才与其交往

　　D. 不能回答

10. 我认为幸福的爱情是：（　　）

　　A. 一切故事和传说中，美好的婚姻都是幸福的

　　B. 以共同的情操、思想和社会活动作为基础

　　C. 互相尊重对方，包括尊重对方的感情

　　D. 无法回答

11. 我认为追求和对付高傲的异性的办法是：（　　）

　　A. 若无其事，做出一些与自己意志完全相反的动作

　　B. 大献殷勤，做对方要求做的一些事情

　　C. 自己也变得很高傲

D. 不愿意回答

12. 我认为：（　　）

　　A. 人是因为美才可爱

　　B. 美与可爱是同时产生的

　　C. 人不是因为美而可爱，而是因为可爱才美丽

　　D. 没想过

13. 一旦发现我的恋人变心时：（　　）

　　A. 我会把爱转变成恨　　　　　　　B. 无所谓，只当自己看错了人

　　C. 认为是幸运的，从中可以吸取教训　D. 不知如何是好

14. 下面的8个字中，我最喜欢的是：（　　）

　　A. 郎才女貌，爱如鱼水　　　　　　B. 形影不离，心心相印

　　C. 志同道合，忠贞不渝　　　　　　D. 不知道

15. 我对离婚的看法是：（　　）

　　A. 认为很平常，一旦发现更值得爱的人就抛弃原来的

　　B. 感到很惊讶，坚信自己的婚姻不会这样

　　C. 认为离婚很正常，不过离婚者的爱情是不幸的

　　D. 不知如何回答

三、计分与解释

选A得1分，选B得3分，选C得3分，选D得0分。然后累计，得出总分在35分以上者，说明恋爱观非常正确，值得坚持；在25～35分说明恋爱观基本正确，有需要调整之处；在25分以下者，说明恋爱观存在问题，应树立健康正确的恋爱观。如果所选答案为D的个数在6个以上，说明恋爱观尚未确立，正处于游移不定之中，需要尽快确立自己的恋爱观。

思考与练习

1. 请举例说明正常的交往行为与骚扰有哪些区别？
2. 简述大学生恋爱的特点与类型。

8.2 直面恋爱困扰，走出情感误区

名人名言

爱情不是花荫下的甜言，不是桃花源中的蜜语，不是轻绵的眼泪，更不是死硬的强迫，爱情是建立在共同语言的基础上的。

——莎士比亚

 学习目标

1. 了解大学生常见的恋爱心理困扰。
2. 理解"爱"的艺术，学会爱我和爱TA。

小钰的感情问题

小钰是通过同学介绍认识现在的男朋友的。交往了一段时间以后，小钰的男朋友提出了分手。为此她非常苦恼。为了摆脱抑郁的心境，她每天除了吃饭、睡觉，就是沉溺于网络的虚幻世界中。无论身边的朋友怎样好言相劝，她都不予理睬。由于长时间处于这种状态，小钰的学业也逐渐荒废了。期末考试接连几科都挂了红灯，甚至差点被学校开除。

分析：青年人由于生理、心理的逐步成熟，都会萌动春心，涉入爱河。有恋爱就可能有失恋，这是个辩证的自然法则。失恋了首先要学会接受，接受不可避免的事实。一味的逃避是解决不了问题的，相反还会把事情弄得更糟。

一、大学生常见的恋爱心理困扰

（一）单恋

《诗经》之《关雎》："关关雎鸠，在河之洲。窈窕淑女，君子好逑。参差荇菜，左右流之。窈窕淑女，寤寐求之。求之不得，寤寐思服。悠哉悠哉，辗转反侧。"这正是单恋的写照，何为单恋呢？单恋是指一方对另一方以一厢情愿的倾慕和热爱为特点的一种畸形爱情，即通常说的"暗恋"或"单相思"。单恋是止于个体单方面爱恋而无法发展成双方相恋的状态，是一种深沉而无望的爱情，它使人在幻觉中自愿奉献一切，具有痴迷而深刻的悲哀。由于大学生心理尚未完全成熟，单恋的现象比较常见，且较多地出现在性格内向、敏感、富于幻想、自卑感比较强的人身上。单恋多以痛苦的情感体验为主，往往陷入单恋的困扰之中而不能自拔。

对于单恋，我们可以通过以下策略进行调试：首先，要避免"恋爱错觉"，学会准确地观察和分析对方表情，用心明辨。其次，一旦有单恋现象，可以鼓足勇气，克服羞怯的心理，大胆地表达自己的感情，如果被接纳，爱的快乐就取代了等待的痛苦；如果是"落花有意，流水无情"，则应该积极面对现实，斩断痛苦根源，自我救赎，用理智克制自己的情感进行情感转移。最后，要明白爱情的真谛是两心相悦的，避免纠缠式的追求，给双方带来更大的痛苦，学会自我调适，客观、冷静对待吸引。

（二）失恋

失恋是指一方否认或中止恋爱关系后给另一方造成的一种严重的心理挫折。我们要正确区分恋爱失败和失恋，两者是不同的概念。恋爱失败是恋爱双方都不满意，彼此协商分手；而失恋是恋爱的一方提出分手，而另一方仍情意绵绵，不愿从恋爱关系中分离。失恋引起的主要情绪反应是痛苦、悲伤、烦恼，会使人在较长一段时间内精神萎靡不振，若不能及时排除这种情绪，严重时则会导致心理失衡，性格反常，甚至采取报复乃至自杀等方式来排解心中的郁结。

从爱情角度讲，失恋是一种正常的现象。

失恋，产生的痛苦心理是可以理解的。但是失恋后一定要学会自我调节，尽快从失恋的痛苦中解脱出来，以饱满的热情投入到学习生活当中。一般来讲，我们可以从以下几个方面入手来减轻失恋的痛苦。

1. 情绪转移

"情绪转移法"，即暂时避开不良刺激，把注意力、精力投入到其他的人、事或物上，例如：旅游、看书、唱歌、画画、和朋友聚会等，以减轻不良情绪对自己的冲击。

2. 倾诉法

失恋后应多与好朋友谈谈心，主动把自己的苦恼与亲人、朋友倾诉。俗话说"当局者迷，旁观者清"，把受挫的经过和目前的心境和盘托出，适当发泄心中的苦闷。在交谈中，除了可以得到安慰和摆脱困境的力量外，还能听到别人的分析和忠告，烦恼的心情会随之消散。

3. 补偿作用

俗话说"失之东隅，收之桑榆"。不经历风雨怎么见彩虹，不经历失恋怎么懂得爱情。将失恋化为动力，做事业和生活中的强者。应该懂得，人生在世，不如意的事时常发生，要学会自我调节，尽快恢复心理平衡，化失恋为动力，认真总结经验教训，这样才会在婚恋的大道上迈出更坚实的步伐，最终获得美满幸福的爱情。

4. 自我心理调节

失恋后应主动进行自我心理调节，提高自己的心理承受能力。失恋后应意识到，爱情固然很重要，但它毕竟不是生活的全部，除了爱情以外，还有学习和工作。只要保持豁达开朗的心态，坦然面对挫折，热爱生活，热爱学习，爱情终会悄悄地降临到你的身边。所以，不应为一次失恋而抱怨人生，烦恼终生。

5. 体育锻炼法

体育锻炼是使人保持良好心态的最佳方法。锻炼时大脑释放出一种物质即内啡肽，使人产生轻松、愉快的感觉。体育锻炼还能使人产生一种自我驾驭感和超越感。因此在进行运动后，一定会精神饱满地投入新的工作和学习生活之中。

6. 立志奋斗法

许多名人的恋爱经历证明，失恋也并不一定就是件坏事。失恋后，如果能把精力投入到事业中去，就可以启迪智慧，进而取得成功。失恋者积极的态度会使"自我"得到更新和升华，全身心地投入到生活中去，同时也创造了更好的择偶条件。像法国著名作家罗曼·罗兰失恋后，在激情的驱使下，昼夜写作创作出世界名著《约翰·克利斯朵夫》。还有贝多芬、歌德、诺贝尔、居里夫人、牛顿等历史名人都曾饱受失恋的痛苦，他们都是用奋斗的办法更新"自我"，积极转移失恋痛苦的楷模。因此，我们更应把失恋的痛苦化作学习的动力，为自己将来事业上的成功打牢根基。珍惜青春、把握青春，使青春更美好、更有意义，让自己的人生更加丰富精彩。

案例8.1

王帅的恋爱困惑

王帅,是广州某职业技术学院机电专业大三学生。临近毕业,他回忆大学三年,除了谈恋爱,自身学业并无太大提升。他先谈到所学专业的难度较大,自己学习起来很费劲,学习成绩也一直不理想。随后,谈到自己交往一年的女同学,他们关系不错,平时互相关心,感情很好,两人天天腻在一起,逛街、游玩,以致学习的时间寥寥无几。时光匆匆,马上毕业找工作了,他才意识到学业与求职的压力。"该如何处理好学习和与她交往的关系呢?"王帅困惑起来。

分析: 王帅同学遇到的问题其实是爱情与学业的关系问题,不少同学也同样会遇到。在与异性交往的过程中,王帅没有把握好交往的度,没有兼顾爱情与学业,没有将爱情化为学习的动力。临近毕业了,才意识到书到用时方恨少。

二、"爱"的艺术

(一)学会爱自己

一个自爱的人是自知的,一个心理成熟的人是自然而坦然地表达自我的。自爱是要成为你自己,而非通过爱情变成他人。一位哲人说"自己若是世界上最好的李子,而你所爱的人却不喜欢李子,那时你可以选择变成杏树,不过经过选择变成的杏子,是次等品质的杏子,只有做原来的李树,才能结出好的果子,如果你甘愿变成次等的杏子,而爱你的人喜欢上等的杏子,你就可能被抛弃,于是只有倾尽全力使自己变成最好的杏子或者找回做李子的感觉"。

1. 拥有正确的自我认知

有人说"恋爱中的女生智商为零"。因为爱了,有的人失去了自我,有的人更加自恋,有的人愈加成熟,特别是女性。事实上恋爱特别是热恋都会将双方"理想化",放大其中的快乐与痛苦的心理感受。热恋时,认为自己是世界上最幸福的人,失恋后认为自己是世界上最痛苦的人。固然,恋爱双方强烈而丰富、敏感而不稳定的感情并非异常,但如果陷入情感的幻想中,自我判断、自我评价与自我意识都会发生偏差。

2. 珍惜自己的感情,尊重自己的感情

当"潮炫"标签的新时代大学生进入大学校园,以一种反传统、自我贬损、充分的自我张扬的方式凸显其个性时,如韩国剧《我的野蛮女友》,靠身体的对抗与争

执赢得爱情，受到大学生的喜欢。时尚的未必是永恒的，也未必是正确的。有的同学因为恋爱而放纵自己的感情，甚至本不是爱情，仅仅为了满足自己生理与心理甚至物质的需求，用青春与爱情赌明天，都不是珍惜感情的体现。

3. 学会说"不"

特别是在热恋时，要控制爱情的温度。1994年，美国青年发表了"真爱要等待"的宣言——本着真爱要等待的信念，我愿意对我自己、我的家庭、异性朋友、未来的伴侣及未来的子女负责。盟誓：保证我的贞洁，一直到我进入婚约的那天为止。这昭示着美国青年个人生活更加严谨，这也是爱自己的重要方面。

4. 爱自己也包含对自己负责

恋爱不是为了让我们放弃自我，而是学会更加负责地生活。因此，我们要自珍、自爱、自尊，特别是失恋后的自爱。一个人只有本着对自己高度负责的态度去学习、生活，才能处理好恋爱中的自我与他人、现在与未来、学业与爱情等关系。爱不仅是情人节的玫瑰，也不只是每日的相守，更是守望的美丽与对彼此生命负责的人生态度。

（二）学会爱他人

爱自己和爱他人是密不可分的。人们只有认识对方，了解对方，才能尊重对方。爱需要推己及人，欣赏自己的同时也要学会欣赏他人。爱他人不是无我状态，按照对方塑造自己，也不是将你爱的人塑造成你所喜欢的人。爱他人，除了最基本的沟通了解、真诚相待、相亲相爱等，还包括以下几个方面。

1. 尊重你爱的人

恋爱既是两人心灵的共鸣，又是自我成长，是使双方积极的潜能发挥而非按照某种愿望或标准塑造对方，使其成为自己希望的那样。实际上，每一份爱情中，都包含着期待效应，对方都在向着彼此喜欢的方向发展。这就要求更加尊重你所爱的人，让对方在爱的港湾中自由发展，以他自己喜欢的方式发展自我。

2. 帮助对方积极发展自我

恋爱唤醒沉睡的心灵，积极的恋爱使个体潜在的心理能量得以释放，为所爱的人努力。爱也是积极向上的精神力量，催促着相爱的两个人向着更好的自我发展，更加努力地自我完善，自我发展，把爱情引向积极的有利于双方发展的方向，而非自我束缚，自我放纵。

3. 共同创造美好未来

真正的爱是内在创造力的表现，包括关怀、尊重、责任心、了解等，爱不是一

种消极的冲动，而是积极追求被爱的幸福，这种追求的基础是爱的能力。正如鲁迅所说："如果一个人没有能力帮助他所爱的人，最好不要随便谈什么爱与不爱。当然，帮助不等于爱情，但爱情不能不包括帮助。"只有相爱的双方齐心协力，互帮互助，成就彼此，爱才更有意义。

（三）合理的爱情观

如果遇到一份真挚的情感，想要把握住它，需要做到以下四点，这也有助于完善自己与他人的人格。

1. 稳定专一

爱情产生的最重要的条件包括志同道合，思想相通，理想、价值观和生活态度等的一致统一。爱情具有强烈的排他性和专一性，它只能存在于恋爱双方之间，不允许任何第三者的介入。虽然每个人都有选择理想伴侣的权利，但是一旦男女双方确立了稳定的恋爱关系，就应该把感情的注意力集中在对方一人身上，就要使爱情经得起时间的考验，经得起挫折的洗礼。一旦对恋人做出了承诺，确立了恋爱关系，请给予他（她）全部的忠诚和专一，一心一意地经营自己的爱情。

2. 承担责任

爱，不仅仅是一种权利，它更意味着责任和义务。一旦双方确定了恋爱关系，就有责任共同承担这一关系所包含的各种义务。爱是一种给予，它蕴含着对对方强烈的责任感和义务感，它要求双方对彼此负责，这也是恋爱道德最突出的表现。

3. 分清主次

爱情是美好的，是人生的重要组成部分，但它并不是人生的全部。对于年轻的同学们来说，学业才是我们现阶段的要务。爱情之花可以开放，但它应该服从于学业，应该让爱情对学业产生积极的影响。如果你爱她，请不要放弃提升和发展你自己的机会。学习和爱情是可以共同存在、相互促进的。

4. 自尊平等

在发展爱情的关系中，首要前提是男女双方始终处于平等的地位上。这意味着在情感和心理上，双方是平等的，能够自主地表达自己的意愿，双方是平等的个体，互不依赖而生。双方的平等相处和互相尊重是爱情的前提和基石，离开了这一点的感情就不能称为爱情。不要因为贪图物质享受，而成为他人的附属品，甚至付出自己的全部情感，奉献一切，到头来却竹篮打水一场空。要知道，没有平等的地位就得不到正视，不能以平等的姿态对话，就得不到尊重。如果连最基本的尊重都没有，又何谈爱情？

电影"心"赏

恋爱中的人都是"山楂树"

影片《山楂树之恋》改编自艾米的同名纪实性长篇小说，以知青时代为背景，通过一个女人的追忆，讲述了一个被称为"史上最干净的爱情"。主人公"静秋"是个漂亮的城里姑娘，因为父亲是地主后代，家庭成分不好，"文革"时很受打击，一直很自卑。1974年初春，还是高中生的静秋和一群学生去西坪村体验生活、编写教材，在村长家认识了勘探队员"老三"孙建新。两人的爱恋因懵懂而越发纯真。然而，他们忍受了清贫，克服了特殊时代所造成的种种困难，却仍无力迎来幸福的结局。

严格来说，《山楂树之恋》只是一部通俗小说，但它仍不失为"优秀"。爱情故事里，人人都是"山楂树"，树上结了很多果子，每一个"果子"都会被当事人赋予不同的意义，积极的或是消极的。被赋予了积极意义的"果子"，每次摘下来吃都是甜的，被赋予了消极意义的"果子"，不要说吃了，就是抬头看一眼，都会觉得内心酸楚。有的人总是觉得自己的爱情不如意，其实是自己经常抬头看树上的"苦果"，看在眼里、苦在心里。有的人生活在阳光春风里，是因为树上的果子都被转换成"甜果"了。

我们看一段爱情是不是"干净"，关键在于，在你爱上他的时候，你爱的，仅仅是他这个人本身，还是他身后的物质和光环。在如今这个时代里，物质上，我们是如此的富有；精神上，我们却这般的潦倒。非诚勿扰女嘉宾一句"宁愿坐在宝马车里哭，也不愿坐在自行车上笑"的话，折射出某种爱情的价值观，也引来了各种热评。当男人总是埋怨女人的拜金，当女人总是埋怨男人的花心，不妨想想看，在现实中有哪个人不希望自己拥有纯洁美好的情感呢？虽然和老三、静秋所处的年代隔着一条无法跨越的鸿沟，但人类对绝对爱恋的向往，对100%的幸福追求从未停歇过。希望大家有爱、会爱、永远拥有爱。

活动与训练

分享经典爱情故事

一、活动目标

1. 要求成员自然、大方，克服害羞、拘谨的心态，朗诵情诗、歌唱感情歌曲、

阅读经典爱情故事。

2. 理解、体会爱情。通过游戏揭示自己的爱情观，进而树立正确的爱情观。

二、规则与程序

（一）活动时间

建议用时 30 分钟。

（二）活动准备

准备主题内容、轻音乐。

（三）活动步骤

1. 每 6~8 人为一组，以小组为单位按区域围圈集中就座。

2. 第一轮为小组集体节目；第二轮为个人节目，由每个小组推荐 1~2 名同学作为代表。

3. 最后由老师及各小组组长共同评出优胜组和优胜个人。

三、总结

请各组的组长及获胜个人谈一谈他们对爱的理解和感受。

爱情偏向测试

一、活动目标

了解个体的爱情偏向。

二、规则与程序

纵使人们对爱情的看法千千万万，总体而言无非两大类，一是"但求曾经拥有"的浪漫主义，二是"追求天长地久"的现实主义。这个测试测量一个人对爱情的总体看法，即对爱情是持浪漫主义还是现实主义态度。请针对每道题目所描述的问题，在 1~5 之间选出你当前的看法填入题前的括号中。"1"表示你对这种说法"完全同意"；"2"表示"有些同意"；"3"表示"不确定"；"4"表示"有些不同意"；"5"表示"完全不同意"。

　　（　　）（1）一个真正恋爱的人不会对其他任何人有兴趣。

　　（　　）（2）爱情毫无意义，的确如此。

　　（　　）（3）当一个人彻底堕入情网时，爱就是一切。

　　（　　）（4）爱情不是可以学习的对象，它太感性，无法对它进行科学的观察。

　　（　　）（5）与人相爱而不能结婚是一场悲剧。

　　（　　）（6）一旦恋爱了，你就知道什么是爱。

　　（　　）（7）共同的兴趣真的并不重要，因为只要两个人真正相爱，就会相互调整适应对方。

　　（　　）（8）只要两个人相爱，那么在短暂的了解之后就婚也没有什么关系。

　　（　　）（9）只要两个人相爱，彼此的信仰差异不是什么大问题。

　　（　　）（10）尽管对方的朋友你都不喜欢，你依然可能爱上他（她）。

　　（　　）（11）一旦陷入爱情，你往往神情恍惚，处于眩晕之中。

（   ）（12）一见钟情的爱往往是一种最深刻也最痛苦的爱。

（   ）（13）世界上，你真正爱的往往只是那一两个人，在一起感到真正快乐的也是这一两个人。

（   ）（14）不管有其他什么因素，如果你真正地爱一个人，那么就可以与他（她）结婚了。

（   ）（15）要想幸福就必须与丈夫（妻子）相爱。

（   ）（16）与情侣分手之后，世界在你看来阴沉而令人沮丧。

（   ）（17）父母不应该建议孩子与谁约会，这么做的人忘记了爱情本来的面目。

（   ）（18）爱情是婚姻的前提，这种观点很好。

（   ）（19）当你爱上一个人时，你会考虑与他（她）结婚。

（   ）（20）大多数人都注定有一个理想的伴侣，问题在于需要找到他（她）。

（   ）（21）嫉妒往往随爱情而变化，具体而言，对一个人爱的越多，嫉妒心就可能越强。

（   ）（22）如果用一个词形容爱情，那么"激动"比"平和"更贴切。

（   ）（23）任何人都会爱上的人可能只是极少数。

（   ）（24）一旦恋爱了，你的判断往往不太准确。

（   ）（25）爱情往往一生只有一次。

（   ）（26）一个人不能勉强自己与人相爱，爱情要么自己来到，要么没有。

（   ）（27）与爱情比较起来，在选择结婚伴侣时，社会阶层或宗教信仰方面的差异显得微乎其微。

（   ）（28）"白日梦"往往追随热恋中的人。

（   ）（29）一旦恋爱，你不会问自己一堆关于爱情的问题，你只要知道自己在爱着就够了。

【评价与分析】

选"1"的题目得1分，依次类推。将所有题目的得分相加就得到你在这个测试上的总分。总分高低不同，说明每个人对爱情的看法不同。

男性得分低于93分、女性得分低于98分：倾向于把爱情看作是一种浪漫关系，注重爱的体验，通常不在乎最终是否走向婚姻；男性得分高于93分、女性得分高于98分：倾向于把爱情看作婚姻的前奏，认为结婚是恋爱的归宿。

思考与练习

1. 结合实际，说明如何爱自己和他人？
2. 简述失恋自我调节的方法。
3. 结合自己的观点谈谈如何确立正确的恋爱观。

模块九　网络江湖，谁主沉浮

模块导读

　　网络中，形形色色的人都在通过自己特有的方式，饰演着不同的人物角色。网络是一个大舞台，网络上的人们，也就是这个舞台上不同角色的扮演者。在这个虚幻的世界里，有的人伪装成温柔美丽的少女，有的人是文质彬彬的君子；有的人深藏不露，有的人张扬跋扈；有的人爱伸张正义，有的人爱瞎吹一气……缺了哪一类人，都不能称为完整的江湖。在这个网络江湖中，每时每刻吸引着众多的新人加入。

　　在网络上，你可以随心所欲同时和各种人谈笑风生，却很难找到实实在在的爱情；在网络上，你可以骄傲地在虚拟的世界里游走，却很难得到现实中人们的认可；在网络上，你可以天马行空，坐拥亿万游戏币，却对实现中自己未来的身价一无所知。

　　网络江湖，有你有我有TA。那么，聪明的大学生们，让我们在网络的世界里自由游走，避开虚拟和空幻，游刃有余地利用网络，让它为我们的学习和校园生活增添一抹绚丽的色彩吧！

模块九

网络江湖，谁主沉浮

9.1 了解网络"双刃剑"，善加利用

名人名言

要善于网上学习，不浏览不良信息；要诚实友好交流，不侮辱欺诈他人；要增强自我防护意识，不随意约会网友；要维护网络安全，不破坏网络秩序；要有益身心健康，不沉溺虚拟时空。

——《全国青少年网络文明公约》

学习目标

1. 了解互联网的概念与特征。
2. 理解网络对大学生心理的影响。

 导入案例

刘俊的游戏心理

刘俊在接触网游之前，成绩优异。进入大学不久，由于摆脱了父母和老师的监管，刘俊的闲暇时间较多，一时不知如何安排。在舍友的带领下，他迷上了网络游戏，每天不是"王者荣耀"就是"CS""吃鸡"，通过层层通关晋级，他在网络世界中获得了自己在现实世界中无法得到的赞许与认可。从此，他沉迷于网游，经常出入网吧，彻夜不归。在游戏心的驱使下，刘俊以学习为由，让父母给他配置笔记本电脑，由于家庭条件比较优越，父母同意了。然而事与愿违，刘俊不仅没有用这台计算机来学习，还把宿舍当成了网吧，经常旷课，整天沉溺于虚拟的网络世界，期末考试，屡屡挂科。

分析： 大学中像刘俊这样的学生比比皆是，他们通过网络获得许多现实生活中无法得到的满足感、成就感。因此，他们往往沉溺于网络世界而无法自拔，并与现实世界脱离得越来越远，甚至对大学及其以后的人生毫无规划，得过且过。

一、互联网

当今世界,信息技术创新日新月异,谁在信息化上占据制高点,谁就能够掌握先机、赢得优势、赢得安全、赢得未来。没有信息化就没有现代化。2018 年 4 月 20 日,习近平总书记在全国网络安全和信息化工作会议上强调,信息化为中华民族带来了千载难逢的机遇,必须敏锐抓住信息化发展的历史机遇。信息基础设施是经济社会发展的"大动脉",互联网成为人们学习、工作、生活的新空间,成为人们获取公共服务的新平台。在信息化的时代背景下,作为大学生如何看待网络,使网络成为提升自己的利剑,而不是"电子毒药"呢?

(一) 互联网的概念

互联网(Internet),又称网际网络或因特网,是网络之间所串连成的庞大网络,这些网络以一组通用的协定相连,形成逻辑上的单一巨大国际网络。这种将计算机网络互相连接在一起的方法可称作"网络互联",在此基础上发展出覆盖全世界的全球性互联网络称为"互联网",即"互相连接在一起的网络"。

(二) 互联网的特征

互联网被称为继报纸、广播、电视三大传统媒体之后的"第四媒体"。基于互联网的网络媒体集三大传统媒体的诸多优势为一体,是跨媒体的数字化媒体。网络媒体新闻传播具有以下特点:

(1) 即时性。即时性是网络新闻传播时效性强的形象表述。

(2) 海量性。网络媒体新闻传播的海量性,体现在其具有强大的检索功能及易复制、易存储等特点。读者可以通过复制、粘贴、下载、收藏、打印网页等方式存储所需资料。

(1) 全球性。网络媒体的传播范围远远大于报纸、广播和电视,是全球性的。

(4) 互动性。网络媒体新闻传播是媒体与受众、受众之间的多向性、互动性传播。互动性又称交互性,包含"一对一、一对多、多对一、多对多"的传播方式,体现了大众传播和人际传播相结合的传播方式,是网络媒体的特性和优势。

(5) 多媒体性。网络所拥有的一大特性是多媒体性,它使网络媒体有能力在技术上实现多媒体传播。

(6) 新媒体性。网络媒体既具有大众传播的优势,又兼具小(窄)众化、分众化传播的特点,通过强大的信息技术把不同的媒体形态融合,体现了媒体变革最明显的特征。

模块九

网络江湖，谁主沉浮

中国互联网络发展状况

中国互联网络信息中心（CNNIC）在北京发布第 42 次《中国互联网络发展状况统计报告》。截至 2018 年 6 月，我国网民规模达 8.02 亿（如图 9-1 所示），普及率为 57.7%；2018 年上半年新增网民 2968 万人，较 2017 年年末增长 3.8%；我国手机网民规模达 7.88 亿，网民通过手机接入互联网的比例高达 98.3%，较 2017 年年末提升了 0.8 个百分点；其中，2018 年上半年新增手机网民 3509 万人，较 2017 年年末增加 4.7%。此外，使用台式电脑、笔记本电脑上网的比例分别为 48.9%、34.5%，较 2017 年年末分别下降 4.1、1.3 个百分点；网民使用电视上网的比例达 29.7%，较 2017 年年末提升了 1.5 个百分点。

同样，我国网民在家里通过电脑接入互联网的比例为 82.6%，与 2017 年年末相比降低了 3.0 个百分点；在网吧、单位、学校、公共场所通过电脑接入互联网的比例分别增长了 2.0、4.6、0.5、4.5 个百分点。在上网时长方面，2018 年 6 月，中国网民的人均周上网时长为 27.7 小时，相比 2017 年年末增加 0.7 个小时。

图 9-1 我国网民规模

> 互联网不仅给我们的现实生活带来很大的方便，也有助于我们的工作和学习。在互联网上可以聊天、玩游戏，可以进行广告宣传和购物，还可以在数字知识库里寻找自己所需的相关资料。
>
> 可以看到，互联网建构的虚拟社会为职业院校学生的社会化提供了新的平台，即以网络为载体，学习和掌握知识、技能，理解和运用规范、价值观等社会文化行为方式，适应社会并积极作用于社会，通过这一途径实现人与社会的相互作用。

二、网络对大学生心理的影响

（一）网络对大学生心理的积极影响

1. 网络满足大学生的求知欲

网络学习，不仅可以拓宽大学生的知识面，增长见识，还可以提高学习能力和效率。网络上超乎想象的丰富信息资源是其他媒体所不具备的，它把不计其数的局域网连接起来，成为全球最大的图书馆和信息数据库，内容涉及社会生活的方方面面，大大拓展了高职学生的视野，为大学生带来了全新的生活体验。大学生正处在精力旺盛、求知欲强、想象力丰富的人生最佳阶段，网络上丰富的信息资源，足以满足他们的求知心理。

2. 为大学生的不良情绪提供宣泄途径

网络可以作为一种娱乐方式，它的隐匿性、开放性、便捷性和互动性等特点，给大学生适时地转移、倾诉和宣泄自己的不良情绪提供了机会和场所。例如，面对学业与就业中的压力、竞争、冲突、矛盾和挫折，大学生可以在网络的虚拟世界中放松自我，宣泄被压抑的不良情绪，获得一定的心理治疗效果。

（二）网络对大学生心理的消极影响

1. 互联网对行为过程有整体的消极影响

对大多数人来说，网络的利大于弊。但对一部分人来说，如果不善于利用网络，当使用变成滥用的时候，网络行为就会变成病理性问题，如网络成瘾、沉迷于虚拟世界无法自拔等。已有的研究发现，互联网对人们的社会交往等可能从整体上产生消极的影响，表现为过度依赖网络，逃避现实。

2. 互联网情绪及自我意识的影响

随着互联网信息技术的发展和信息的爆炸性增长，大学生越来越迷茫、浮躁、焦虑。首先，互联网使用可能会给用户的情绪与情感过程带来消极影响。有些大学生也意识到若长时间沉迷网络会耽误学习，但又很难控制网络使用频率和时间，因此产生负面的心理矛盾。另外，过度依赖网络人际交往，会受到网络人际关系的不确定性和匿名性，庞杂无序、良莠不齐的内容等影响，再加上现实生活中人际关系退化，从而感到更加孤独和焦虑，还会因网络访问速度慢、电脑出现故障，而感到沮丧和焦躁。

案例9.1

小朋的"网恋"问题

小朋是北京某市属大学学生，20岁，是个超级网虫，每天都要在网上泡10多个小时。他和一个17岁的女孩在网上认识半年后，两人很快就开始了"网恋"，并在某网站进行了"结婚"注册，在网上建立了自己的"家庭"——一个共同的网页。他们这个网上的"家"真的太像家了，这个用文字和图片堆砌的家不但有像模像样的家具和房间布置，而且有每日三餐的菜谱，甚至还有他们虚拟的"夫妻生活"描述！当小朋和那个女孩"结婚"不到3个星期时，网站通知他，他的"爱人"怀孕了，小朋大喜，每天学习产妇注意事项。6个星期后网站通知他，说他们已经拥有一个可爱的小宝宝，小朋更是兴奋得睡不着觉。15个星期后，网站告知小朋，他的"妻子""儿子"均病重，小朋整天愁眉苦脸，无精打采。直到第18个星期，网站宣布：因医治无效，他的妻儿双双"去世"，他的"婚姻"宣告结束！此时的小朋沉浸在痛苦之中，因为太投入，他竟然受不了打击，一病不起。到现在，好好的大学上不了，每天起床要做的第一件事就是到网上的墓地去悼念他的"妻小"，然后垂头丧气，喃喃自语。

分析：网络从本质上是人与人之间联系的方式，网络的出现，会改变人的生活方式，也包括恋爱。职业院校学生正处于强烈情感需求阶段，他（她）们渴望友情和爱情，期待与同龄人的心灵交流。网络的隐匿性从一开始就给了网恋充分发展的空间，并且使网恋笼罩上了一层神秘而浪漫的面纱。网络的神秘和浪漫对于职业院校学生有着强烈的吸引力，再加上现实人际交往中有种种问题存在，促使相当一部分的职业院校学生选择了网恋，试图给自己的大学生活带来轻松和快乐。案例中小朋沉溺于网恋不能自拔，把网络爱情视为生活的唯一追求。职业院校学生要充分认识到网络世界存在的虚拟性和险恶性，对网络恋情多一分清醒，少一分沉醉，时刻保持高度警惕性。

三、大学生网恋及其引导

在信息化时代,网络成为大学生生活中必不可少的一部分,而网恋已成为情感宣泄的一种途径。对于在网络环境下成长起来的"00后"大学生来说,通过网络与异性建立联系,发展恋爱关系,已不再是新鲜事。随着互联网的普及,我们认识陌生人的途径越来越多,如通过微信、QQ、陌陌等聊天软件,甚至只需要简单的一个操作动作就能认识网络上的各类人。人们渴望通过隐藏真实身份在虚拟的世界里交友,但越是这样我们越要慎重对待,其背后隐藏着巨大的安全隐患。

(一)网恋对大学生的不良影响

网恋美丽并残酷着,就像一把双刃剑,有利也有弊。网恋也可以结出美丽的果实,但网恋也可能因现实与理想的距离使人走向极端。总的来说,大学生网恋是弊大于利的。

1. 对学业的影响

网络世界是虚幻的,又是真实的,这就正好填补了生活的缺憾和不足。因此,网恋者将大量的时间投入到网络聊天中,沉迷于网聊而无心顾及学习。甚至一些人不分白天夜晚通宵于网络虚拟的聊天世界里,影响正常上课,导致学习成绩严重下降、留级甚至退学。

2. 对情感的影响

感情容易受到欺骗,大学生对于感情的控制能力差,许多想法都很单纯,对于现实中的爱情都很难轻松驾驭,更何况这种虚幻的感情纠葛呢?网友,永远只能是网友;网络中的情,只能停留在网上。因为每个人在网上展现的都是自己最美好的一面,键盘敲打出来的语言是最精彩的语言,网上的交流是心灵的交流,是两个人的灵魂在拥抱,所以才充满了激情和神秘。很多痴迷网恋的学生,因遭受欺骗、诈骗、抢劫甚至伤害的报道常常在新闻中出现。

3. 对人际关系的影响

由于大学生长时间沉迷于网络交友,热衷于虚拟的朋友关系,认为在网络世界里,可以倾诉、聆听、寻找另一颗与自己相近、相似的心灵,从而忽略现实的人际关系,游离于现实社会,不与现实生活中的同学、朋友交流,甚至经常拒绝和同学一起参加活动,对现实中的人际关系进行逃避。因此,这样持续下去很容易导致人际关系的障碍,从而造成个人人际交往和人际沟通能力下降,越来越脱离人群。

4. 对人格的影响

网络中表达情感似乎比现实中更直白,压抑的情感可以肆无忌惮地表达给对方,一回到现实生活中，所有的幻想终究会破灭。有些大学生在网上虚拟了理想中的自我，并想以此获得在现实生活中没有获得的爱情或自我满足感。例如，现实生活中自己内向害羞，却说自己乐观开朗。这种人格转换本身无所谓对错，对于自我认知清醒的人来说，可以在虚拟和真实世界里灵活转换角色。但有些大学生无法将网上人格与现实中的人格灵活转换，长此以往可能会造成人格分裂或其他心理障碍。

（二）大学生网恋的引导

1. 对待网恋态度应审慎

充分了解网恋的美丽与残酷、无奈与血泪，睁大眼睛识别对方与自己交往的真实目的，理智而不失分寸地对待发生在网络上的事。很多人抱着游戏的心态投入网恋，实则损人不利己。我们要有合理的心态与审慎的态度，进行网络交友。网络中你可以扮演任何一种虚构的角色，但那仅仅是游戏。只要迈出网络，就要遵守现实的规则，爱情也是如此，想象和虚构不可能产生美好的爱情。

2. 恰当对待网络交流

网络作为我们日常生活和工作的主要方式，我们一定要善加利用，将网络交流放在一个恰当的位置，使其服务于生活和学习而非影响我们的正常生活。网络对于大学生恋爱的利弊，关键在于大学生如何对待和使用网络。把网络交流作为一种辅助的交流手段，同时，通过书信、见面等渠道加强沟通，双方进行深入的了解，在慎重的基础上进行交友，可适当减少网恋的直接伤害。

总之，网恋美丽并残酷着，大学生要充分认识网络世界的虚幻性和险恶性，认清理想与现实的差距，对网络恋情多一分警醒，少一分沉醉，时刻保持高度警惕性，保护自己，避免走向极端的网恋。

案例总结

网络学习益处多

陈明来自贵州的偏远农村，是深圳某职业院校大二计算机专业的学生。中学时，由于家里条件有限，他很少接触电脑。到了大学，他对电脑充满了好奇，于是选择了计算机专业，每次课堂上他都认真听课，不懂就问老师，想一探电脑与网络之间的奥秘。从入学起，他就很想拥有一台属于自己的电脑，于是他在电脑维修点勤工助学，每天省吃俭用，终于在大二买了一台二手电脑。

网络世界是一个知识的海洋，陈明通过网络学习知识面迅速扩大，视野日益开

阔,学习兴趣也随之增加。他通过网络学习了很多电脑的相关知识,学习软件设计,平时拆装电脑,还帮同学维修电脑。久而久之,其他宿舍的同学也来找他修电脑、换系统。一说到电脑,陈明很是自豪:没有我解决不了的问题。

分析: 陈明的成就感在于充分利用了网络的优点。网络可称之为大学生的百科全书,寻找学习资料,可以通过网络。有效使用网络辅助学习,如果在平时学习中遇到专业的问题不能独自解决,只需通过各种搜索引擎输入相关的关键词,便能非常快捷地从网络上找到自己需要的信息,而这些便捷,都是书本无法给予的。这种简便与快捷,使得网络在大学生日常学习生活中被广泛使用并逐渐发挥着越来越重要的作用。

 活动与训练

网络行为调查

一、活动目标

了解自己的网络使用情况,以加强合理使用网络的意识。

二、规则与程序

(一) 活动时间

建议用时 20 分钟。

(二) 活动准备

准备 A4 纸、笔若干。

(三) 活动步骤

1. 请大家在 A4 纸上填写以下内容:

(1) 每周平均上网时间:_____。

(2) 上网一般做什么:_____。

(3) 每周平均花费多少钱:_____。

(4) 上网后(从网吧出来)的心情一般是:_____。

2. 小组交流,分析各自上网情况。

三、总结

讨论与总结,合理上网的时间安排、内容安排、花费安排,并讨论如何合理使用网络。

 思考与练习

> 1. 简述互联网的概念及特点。
> 2. 请你评价一下互联网对大学生心理、行为以及生活影响的利弊。

9.2 约束自我，规避网瘾

名人名言

网络正在改变人类的生存方式。

——比尔·盖茨

 学习目标

1. 理解大学生网络成瘾的症状与类型。
2. 掌握网络心理问题的调适方法。

 导入案例

网游高手，毕不了业

在某职业学院就读的张军是个网络游戏高手，他除了大一时还认真上课外，后来大部分时间都泡在网吧里。张军玩星际争霸、传奇、CS、王者荣耀等游戏是出了名的，网吧还经常给他留座位。但他付出的代价是：钱包瘪了，学费交不起；几乎门门功课挂科要重修，学位证拿不到；如果不交齐学费，连毕业证也成了问题。

分析： 在网络游戏中，人们可以随心所欲，想杀人就杀人，想放火就放火。或许正是由于这种自由，才使得那么多人深陷其中。由于网络游戏充满刺激、惊险和浪漫，通过网游人们可以发泄对现实社会的不满，在虚幻的网游中获得满足。但殊不知，网络成瘾正在一步步断送自己的学业和未来。

 一、网络成瘾的概念

网络成瘾的概念是由美国精神病学家伊凡·戈登伯格首先提出的。它是指由重复的对于网络的使用所导致的一种慢性或周期性的着迷状态，并带来难以抗拒的再

度使用之欲望,对于上网所带来的快感会一直有心理与生理上的依赖。网络成瘾在研究中又称为"病理性互联网使用"。这是一种多维度的综合征,包括认知和行为的诸多症状,这些症状可能导致如社会退缩、逃学、孤独、抑郁等社会性、学业、健康等方面的消极后果。病理性互联网使用可能具有下列症状:如使用互联网改变心境,无法承担主要的社会责任、内疚、上网欲望强烈等病理性特征,但这些词汇的内涵却具有一致性,比如互联网使用的耐受性提高、社会退缩、内疚、上网欲望难以抑制等(如图9-2所示)。

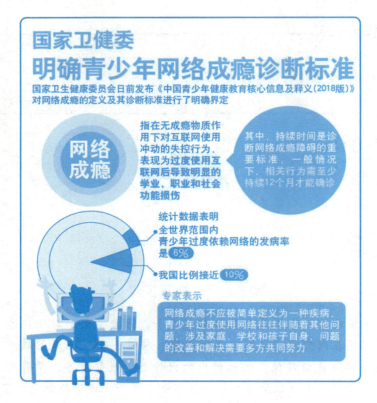

图9-2 国家卫健委网瘾标准

二、网络成瘾的特征

据美国的一份研究报告指出,网络成瘾患者通常漠视现实生活,早上起床后就有上网的欲望,晚上睡觉时也梦见白天浏览的内容。患者多沉溺于网上聊天和网上互动游戏,几乎不理会现实生活的存在。刚开始时,患者会出现上述精神上的依赖现象,到后来可以发展为躯体上的依赖,出现一系列的生理症状,如情绪低落、头昏眼花、双手颤抖、疲乏无力、食欲不振等。网络成瘾患者,主要表现为以下几方面的症状:

第一,网瘾越来越大,需要不断增加上网时间才能达到同样的满足程度。沉迷网络,甚至茶不思饭不想。

第二，如果一段时间（从几个小时到几天不等）不上网，如碰上停电或上网工具出现故障等情况，就会不自觉地焦虑起来，内心烦躁，不知所措，丧失安全感。

第三，情感冷漠。长期沉醉在虚拟世界中，对于现实其他事情漠不关心，对外界刺激缺乏相应的情感反应，缺乏进取意识，性格变得孤僻，对亲友冷淡，对周围事物失去兴趣，面部表情呆板，内心体验缺乏，与其他人关系紧张。总之就是对网络以外的一切事物漠不关心。

第四，交际圈变窄，正常的社交、学习、职业和生活变得无序，经济和情感的稳定性受到严重威胁。虽然也能意识到上网带来的严重问题，但是无法克制，仍然继续花费大量的时间上网。网络成瘾者逐渐将生活交际的范围转入虚拟空间，现实人际关系逐渐疏远。生活中常出现"当面无话可说，网上滔滔不绝"的现象。在网上可以用网名取代真实姓名，使得沉迷网络交流的一部分人感觉相对自由，可以什么都讲无须掩饰。而现实交流是面对面的真情实感下的情境，除运用语言，还需要肢体动作、面部表情等媒介，使得网络成瘾者难以适应，出现交际障碍，导致现实中的交际圈变窄。

第五，时间失控，自我控制力弱。这主要表现在网络成瘾的反复性上。经过一段时间的控制和戒断后，网络成瘾的行为会反复发作，并且一次比一次强烈，上网频率与时间比预先计划高。例如，经常说"再过五分钟就断网"，但缩短上网时间的努力总是以失败告终。

三、网络成瘾的类型

1. 网络交际成瘾

长时间沉迷于与网友网上聊天，忽视现实情境中的人际交往，尤其是对身边的家人，亲戚少有关心。

2. 网络游戏成瘾

迷恋各种网络游戏，与计算机进行游戏比赛或借助网络与其他人在网上联机进行对抗游戏。沉迷网络游戏将大部分时间、经历、金钱花费在虚拟世界中，满足于追寻虚拟世界的成功感却影响了现实生活中应有的追求。

3. 网络色情成瘾

迷恋网上的色情图片和影像，沉迷于观看、下载色情作品。

4. 网络恋爱成瘾

迷醉在网络创造的虚幻的、浪漫的网恋中。

5. 网络信息成瘾

痴迷于手机、平板等电子产品的 APP 软件下载，在网络上下载、收集大量信息，无目的地收藏、堆积、传播这些信息。

6. 网络购物成瘾

重复性地利用网络购置商品，购置的商品不是满足日常生活需要，而是通过网上购物行为，使自己产生快感以及心理上的依赖。

7. 移动网络成瘾

移动网络的主要载体是智能手机，手机上网便利，不受时间和地点的限制，导致"手机控"等大批网瘾患者产生。

四、网络心理问题的调适

（一）网络成瘾问题的调适方法

1. 增强自我约束能力

网络成瘾者要加强对不良情绪的调节，保持健康的情绪。克服网络成瘾是一个艰苦的过程，没有良好的意志、品质，很难戒除。作为学生，我们要端正学习态度，合理使用网络。把互联网当作一种工具来使用，从网上获取各种学习、生活方面的信息，这种有目的性的使用极大地减少了对互联网的不当使用或滥用，减少了"网络成瘾"的可能性。大学生要增强自己的自信心，提高自我认同度，减少不正当的网络使用，即使出现了网络心理问题，也要坚信自己能够克服。

2. 与家人、老师、同学建立良好的人际关系

在现实生活中要获得大家的理解与支持，在与他人相处时，就要克服凡事都要完美的个性，给自己和他人留些空间。要多用欣赏的眼光看世界，学会去爱，从而促使自己拥有博大的胸怀，获得别人的尊重与信任。

3. 限定时间

通过控制上网时间，使自己处于合理的网络使用状态。上网前先限定目标，缺少明确目标，则极易被网络牵着鼻子走，如花两分钟时间将上网要完成的任务列在纸上，再限定上网时间，设置闹铃提醒自己，这样就能有效控制上网时间。

4. 建立同伴依恋

大学生的同伴依恋是指建立起来的、双方互有的亲密感受以及相互给予温暖和支持的关系。形成安全依恋关系的大学生具有较好的社交技巧，能够寻求朋友或情侣的支持，从而促进心理和行为健康发展。而没有亲密朋友的大学生体验到更多的孤独，更容易沮丧、焦虑，自尊水平也相对较低，从而可能更多地依赖网络来娱乐和社交。因此，我们要积极建立同伴关系，将网络交际的时间花在现实交往中，学会与同伴相处，真诚待人，相信你一定会收获自己的友谊。

5. 丰富自己的业余生活

寻找新鲜、有趣、快乐的现实体验来取代网络虚拟的刺激，挖掘自我优势，找准自身亮点，打造理想自我，驱除网络诱惑。阅读专业或感兴趣的书籍等，是确保心灵健康的秘诀；跑步、游泳等运动，强身健体，改善心情，淡化网瘾；闲暇时光，约上几位知己，外出爬山、郊游、骑车等，开阔视野，陶冶情操，磨炼意志，增强抵抗力。

（二）大学生健康网络行为

大学生的健康上网行为，是指大学生对互联网的使用从外控到内控，形成有节制的上网行为，从而获得对学习、生活和身心发展有益的结果，主要包括以下八点。

（1）抵制不良：不登录黄色、暴力等不良网站，主动限制浏览不良网页及信息。

（2）不可沉迷：合理使用网络，做到不沉迷游戏、不依赖、不成瘾。

（3）不扰常规：遵守网络行为规则，提示自己和周围人们，上网不要影响正常的学习生活，不得带来消极影响，更不能有害于他人。

（4）控制时间：由家长、班主任和学生干部帮忙限制、控制上网的时间。

（5）健康时限：给定一个上网的"健康"时间范围和限度，轻松上网，但要能自觉控制自己。

（6）放松身心：学会一些其他的愉快身心、释放压力、调节自己的方法，并用于实际行动中。

（7）辅助学习：利用互联网，大部分用在学习上，帮助自己学习、拓展知识面。

（8）长远获益：要从长期发展的角度，规划自己的上网行动，充分发挥网络学习和交往的正面作用，给学习、生活和身心带来积极的影响，有益于未来的职业发展。

总结案例

一个网聊者的心声

网络上的人，大多数都是孤单寂寞的。毕竟上网的时候，除了面对冷冰冰的、带有辐射的电脑屏幕，和外界基本上是隔绝的。写下一段文字，是在给自己看，也在给想看的人看。孤芳自赏、顾影自怜的人想想其实蛮可怜的，因为那根本就是在自言自语，并没有得到交流。而很多人在网上聊天越久，就越觉得失落。柏拉图式的天马行空、侃侃而谈之后，再面对柴米油盐、水电煤气之类的生活琐事，仿佛有恍如隔世的感觉。之所以会感觉到冷，那是因为曾经温暖过；之所以会失落，那是因为曾经投入地聊过，然后有种被掏空的感觉。电脑一关，又是形影相吊，一身孑然。

活动与训练

网瘾调查

一、活动目标

准确判断自己的网瘾程度。

二、规则与程序

（一）活动时间

建议用时 20 分钟。

（二）活动准备

准备 A4 纸、笔若干。

（三）活动步骤

1. 独立完成下面的问卷调查。
2. 根据自己的网瘾程度，制订出自我改善计划。

三、总结

网瘾是可以成功戒掉的。戒除的关键是调适网络心理。要认识到网瘾的危害，找到上网成瘾的心结所在，通过培养自控力、调整上网行为等逐步摆脱对网络的依赖。重要的是必须投入到现实生活中，通过社会实践来磨炼自己，最终戒除对网络的迷恋，让生活走上正轨。

网瘾情况调查问卷

一、活动目标

了解个体网瘾的情况。

二、规则与程序

这是一份用于调查网瘾情况的问卷，目的是对个体的网瘾情况加以评估。为了确保结果的科学性、准确性，希望你能够根据自己的实际情况，判断每一条陈述与自身情况的符合程度，并将相应的选项填入每道题中（A——完全不符合；B——不太符合；C——一般；D——比较符合；E——完全符合）。需要注意的是，不要在每道题目上花费太多的时间，按照自己的最初感觉回答。答案没有好坏之分，请根据你的实际情况实事求是地回答。此次调查与你的学业无关。

（　　）1. 同以前相比，我上网的时间越来越长了。
（　　）2. 不上网的时候，我会幻想和上网有关的事情。
（　　）3. 当有苦恼、焦虑、烦躁、沮丧等不良感觉时，我就会上网，会感觉好一些。
（　　）4. 我上网的时间往往比计划的时间要长。
（　　）5. 为了上网，我会减少其他娱乐的时间。
（　　）6. 尽管经常上网，但我的学习成绩并没有下降。
（　　）7. 我上网的时间和以前相同，但心里已经感到不满足了。
（　　）8. 减少上网的时间对我而言无所谓。
（　　）9. 当情绪低落时，上网会使我变得心情舒畅。
（　　）10. 我觉得在网上时间过得很快，不知不觉就超过了自己预想的时间。
（　　）11. 因为上网，我减少了学习的时间。
（　　）12. 我上网的次数并没有增加。
（　　）13. 虽然知道上网会影响学习，但我还是继续上网。
（　　）14. 如果有一段时间停止上网，我会感到坐立不安。
（　　）15. 我从来没有梦到过关于网络的事情。
（　　）16. 我发现上网是使自己心情放松的好方法。
（　　）17. 上网时，我发现自己会想"只要再过几分钟就下线"，结果真的就做到了。
（　　）18. 我想方设法让自己的计算机上网速度更快。
（　　）19. 我决定花较短的时间上网，但后来才发现好几个小时已经过去了。
（　　）20. 当我想减少自己上网时间的时候，总能做到。
（　　）21. 突然停止上网，我就会变得烦躁不安。
（　　）22. 当我在网上感到疲劳时，我会立刻下线休息。
（　　）23. 想上网的念头一直困扰着我，使自己烦躁不安，因此我会去上网。
（　　）24. 我会情不自禁地想起网上发生的事情。
（　　）25. 当我觉得心情烦躁时，即使上网也不会使我减轻这种感受。
（　　）26. 由于长时间坐在计算机旁，肩部或身体其他关节痛，但这并不影响我继续上网。
（　　）27. 我能严格遵守父母或者自己规定的上网时间。
（　　）28. 虽然很饿了，但我还是会把网上的事情处理完后再吃饭。
（　　）29. 我从来没有参与过网上虚拟物品的交易（包括点卡、游戏道具、账号等）。
（　　）30. 我能够有计划地控制自己的上网次数。

（　　）31. 因为上网，我在室内待着的时间越来越长了。
（　　）32. 不上网的时候，我的手指会不经意地做出敲击键盘的动作。
（　　）33. 我减少了拜访朋友的时间而宁愿在网上逗留。
（　　）34. 上网后我就忘记了时间。
（　　）35. 我常常和周围人交流使用网络的心得。
（　　）36. 我从来没有因为上网的原因而与父母、老师等长辈产生过争执。
（　　）37. 我常常能找出一些理由，使我更多地使用网络。
（　　）38. 我从没有因为上网而缺过课。
（　　）39. 我觉得没有必要去为使用网络而特意更新计算机配置。
（　　）40. 家人抱怨我花了太多的时间上网。
（　　）41. 当我从网上离开时，我并没有不舒服的感觉。
（　　）42. 一天中我常会多次查看自己感兴趣的网站、论坛以及自己的电子邮箱。
（　　）43. 学习很忙时，我就不会上网了。
（　　）44. 比起面对面地与人交流，我更愿意在网上与人交流。
（　　）45. 我对自己上网所花的时间感到内疚。
（　　）46. 我会趁家人不在家时上网，这样会感觉比较轻松。
（　　）47. 我会因上网错过吃饭、上课或与同学在一起的时间。
（　　）48. 我没有向周围的人隐瞒过我上网的实际情况（包括在线时间、上网次数等）。
（　　）49. 即使减少或者停止上网一段时间，我也不会因此有丝毫不适的感觉。
（　　）50. 上网的时候，我很想知道网上发生的事情。
（　　）51. 下线不久后我就又想上网了，尽管才过了很短的时间。
（　　）52. 我从来不会通宵上网。

三、计分方法

1. 本量表采用5级评分，共52题，总分260分。其中，1分——完全不符合；2分——不太符合；3分——一般；4分——比较符合；5分——完全符合。分值越高，网瘾的程度越严重。

2. 分级。

（1）95分以下：较少使用网络者。

（2）96~162分：正常网络使用者。

（3）163~196分：Ⅰ级轻度网络成瘾者，即网络迷恋。

（4）197~230分：Ⅱ级中度网络成瘾者，即网络沉溺。

（5）231分以上：Ⅲ级重度网络成瘾者，即病理性网络成瘾。

3. 各级别的对应症状

Ⅰ级轻度网络成瘾（网络迷恋）：了解迷恋网络的危害性，在一定程度上能节制自己的上网行为，尚有一定的自我控制能力。常常由于非学习的需要而较长时间使用网络，已明显影响学习和生活。被迫中断上网时情绪烦躁。因为使用网络，减少了现实中的人际交往和社会交往，故热衷于发展网上社交关系。

Ⅱ级中度网络成瘾（网络沉溺）：由于非学习的需要长时间过度使用网络，对学习、生活已产生严重影响。被迫中断上网时会出现焦虑情绪与食欲睡眠不佳等失调症状。对沉溺网络的危害性认识模糊，难以节制自己的上网行为，自我控制能力薄弱。专注于网络的虚拟世界，常常把虚拟世界当做现实世界。由于过度使用网络，明显损害生理健康，有明显的躯体不适症状。

Ⅲ级重度网络成瘾（病理性网络成瘾）：持久而频繁反复发作的上网行为已在个人生活中占据主导地位。对上网有一种难以控制的强烈渴望，脑海里不断浮现上网的想法、行为以及网上的场景，丧失了对于上网行为的自我控制意识和能力。被迫中断上网时，焦虑不安或抑郁并可伴随严重的躯体化反应。上网行为已对学习生活和家庭生活造成严重损害。为了获取上网时所需金钱而撒谎甚至偷窃、违法。完全混淆了虚拟世界与现实世界。上网目的不在于自娱（网上游戏）、沟通（网上聊天）、收集有用信息（网上下载）、购买所需物品（网上购物）或满足性欲（浏览色情网站），而仅仅是为了获得难以遏制的心理上的自我满足。

思考与练习

1. 结合实际，谈谈大学生网络成瘾的表现。
2. 试举例说明网络心理问题的调适方法。

模块十　敢问路在何方
——择业与准备

🌸 模块导读

随着就业压力的日趋增大,如今对于找工作,许多大学生感慨:"怎一个难字了得!毕业了,我们的工作在哪里?"招聘会上潮水般拥挤的人群,怀揣着一份份简历的毕业生,一双双混沌的眼睛……现实就是这样残酷,明天要比我们想象的艰难得多。对于高职院校的大学生来说,如何在未来的职场中有立足之地?如何有效应对工作中的问题?如何协调好人际关系?是每个大学生必须要思考的问题。高尔基曾经说过,真正希望过"很宽阔、很美好的生活",就创造它吧。和那些正在英勇地建立前所未有的宏伟事业的人手携手地去工作吧。在生活中,积累了许多美好的实际工作,会使我们的土地富饶,把人从偏颇、成见和迷信中解放出来。只有去创造、去工作、去创建自己的事业,才能有"很宽阔、很美好的生活"。

为了更好的就业,实现自己的人生价值,从入学那一刻就需要开始历练自己,提升自己的能力。业精于勤,荒于嬉;行成于思,毁于随。在人生的道路上,我们毫不迟疑地选择勤奋,只要我们拥着勤奋去思考,拥着勤奋的手去耕耘,拥抱勤奋的心去对待工作,浪迹红尘而坚韧不拔,那么,我们的生命就会绽放火花,让人生的时光更加闪亮而精彩。

模块十

敢问路在何方——择业与准备

10.1 做好就业准备，正确定位自我

名人名言

人生是短促的，这句话应该促醒每一个人去进行一切他所想做的事。虽然勤勉不能保证一定成功，死亡可能摧折欣欣向荣的事业，但那些功业未遂的人，至少已有参加行伍的光荣，即使他未获胜，却也算战斗过。

——约翰逊

学习目标

1. 了解职业，认识自己的职业需求。
2. 理解影响职业选择的个性心理因素。
3. 把握专业、学业、职业的关系。

 导入案例

小陈的工作目标

小陈毕业后并没有明确的工作目标。他觉得工作的目的是赚钱，所以找工作只要薪资高就可以了。和其他同学相比，他可以说是幸运的，毕业后很快就找到了一份待遇很不错的工作。刚开始进入公司的时候，小陈还是很有工作热情的，可一段时间下来，他觉得所从事的工作并不是自己的兴趣所在。但考虑到已经错过了找工作的最佳时机，他也只好硬着头皮做下去了。

分析：小陈把薪资作为评判某一工作好坏的唯一标准，而忽视了工作是否适合自己、是否专业对口等问题，结果导致自己在职业选择上做出错误的决定。尽管有些工作给的薪金很高，但高的报酬意味着更高的要求和更大的责任。专业不对口、技术水平不过硬、知识存储不够等问题成为困扰着许多择业欠妥的毕业生的重要因素。因此，大学毕业生在选择职业时一定要慎重对待，综合考虑职业要

求、专业是否对口、工作地点、环境和薪资等各种因素，最终作出恰当的选择。千万不能盲目追求高薪而忽略其他因素，做出错误的选择以致进退两难、后悔不已。

一、职业概述

（一）国家职业分类

1. 职业的含义

职业是指从业人员为获取主要生活来源而从事的社会性工作类别。职业必须同时具备下列特征：一是目的性，即职业以获得现金或实物等报酬为目的；二是社会性，即职业是从业人员在特定社会生活环境中所从事的一种与其他社会成员相互关联、相互服务的社会活动；三是稳定性，即职业在一定的历史时期内形成，并具有较长的生命周期；四是规范性，即职业必须符合国家法律和社会道德规范；五是群体性，即职业必须具有一定的从业人数。

2. 我国职业分类的基本结构

职业分类是指按照职业的工作性质、活动方式等异同，对社会职业及其类别所进行的系统划分和归类。所谓工作性质，即一种职业区别于另一种职业的根本属性，一般通过职业活动的对象、从业方式等的不同予以体现。职业分类的目的是要将社会上纷繁复杂、数以万计的现行工作类型，划分成类系有别、规范统一、井然有序的层次或类别。

我国的职业分类结构包括四个层次，即大类、中类、小类和细类，依次体现由大到小的职业类别。细类作为我国职业分类结构中最基本类别，即职业。2015新版《中华人民共和国职业分类大典》将我国社会职业归为 8 个大类、75 个中类、434 个小类、1481 个职业。

八个大类分别是：

第一大类：党的机关、国家机关、群众团体和社会组织、企事业单位负责人；
第二大类：专业技术人员；
第三大类：办事人员和有关人员；
第四大类：社会生产服务和生活服务人员；
第五大类：农、林、牧、渔业生产及辅助人员；
第六大类：生产制造及有关人员；

第七大类：军人；

第八大类：不便分类的其他从业人员。

(二) 职业分析

一般而言，职业分析的任务是分析、确定一种职业的职责范围、工作内容、活动程序、动作方式、环境条件、与其他职业的关系、报酬体系、职业发展的途径和组织文化，以及对任职者的生理、心理特点的各种要求。从管理学的角度看，职业分析就是根据组织目标设置合理的职位，并为各职位中角色的工作要求做出明确的规定。为了进行工作分析，就必须收集各职业工种的信息。职业分析的结果要阐明职业工种的内容特点和对任职者身心素质的特殊要求。所以，职业分析是确定自我职业定向最基础的环节。

案例10.1

与期望值不符

毕业生小赵来自云南罗平，直到当年3月份还未落实工作单位。刚好有一家制药厂要他，专业对口，单位又在家乡。然而他本人的择业意向却是：单位地点必须在昆明市，至于到昆明的什么单位、具体做什么工作都无关紧要，除此以外，什么单位都不考虑。在这种心态下，结果自然难以如愿。

分析： 小赵的思想在当前毕业生中具有一定的代表性。不少毕业生过于向往经济发达地区，尤其是沿海地区的大中型城市，最低的期望也是回自己家乡所在地的中心城市。他们只注重这些地方经济文化发达、工作环境优越的一面，而忽视了人才济济、相对过剩的一面。择业期望值居高不下，甚至还有逐年上升的趋势，从而导致主观愿望与现实需求之间的巨大落差。

二、职业选择与个性心理因素

(一) 个性分析

大量研究证明，人的个性特征与所从事职业特征之间的适应程度，是影响事业成功的重要因素之一。从事符合个性特征的职业，在事业上获得成功的可能性最大。个性分析，主要是采用心理测量方法，鉴别人们之间的个性差异和个人的个性特征，为实现"人职匹配"和职业发展提供心理学上的依据。人的个性特征和职业的要求都不是一成不变的。个性是在人与环境的相互作用中不断发展的。人的心理总是处于一种动态的发展过程中，这不但符合人的心理发展规律，也符合以变化为特征的现代社会中职业的要求，因而个性与职业的匹配也不是一次就可以完成的，多次的

职业选择构成了现代社会中个人的职业生涯。职业的迅速变化，使得对从业者的要求从单一的适应转向不仅要适应，更要发展。因而，职业选择贯穿一生，从发展的角度来研究职业选择变得很重要。个性和职业的不断发展将打破人们把职业选择看成个人生活中在特定时期出现的单一事件的片面观点，使人们认识到职业选择是一个不断选择的过程，也是发展个人职业认识的过程。

（二）职业选择的影响因素

1. 职业理想与兴趣

职业理想决定了努力的方向，有目的才有奋斗的方向。职业理想是一个明确的目标而不是模糊的行业概念。而职业兴趣决定的是这个职业你是否喜欢。职业兴趣是指个体对是否喜爱某一职业等有关职业选择与态度方面的情绪倾向，是个人进行职业活动的契机和驱动。

理想在客观上确定了你要做什么（因为你要实现理想），而兴趣是在主观上确定你的职业偏好。当理想和兴趣发生冲突时，要么根据兴趣调整理想，要么依据理想培养兴趣。兴趣是影响个人择业最主观的因素，也是判别一个职业是否适合自己的关键因素，所以大学生在择业时一定要充分考虑自己的兴趣。另外，职业兴趣是可以通过职业测评来确定的。

2. 个人职业能力

职业能力是决定你是否能够胜任这个职业的关键因素。职业能力指影响你做好一份职业、影响你在职业上发展的能力，而不是指个人的所有能力。职业能力倾向描述要素主要包括以下几个方面。

（1）一般智力：主要指学习能力，即获取、领会和理解外界信息的能力，以及分析、推理和判断的能力。

（2）表达能力：以语言或文字方式有效地进行交流、表述的能力。

（3）计算能力：准确而有目的地运用数字进行运算的能力。

（4）空间感：凭思维想象几何形体和将简单三维物体表现为二维图像的能力。

（5）形体知觉：觉察物体、图画或图形资料中有关细微差别的能力。

（6）色觉：辨别颜色的能力。

（7）手指灵活性：迅速、准确、灵活地运用手指完成既定操作的能力。

（8）手臂灵活性：熟练、准确、稳定地运用手臂完成既定操作的能力。

（9）动作协调性：根据视觉信息协调眼、手、足及身体其他部位，迅速、准确、协调地做出反应，完成既定操作的能力。

（10）其他。

从事任何一种职业，要求从业人员必须具备相应的能力，既要有一般能力，又要有职业能力，如教师要有严谨的专业知识储备，还要有较强的语言表达能力；画家要有绘画技巧和能力，还要有想象与创造能力等。因此，大学生在择业时，必须要考虑自身的能力与职业相吻合，并有意识地不断补充自己不足的能力，从而找到适合自己的职业。

案例10.2

小赵的迷茫

对前途充满迷惑的郑州某高职院校学生小赵，是大三学生。他说自己是个内向的人，不擅于人际交往，不自信，对什么事都兴趣不大。自己心情总是时好时坏，特别讨厌自己。例如，最近一段时间总是很难受，想到"自己存在有什么必要"的问题，感觉压抑、恐怖、厌学等，对很多事情都提不起兴趣。这种感觉在中学时也有过，上高职后感到越来越严重，致使听课安不下心，作业也懒得完成。临近毕业他越来越烦躁，经常问自己：毕业后能干什么？拿着大专文凭能找到什么好工作？自己有什么能力？就是这样，每做一件事总是犹豫不决，问号太多，拿不定主意。看着同学都在为毕业找工作忙碌，而自己却六神无主。

小赵同学当前面临的主要问题是什么？他应该怎么办？

3. 人格特征

美国职业指导专家霍兰德（Holland）于20世纪60年代所创立的"人格类型论"是在"特性－因素"论的基础上发展起来的。这一理论一方面源于人格心理学的概念，认为职业选择是个人人格的反映和延伸，另一方面则源自霍兰德本人和职业咨询经验，经过大量的研究形成了一套系统的职业指导模式。经过几十年的研究，100多次的大规模实验，他于1959年提出了具有广泛社会影响大的职业兴趣理论。认为人的人格类型、兴趣与职业密切相关，兴趣是人们活动的巨大动力，凡是具有职业兴趣的职业，都可以提高人们的积极性，促使人们积极地、愉快地从事该职业，且职业兴趣与人格之间存在很高的相关性。霍兰德认为人格可分为现实型、研究型、艺术型、社会型、企业型和常规型六种类型。多数人都属于上述六种人格类型中的某一种类型。一般地说，人们总是寻求能够发挥自己知识、技能、能力的环境，同时要寻求能够发展他们的态度和价值，以及与自己相适合的职业环境。

知识链接

霍兰德职业兴趣理论

约翰·霍兰德（John Holland）是美国约翰·霍普金斯大学心理学教授，美国著名的职业指导专家，如图10-1所示。通过对自己和他人职业生涯的深入研究，他于1959年提出了具有广泛社会影响力的职业兴趣理论，即"人职匹配理论"。

霍兰德认为人的行为是由其人格与环境相互作用所决定的。对六种人格类型的特征和与其相对应的职业环境，霍兰作过一番分析。具体内容如表10-1所示。

图10-1 约翰·霍兰德

表10-1 人格特征与适从职业

序号	人格类型	主要人格特征	适合从事的主要领域和职业	
			主要领域	主要职业
1	实际型R	不与人来往的（害羞的），随和的，直率的，真诚的，男子气概的，唯物主义的，不加做作的（自然的），正规的，坚定的，节俭的，缺乏洞察力的，重视具体事情的	各类工程和农业	共列出151种职业，主要有：机械、汽车、土木、采矿、等方面的工程师和技术员；机械操作、电工、木工、鞋匠等，公共汽车出租汽车、工业卡车的司机；轮船、火车驾驶员测绘员、描图员、消防队员等；农业机械司机、牧民、渔民等
2	研究型I	分析的，谨慎的，批评的，好奇的，独立的，聪明的，反省的，思想内向的，有方法的，被动的，悲观的，精确的，有理解力的，冷淡的，安守本分的，缺乏领导才能的	物理、数学、化学等学科	共列出69种职业，主要有：物理、化学、数学、生物学、动物学、植物学、天文学、地理学、心理学、病菌理学、经济学、人类学等方面的专家和助手；化学、收音机电子、冶金、无线电和电视等方面的工程师和技术人员；飞机驾驶员、电子计算机操作人员等

·196·

续表

序号	人格类型	主要人格特征	适合从事的主要领域和职业	
			主要领域	主要职业
3	艺术型A	思想复杂的，缺乏条理的，易动感情的，娇柔的（女子气的），理想主义的，有想象力的，不切实际的，冲动的，独立的，反省的，直观的，不随和的，有创造力的	艺术、音乐、戏剧、语言和写作	艺术、音乐、戏剧、外语、文学、舞蹈等方面的教师；歌唱家、舞蹈家、乐队指挥；哲学家、作家、戏曲学家、艺术家等；编辑、广播节目作者；艺术、家具、珠宝等的设计师；文学、艺术等方面的评论员等共26种
4	社会型S	占支配地位的，协作的，娇柔的（女子气的），友好的，慷慨的，喜欢帮助别人的，理想主义的，有洞察力的，传递的，活跃的，负责任的，爱社交的，老练的，有理解力的，重视社会、伦理活动和问题的，缺乏自然科学和技术能力的	教育和社会科学	共列出86种职业，主要有：社会科学、历史、体育等方面的教师，保育员，教育行政人员；社会科学，政治科学，社会学、历史学等方面的专家；政治工作人员，职业护士；社会服务指导，体育教练；仪器戏院、酒店、旅社的经理；房屋管理人员；发型师，牙科助手，福利人员等
5	企业型E	渴望获得能力的，好冒险的，有雄心壮志的，好争辩的，依赖的，飞扬跋扈的，精力旺盛的，好表现自己的有感情的，冲动的，乐观的，寻求快乐的，爱社交的，健谈的，注重政治和经济成就的，缺乏自然科学和技术能力的	管理和政治科学	共列出67种职业，主要有：家具、杂货、艺术品、礼品、零售等商人；分店、农场、家庭用品店的经理；工程师；律师；市场和商业系统分析专家；银行、固定资产的工作人员；工业关系指导、管理助手；供销人员、售票员；政府官员；无线电和电视播音员等
6	传统型C	随和的，认真的，提防的，有能力的，坚定的，自我约束的，服从的，有条理的，坚持不懈的，实事求是的，过分拘谨的，镇定的，缺乏想象力的，重视事业和经济成就的	会计、出纳、统计、外贸等学科	共列47种职业，主要有：会计、出纳、统计人员；计时、工资、打字的人员；办公室人员；秘书和文书；商业教师；图书馆助理；旅游、外贸职员、邮差、接线生、保管员、书刊销售员、财政专家、审计人员、人事职员等

霍兰在实验中发现，尽管大多数人的人格类型可以划为某一类型，但个人又有着广泛的适应能力，他们的人格类型在某种程度上也与另两种人格类型相似，则也能适应另两种职业类型的工作。

霍兰用一个六边形简明地描述了6种类型之间的关系（如图10-2所示）。

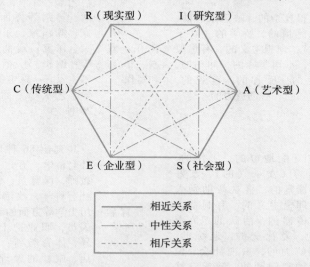

图10-2 人格特征与适从职业的关系

最理想的职业选择就是个体能找到与其人格类型重合的职业环境，如艺术型的人在艺术型的职业环境中工作和学习，称为协调。个体在协调的工作环境中工作，容易感到乐趣和内在的满足，最后充分发挥其特长和能力。若个体不能获得与其人格类型重合的职业，则寻找与其人格类型相近的职业环境，即两种类型之间有较高的相关系数，如现实型人格的人在研究型的职业环境中（在男性中，其相关系数为0.39，女性中相关系数为0.50），他们经过努力，能适应其职业环境，称为次协调。然而，若个体选择与其人格类型相斥的职业环境，则既不可能感到乐趣，也很难适应，甚至无法胜任工作，这称为不协调，如传统型人格的人在艺术型的职业环境中（男性相关系数只有0.07，女性只有0.05）。

4. 气质类型

气质是指人典型的、稳定的心理特点，包括心理活动的速度（如语言、感知及思维的速度等）、强度（如情绪体验的强弱、意志的强弱等）、稳定性（如注意力集中时间的长短等）和指向性（如内向性、外向性）。生活中，有这样一种现象：教师爱说教，医生有洁癖，律师爱较真等等，这是为什么呢？也有人用"职业病"来形容这种现象。但如果有人选择了医生职业却性情暴躁，缺乏耐心；选择了汽车推销员的工作而羞于表达，缺乏沟通技巧等，这样就失去了职业原有的色彩，将很难持续。这是由人们的气质与所从事的职业相适应而形成的一种现象。大学生在择业时，要结合自己的气质类型，扬长避短，有针对性地选择与自己气质相称的职业。

（1）多血质型。属于活泼、好动、敏感的气质类型。多血质的人较适合做社交性、文艺性、多样化、要求反应敏捷且均衡的工作，而不太适应做需要细心钻研的工作。他们可从事范围广泛的职业，如外交人员、管理者、律师、运动员、新闻记者、服务员、演员等。

（2）胆汁质型。属于热情、直率、外露、急躁的类型。较适合做反应迅速、动作有力、应急性强、危险性较大、难度较高的工作。这类人可以成为出色的导游员、营销员、节目主持人、外事接待人员等。但不适宜从事稳重、细致的工作。

（4）抑郁质型。属于好静、情绪不易外露、办事认真的类型。抑郁质的人工作细心审慎、稳妥可靠，能够兢兢业业干工作，适合从事持久细致的工作，如技术人员、化验员、机要秘书、保管员等。而不适合做要求反应灵敏、处事果断的工作。

（3）黏液质型。属于稳重、自制、内向的类型。较适合做有条不紊、刻板平静、耐受性较高的工作，而不太适应从事激烈多变的工作。可从事的职业有外科医生、法官、管理人员、财务人员等。

三、专业、学业、职业与事业的关系

（一）学业包含专业，是职业与事业的基础

学业，是指学生在学习期间应该在德智体方面提升自己的诸多因素，不仅包括专业学习，更包括思想道德素质培养、文化知识技能掌握、个人综合素质提高等各方面。学业是职业、事业发展的基石。

（二）职业是学业的展现、事业的载体

只有在具体的职业、具体的工作岗位上，才能真正地认识自己、调适自己、完善自己，找准自己的职业定位，实现自己的职业理想。如果现有的职业不适合自己，可以适时调整，尝试从事多个职业，从中发现适合自己的职业。无论从事任何职业都要具有相应的职业责任和道德，因为职业是我们赖以生存和发展的载体。另外，也可通过职业生涯规划与职业指导精准获得职业定位，实现"人职匹配"，然后坚定实施，这也是学业、职业和事业互相协调一致的理想境界。

（三）事业是实现自身价值的目标

追求成功的事业，实现自身的价值，是每个学生的人生理想。要实现个人的价

值，也就会体现教育的价值，创造社会价值，达到个人、学校、社会协调发展的良好局面。这无疑是以个人优秀的学业、顺利的就业和适宜的职业选择为基础的。克服工作困难，提高职业满意度，在工作中实现自我价值，在职业中成就自我，在事业中创造未来。

小花的求职路

小花是安徽某高职院校的毕业生，刚开始找工作时，她对自己的就业前景非常有信心，因为她打算进一所国企，而上一届有两个学姐都顺利地进入了该国企。然而不久，她就发现前景不太妙，因为该国企不要专科，只要本科、研究生了。小花受到很大打击，开始变得焦虑，拼命投简历。

为了帮助小花尽快找到理想的工作，心理老师先从了解自己、了解职业、了解就业形势等方面对其进行了指导。小花重新调整了自己的就业思想，最终找到了一家网络公司。这是一家发展迅速的互联网公司，公司上下朝气蓬勃，正是小花所喜欢的那一类企业，现在小花已经在这家公司工作七个月了。

分析："先就业再择业"似乎是现在就业形势下逼不得已的对策，但许多用人单位会要求应聘者有相关的工作经历。像小花这样决定逮住什么工作做什么工作的人在求职的大学生中不在少数。他们往往是最初的期望太高，而一旦受到了现实的挫折，就乱了阵脚。好在心理老师的及时指导使小花重新调整了自己的就业思想，最终找到了自己喜欢的工作。

 活动与训练

模拟面试

一、活动目标

在模拟面试现实场景中，锻炼沟通交流能力与问题解决能力。

二、规则与程序

（一）活动时间

建议用时30分钟。

（二）活动准备

准备A4纸、笔若干，以及面试问答题目。

（三）活动步骤

1．教师介绍规则

任选职业，如针对幼儿教师职业，让学生分组组成模拟面试团队和园长进行角色扮演，熟悉模拟面试的场景与题目。参考题目如下：

（1）我们为什么要聘用你？
（2）为什么你想到这里来工作？
（3）这个职位最吸引你的是什么？
（4）你是否喜欢孩子？
（5）你是否愿意接受幼儿园派你去的班级和工作职位？
（6）谁曾经给你最大的影响？
（7）你将在这家幼儿园待多久？
（8）大学期间你取得过哪些令你自豪的成就？
（9）你能提供一些参考证明吗？
（10）从现在开始算，未来的五年，你想自己成为什么样子？
（11）谈谈你有和这份工作相关的能力或品质吗？
（12）你最低的薪金要求是多少？

2．审视自我

你希望从事什么职业？自我分析，并谈谈这些职业的特点。

三、总结

分享讨论，结合角色模拟的面试问题，讨论如何使自己更符合职业要求。

霍兰德职业兴趣测试量表及测试结果对照表

一、活动目标

测试并分析你的职业兴趣。

二、规则与程序

请根据对每一题目的第一印象作答，不必仔细推敲，答案没有好坏、对错之分。具体填写方法是，根据自己的情况回答"是"或"否"。

（　　）1．我喜欢把一件事情做完后再做另一件事。　　A．是　　B．否
（　　）2．在工作中我喜欢独自筹划，不愿受别人干涉。　　A．是　　B．否
（　　）3．在集体讨论中，我往往保持沉默。　　A．是　　B．否
（　　）4．我喜欢做戏剧、音乐、歌舞、新闻采访等方面的工作。　　A．是　　B．否
（　　）5．每次写信我都一挥而就，不再重复。　　A．是　　B．否
（　　）6．我经常不停地思考某一问题，直到想出正确的答案。　　A．是　　B．否
（　　）7．对别人借我的和我借别人的东西，我都能记得很清楚。　　A．是　　B．否
（　　）8．我喜欢抽象思维的工作，不喜欢动手的工作。　　A．是　　B．否
（　　）9．我喜欢成为人们注意的焦点。　　A．是　　B．否

(   ) 10. 我喜欢不时地夸耀一下自己取得的成就。　　　　　　　A. 是　　B. 否
(   ) 11. 我曾经渴望有机会参加探险。　　　　　　　　　　　A. 是　　B. 否
(   ) 12. 当我一个人独处时，会感到更愉快。　　　　　　　　A. 是　　B. 否
(   ) 13. 我喜欢在做事情前，对此事情做出细致的安排。　　　A. 是　　B. 否
(   ) 14. 我讨厌修理自行车、电器一类的工作。　　　　　　　A. 是　　B. 否
(   ) 15. 我喜欢参加各种各样的聚会。　　　　　　　　　　　A. 是　　B. 否
(   ) 16. 我愿意从事虽然工资少，但是比较稳定的职业。　　　A. 是　　B. 否
(   ) 17. 音乐能使我陶醉。　　　　　　　　　　　　　　　　A. 是　　B. 否
(   ) 18. 我办事很少思前想后。　　　　　　　　　　　　　　A. 是　　B. 否
(   ) 19. 我喜欢经常请示上级。　　　　　　　　　　　　　　A. 是　　B. 否
(   ) 20. 我喜欢需要运用智力的游戏。　　　　　　　　　　　A. 是　　B. 否
(   ) 21. 我很难做那种需要持续集中注意力的工作。　　　　　A. 是　　B. 否
(   ) 22. 我喜欢亲自动手制作一些东西，从中得到乐趣。　　　A. 是　　B. 否
(   ) 23. 我的动手能力很差。　　　　　　　　　　　　　　　A. 是　　B. 否
(   ) 24. 和不熟悉的人交谈对我来说毫不困难。　　　　　　　A. 是　　B. 否
(   ) 25. 和别人谈判时，我总是很容易放弃自己的观点。　　　A. 是　　B. 否
(   ) 26. 我很容易结识同性朋友。　　　　　　　　　　　　　A. 是　　B. 否
(   ) 27. 对于社会问题，我通常持中庸的态度。　　　　　　　A. 是　　B. 否
(   ) 28. 当我开始做一件事情后，即使碰到再多的困难，我也要执着地干下去。
　　　　　　　　　　　　　　　　　　　　　　　　　　　　A. 是　　B. 否
(   ) 29. 我是一个沉静而不易动感情的人。　　　　　　　　　A. 是　　B. 否
(   ) 30. 当我工作时，我喜欢避免干扰。　　　　　　　　　　A. 是　　B. 否
(   ) 31. 我的理想是当一名科学家。　　　　　　　　　　　　A. 是　　B. 否
(   ) 32. 与言情小说相比，我更喜欢推理小说。　　　　　　　A. 是　　B. 否
(   ) 33. 有些人太霸道，有时明明知道他们是对的，也要和他们对着干。
　　　　　　　　　　　　　　　　　　　　　　　　　　　　A. 是　　B. 否
(   ) 34. 我爱幻想。　　　　　　　　　　　　　　　　　　　A. 是　　B. 否
(   ) 35. 我总是主动地向别人提出自己的建议。　　　　　　　A. 是　　B. 否
(   ) 36. 我喜欢使用榔头一类的工具。　　　　　　　　　　　A. 是　　B. 否
(   ) 37. 我乐于解除别人的痛苦。　　　　　　　　　　　　　A. 是　　B. 否
(   ) 38. 我更喜欢自己下了赌注的比赛或游戏。　　　　　　　A. 是　　B. 否
(   ) 39. 我喜欢按部就班地完成要做的工作。　　　　　　　　A. 是　　B. 否
(   ) 40. 我希望能经常换不同的工作来做。　　　　　　　　　A. 是　　B. 否
(   ) 41. 我总留有充裕的时间去赴约。　　　　　　　　　　　A. 是　　B. 否
(   ) 42. 我喜欢阅读自然科学方面的书籍和杂志。　　　　　　A. 是　　B. 否
(   ) 43. 如果掌握一门手艺并能以此为生，我会感到非常满意。A. 是　　B. 否
(   ) 44. 我曾渴望当一名汽车司机。　　　　　　　　　　　　A. 是　　B. 否
(   ) 45. 听别人谈"家中被盗"一类的事，很难引起我的同情。　A. 是　　B. 否
(   ) 46. 如果待遇相同，我宁愿当商品推销员，而不愿当图书管理员。A. 是　　B. 否

（　　）47. 我讨厌跟各类机械打交道。　　　　　　　　　　A. 是　　B. 否
（　　）48. 我小时候经常把玩具拆开，把里面看个究竟。　A. 是　　B. 否
（　　）49. 当接受新任务后，我喜欢以自己的独特方法去完成它。　A. 是　　B. 否
（　　）50. 我有文艺方面的天赋。　　　　　　　　　　　A. 是　　B. 否
（　　）51. 我喜欢把一切安排得整整齐齐、井井有条。　　A. 是　　B. 否
（　　）52. 我喜欢做一名教师。　　　　　　　　　　　　A. 是　　B. 否
（　　）53. 和一群人在一起的时候，我总想不出恰当的话来说。　A. 是　　B. 否
（　　）54. 看情感影片时，我常禁不住眼圈红润。　　　　A. 是　　B. 否
（　　）55. 我讨厌学数学。　　　　　　　　　　　　　　A. 是　　B. 否
（　　）56. 在实验室里独自做实验会令我寂寞难耐。　　　A. 是　　B. 否
（　　）57. 对于急躁、爱发脾气的人，我仍能以礼相待。　A. 是　　B. 否
（　　）58. 遇到难解答的问题时，我常常放弃。　　　　　A. 是　　B. 否
（　　）59. 大家公认我是一名勤劳踏实的、愿为大家服务的人。　A. 是　　B. 否
（　　）60. 我喜欢在人事部门工作。　　　　　　　　　　A. 是　　B. 否

三、计分与解释

职业人格的类型（符合以下"是"或"否"答案的记 1 分，不符合的记 0 分）：

常规型 C："是"（7，19，29，39，41，51，57），"否"（5，18，40）

现实型 R："是"（2，13，22，36，43），"否"（14，23，44，47，48）

调研型："是"（6，8，20，30，31，42），"否"（21，55，56，58）

企业型 E："是"（11，24，28，35，38，46，60），"否"（3，16，25）

社会型 S："是"（26，37，52，59），"否"（1，12，15，27，45，53）

艺术型 A："是"（4，9，10，17，33，34，49，50，54），"否"（32）

请将得分最高的三种类型从高到低排列，评分最高的第一项是_____，第二项是_____，第三项是_____。得出一个（或两个）三位组合答案为_____，再参考《人格特征与适从职业》（表 10-1），将测试结果与职业匹配对照，得出人格类型所匹配的职业。

思考与练习

1. 你更倾向于从事什么工作？胜任这些工作需要哪些职业能力？
2. 自己的能力与资历是否存在欠缺？该如何增强自己的实力？

10.2 规划职业生涯，明确职业方向

人生在世界是短暂的，对这短暂的人生，我们最好的报答就是工作。

——爱迪生

1. 理解职业生涯规划的含义、特点与意义。
2. 掌握职业生涯规划的基本步骤。

小萍的工作问题

小萍，来自陕西榆林，2016年学前教育专业大专毕业，性格外向，热情。实习期间，她觉得幼儿教师的工作每天都是面对小孩子，并且工作量大、责任重，还要经常加班备课，于是她决定毕业后不做幼儿教师。

因听说化妆品微商销售收入比较高，所以在毕业时她选择了化妆品微商销售这项工作。在工作中小萍学到了一些产品方面的知识和销售技巧，但做了两个月感到自己性格不够外向，不太适合做销售，所以，还没有度过三个月试用期就辞职了。

辞职后，小萍依然不想做幼儿教师，但也不知道要做什么，于是在一次招聘会上，随便投了几份简历。两天后，她接到了一个快递公司的面试电话，经过和经理简单的交流后，公司决定录用她，小萍觉得自己可以做文员这个工作，所以当即就确定了劳动关系。可是在工作中，小萍认为这是个重复性很强又很无聊的工作，自己根本就没有兴趣，而且工资也很低。两个月后，小萍再次辞职。她有些迷茫，到底什么样的工作才适合自己呢？

分析： 小萍最大的问题是对职业没有明确的定向，没有职业规划。在选择工作时，没有方向，显得很随意，又不能吃苦耐劳，大量的时间都用在找工作、换工作上。建议小萍要认清相关职业情况，做一次全面的职业规划，进而寻找符合其自身特点的相关职业、职位，并且在工作中要踏实肯干、克服困难。

一、职业生涯规划的含义

职业生涯是指个体职业发展的历程，职业生涯是贯穿一生职业历程的漫长过程。一般是指将个人发展与社会发展相结合，对决定一个人职业生涯的主客观因素进行分析、总结和测定，从而确定一个人的事业奋斗目标，并选择实现这一事业目标的职业，编制相应的工作、教育和培训的行动计划，对每一步骤的时间、顺序和方向做出合理的安排。

职业生涯规划按期限可划分为短期规划、中期规划和长期规划。短期规划，为五年以内的规划，主要是确定近期目标，规划近期完成的任务。中期规划，一般为5～10年规划，规划这个阶段内的目标与任务。长期规划，其规划时间是10～20年，主要设定较长远的目标。

二、职业生涯规划的特点与意义

（一）职业生涯规划的特点

1. 可行性

规划要有事实依据，并非是美好或不着边际的幻想，否则将会错过人生良机。

2. 适时性

规划是预测未来的行动，确定将来的目标，因此各项主要活动的实施和完成，都应在一定的时间和时序上进行合理安排，以作为检查行动执行情况的依据。

3. 适应性

规划未来的职业生涯目标，涉及多种可变因素，因此规划要有弹性，以增加其适应性。

4. 连续性

人生每个发展阶段的规划应能保持持续性、连贯性，即前后衔接。

（二）职业生涯规划的意义

职业生涯规划能让大学生在职业探索和发展中少走弯路，节省时间和精力。同时，还能对大学生起到内在的激励作用，使其产生学习、实践的动力，激发自己不断为实现各阶段目标和终极目标而努力奋斗。因此，职业生涯规划具有非常重要的意义。

1. 职业生涯规划可以发掘自我潜能，增强个人实力

职业生涯规划能够引导大学生正确认识自身的个性特质、现有与潜在的资源优势，对自己的综合优势与劣势进行对比分析。从而确立明确的职业发展目标与职业理想，运用科学的方法采取可行的步骤与措施，实现个人的职业目标与理想。

2. 职业生涯规划可以增强发展的目的性与计划性，提升成功的机会

对于职业发展要打有准备的仗，因此，生涯发展一定要有计划、有目的、有方向，切不可抱着"当一天和尚撞一天钟"的盲目想法，否则只会面临种种职业挫败。

3. 职业生涯规划可以提升应对竞争的能力

在就业压力日趋紧张的社会中，"适者生存"是职场生存的重要法则。要想在这场激烈的竞争中脱颖而出并保持立于不败之地，就要分析自己的优势、劣势，结合自己的核心竞争力，设计好自己的职业生涯规划，提高自己的职业竞争力。

三、职业生涯规划的基本步骤

（一）确定目标

俗话说"凡事预则立，不预则废""志不立，天下无可成之事"，目标与志向是事业成功的基本前提，没有目标，事业的成功也就无从谈起。目标是人生的起跑点，反映着一个人的理想、胸怀、情趣和价值观，影响着一个人的奋斗方向及成就的大小。所以，在制定生涯规划时，首先要确立目标，这也是至关重要的一步。

1. 自我评估

自我评估的目的，是认识与了解自我。自我评估包括自己的兴趣、特长、性格、学识、技能、智商、情商、思维方式、思维方法、道德水准以及社会中的自我等。只有认识了自己，才能制定出适合自己发展的职业生涯规划路线，做出最佳的目标选择。

2. 制订行动计划

正如一场商业竞标、一场竞技比赛都需要确定作战方案一样，职业生涯规划也需要制订相应的行动计划。我们不可能"一口吃个胖子"，所以应将目标分成若干个切实可行的小目标，一一去实现，并在具体的行动方案制定完成后，严格要求自己，持之以恒地执行，切不可"三天打鱼，两天晒网"，导致计划荒废。

坚定的职业目标

路欢在大三临近毕业时进了一家会计师事务所实习。这家实习单位从规模和就业前景来看都很好，路欢希望毕业后能签到这里。于是，实习期间她按时上班，踏实工作。不过有些时候，路欢也会感到心里很难受。因为事务所是一个比较特殊的单位，实习生都没有底薪，基本上是靠补助生活，而且会计这种职业的工作压力很大。所以在实习期间路欢不仅要承受经济压力，还有巨大的精神压力。实习了一段时间，和她同一时期来的、没签约的同学都纷纷另谋出路了，有的还劝她也早点离开。可她始终都没有动窝，一直坚持在原单位做事。

路欢认为，虽然单位没有给她签约，但是部门的领导和同事都把她当作集体的一分子来对待。事务所组织的活动会叫上她，甚至一些有关单位未来发展规划的重要会议也邀请她参与进去。路欢觉得，现在找一份自己喜欢的工作相当困难，自己本身就非常热爱会计这个行业，从小就想当一名优秀的会计。而且自己家里也没有什么关系去走后门，能不能得到单位领导的认可，得到这份不错的工作，只能靠自己平时的努力和认真。所以，每当遇到一些不顺心的事，她总劝自己多忍一忍，再努力些，总会有被认可的时候。

就这样，在这家单位实习了半年，路欢凭借自己的实力终于换得了会计师事务所一张正式签约的合同。

分析： 万事开头难，实习其实是很锻炼人的。不仅历练了能力，更历练了心智。路欢在实习中摆正自己的位置，坚持职业目标，克服困难，努力融入工作中，最终获得了领导的认可。

 活动与训练

一、活动目标

1. 制定个人职业生涯规划书。

2. 用 SWOT 分析法认识自我，填写职业生涯规划表。

二、规则与程序

（一）活动时间

建议用时 20 分钟。

（二）活动准备

准备 A4 纸、笔若干，以及 SWOT 分析法人职业生涯规划表。

（三）活动步骤

SWOT 分析法是一种内部分析方法，即根据企业或个人自身的既定内在条件进行分析，找出企业或个人的优势、劣势及核心竞争力之所在。SWOT 是四个英语单词首字母的缩写，S 代表 Strength（优势），W 代表 Weakness（劣势），O 代表 Opportunity（机会），T 代表 Threat（威胁），其中，S、W 是内部因素；O、T 是外部因素。

1. 优势分析

自己最出色的地方，特别是比较于竞争对手的优势方面

（1）你曾经做过什么？

（2）你学习了什么？

（3）你最成功的是什么？

2. 劣势分析，与竞争对手相比处于落后的方面

（1）你的性格弱点是什么？

（2）经验或经历中所欠缺的方面有哪些？

3. 机会分析，有利于职业选择和职业发展的一些机会

（1）对社会大环境的认识与分析。

（2）对自己所选企业的外部环境的分析。

（3）人际关系分析。

4. 威胁分析，存在潜在危险的方面

（1）企业要重组怎么办？

（2）企业走向衰落怎么办？

（3）领导层发生变化怎么办？

（4）竞争对手实力增强怎么办？

三、总结

运用 SWOT 分析法填写个人职业生涯规划表（如表 10-2 所示）。

表 10-2　个人职业生涯规划表

姓名：	性别：	性向：　　型
出生年月：	学历：	目前年龄：
出生地：	预测生存年龄：	尚余下年龄：

续表

SWOT 分析	优势：					
	劣势：					
	机会：					
	威胁：					
规划目标	职业愿景	职业类型		职业名称		具体岗位
		职业地域		工作环境		工作时间
		工作性质		工作待遇		工作伙伴
		职业发展愿望				
	事业总目标：					
	家庭目标：					

思考与练习

1. 结合自己的理解，谈谈职业生涯规划的意义。
2. 你有什么对于未来就业的规划吗？如何进行规划？

10.3 点燃工作热情,实现人生理想

名人名言

走好选择的路,别选择好走的路,你才能拥有真正的自己。

——杨绛

 学习目标

1. 了解择业常见的心理问题及应对方式。
2. 掌握大学生求职技巧与指导。

择业失败的小王

毕业生小王学习成绩和其他方面条件都不错,在就业初期对自己满怀信心,但由于专业冷门等原因,连续找过几家单位都碰了壁,逐渐产生了自卑感,在后来的择业过程中表现越来越不理想,陷入恶性循环而不能自拔,以致面对新的用人单位时,只能被动地问人家"学某某专业的要不要",其他什么话都不敢讲,最终未能落实就业单位。

分析:小王的失败是由于自卑心理在作怪。在择业遭受挫折后,他一蹶不振,对自己的评价过低,丧失了应有的自信心,择业时缺乏主动争取的精神和抓住机遇的心理准备,不敢主动、大胆地与用人单位交谈,也不能很好地表达自己。越是躲躲闪闪、胆小、畏缩,越不容易获得用人单位的青睐。这种心理严重影响了一部分毕业生的正常就业,使得那些原本在某些方面比较出色的毕业生陷入"不战自败"的境地。

模块十

敢问路在何方——择业与准备

一、择业常见的心理问题及应对方式

（一）择业常见的心理问题

1. 择业急躁

择业急躁是毕业生择业中的常见心理，大多数毕业生在不同程度体现择业急躁。所谓择业急躁心理，指毕业前缺乏主见，缺乏思考，而又急于确定工作的不安心理。择业中的急躁心理主要表现在：不能冷静地、客观地思考择业和去向问题；情绪总处于一种难以自制的躁动状态，行为上不加任何约束，感情用事，决策时不考虑后果，草率行事；对就业没有明确的目标，喜欢与人盲目攀比，心中常常不服气等。

2. 择业焦虑

择业焦虑，指毕业生在落实工作单位之前，表现出来的长期焦虑不安。从心理上看，主要表现为怕就业与向往就业的矛盾，既想早点找到工作但又因质疑个人能力不足害怕找不到令自己满意的工作。择业焦虑在职业没有确定之前表现得尤为明显，有时觉得时间过得太慢，度日如年，有时又焦虑时间过得太快，毕业将至，而工作还无着落。

对于即将走出校门的大学生，一般来说，适度的择业焦虑可以唤起他们的警觉，集中注意力，增强其积极、主动参与市场就业竞争意识。因此，适度的择业焦虑是必要的。只有不适当的过度焦虑才会影响择业的效果，使人不能平静自如地应对择业中的种种挑战，在困难面前惊慌失措，在挫折面前一蹶不振。

3. 择业恐惧心理

在择业时，由于自卑导致大学生在求职过程中产生恐惧心理而不能正常发挥自己的才能。例如，有的大学毕业生在面试时表现得面红耳赤、语无伦次、支支吾吾、答非所问，甚至表现得过于谨小慎微，因害怕问题回答不好就会影响自己在用人单位代表心中的形象，以致不敢说话，该表达的表达不出来。大学生第一次经历这样的场面，由于缺乏经验，心理紧张可以理解，但如果过于紧张或异常恐惧，则会影响交谈水平的正常发挥。这对于大学生达到择业目的是非常不利的。

4. 择业缺乏主见的心理

择业时经常表现出犹豫不决、顾虑重重、瞻前顾后、优柔寡断的心理就是择业缺乏主见。即使艰难做出决定还是心有余悸、心神不宁，同时会因他人的评论而后悔不已或是沾沾自喜。择业过程不是一个简单的机械过程，而是一个复杂的心理过

程,它受个体心理、群体心理和社会心理的制约,常常是多种心理矛盾交织在一起,难免令人顾虑重重,举棋不定。因此,择业中一时缺乏主见也是正常的,但是过于缺乏主见,一味地优柔寡断,则会影响择业的顺利进行。

(二)择业心理问题调适

1. 择业急躁心理的调适

在就业问题上,不能感情用事,要善于控制自己的情绪,学会冷静、理智地处事。首先,要加强自身修养,克服就业急躁心理。只有在冷静、理智状态下做出的决策才切合实际,从而避免行动的盲目性。其次,要正确把握毕业生就业市场的需求情况。在择业时,主动地了解国家的就业方针,收集就业市场的用人信息,并根据市场的需要加快自我完善,这样才能克服盲目、急躁的心理和行为。最后,要及时、合理地调整自己的就业期望值。由于我国每年高职扩招力度不断加大,接受高等职业教育的人才在逐年增加,再加之就业形势日益紧张,毕业生也逐年增多。因此,面对以上情况,大学毕业生不能把就业期望值定得太高,要调整自己的就业期望值,使自己的理想更加切合实际,更加符合社会的需求,这样才能避免产生急躁盲从的行为。

2. 择业焦虑心理的调适

大学毕业生择业的过程,是一个复杂的心理变化过程。面对严峻的就业形势和众多的竞争对手,要想获得择业的成功,必须对焦虑心理进行自我调适,做好心理准备。择业时要避免理想主义,克服依赖心理,消除从众心理,客观评价自己,保持良好的心态。

3. 择业恐惧心理的调适

为了保证求职择业的顺利进行,大学生应客观面对不良心理,积极调适择业恐惧心理。要正视客观现实,分析自己的优势,增强自信心。放眼未来,结合自己的专业、特长、兴趣,不怕挫折,敢于竞争和拼搏。在日常生活中,要树立不怕苦、不怕累的顽强奋斗精神,积极面对未来。

4. 择业缺乏主见的调试

由于大学生长期依赖父母,缺乏社会经验,导致择业时缺乏主见。在择业过程中,要善于分析利弊,树立正确的得失观,要明白"鱼与熊掌不可兼得",有得必有失,择业时做出合理的取舍即可。另外,生活中要善于培养自己处理事情的果断性,遇事要敢于做决断。即使决断错了,也不要失去信心,在失败中总结经验教训,为下一次决策提供积累。

案例10.3

自从大学毕业，小米就一直在公司的行政岗位上工作，每天面对的都是同样的工作内容，薪酬也已经到顶了。习惯之后，一切都变得毫无新意，更不用说挑战性了。她事事亲力亲为，宁可自己累一点，也不想培养一个下属来抢饭碗。她在过去几年，给公司高层提了很多改善现状的建议，曾经几次暗示过总经理，自己对行政工作颇有厌倦感，希望有机会改变工作岗位。但总经理好像没有听到似的，没有任何反应。万般无奈之下，小米准备私下经营一个文具公司，为自己准备一条后路。

分析：本案例反映了一个常见的工作倦怠现象。小米在行政部工作了很长时间，每天面对的都是同样烦琐的工作内容，职业停滞感给她带来很大的压力，导致出现职业焦虑情绪。上级领导应该意识到在工作安排上存在不足，适当进行调整。

二、大学生求职技巧与指导

（一）应试的衣着技巧

服装是衬托一个人自然美的最重要的修饰手段，也是体现一个人文化修养的重要窗口。对于大学毕业生的求职衣着，见仁见智，不必求同，但大致要把握以下6点技巧。

1. 衣服要整洁、大方、得体。
2. 不要过分标新立异，如穿着过于嘻哈、时尚，偏离大众审美。
3. 不要过于随便。应聘时，短裤、运动装束、拖鞋、凉鞋之类的服装不太适宜。男生不宜穿牛仔裤，女生最好穿裙装。
4. 切勿穿着暴露。主要是针对女生而言的。面试是严肃的场合，穿得过于暴露容易给人轻浮的感觉，因此，女生不宜穿太短的裙子、低胸上衣或紧身衣裤；夏天不宜穿质地透明的裙子或衬衫，更不宜穿短裤应试。
5. 发型以梳理整齐、大方美观为好。宜短不宜长，最好不要将头发染色。
6. 无论什么季节，应聘面试时都以穿皮鞋为宜。鞋不一定要新，但必须干净且颜色与衣服相匹配：黑色、棕色、偏深色是首选。

（二）注意基本礼仪

一旦和用人单位约好面试时间后，要着装得体提前到达面试地点，进入面试场合后要从容自然。交谈时要注意发音准确、吐字清晰、语言流利、文雅大方。做自我介绍时，最好多用语气平缓的陈述句，不宜过多使用感叹语气或祈使句。声音过大令人厌烦，声音过小则让人难以听清。

手势种类很多,要因时因地因人灵活掌握。如想吸引面试官的注意力或强调很重要的一点,可把食指和大拇指捏在一起,以示强调。回答问题要把握重点、简洁明了、讲清原委、避免抽象,明确提问内容,切忌答非所问。同时要有个人见解、个人特色。知之为知之,不知为不知。面试者遇到自己不知、不懂、不会的问题时,回避闪烁、默不作声、牵强附会、不懂装懂的做法均不可取;诚恳坦率地承认自己的不足之处,反倒会赢得主试者的信任。

电影"心"赏

《杜拉拉升职记》(2010年出品)

《杜拉拉升职记》是根据同名小说改编而成的。在当今社会,找工作难,找一份好工作更难,找一份有发展前景的好工作难上加难!职场新人杜拉拉居然杀出一条血路,得到了全球500强企业DB公司的面试通知,又很幸运地成为DB的前台。杜拉拉的职业故事开始了。

DB豪华的办公楼,严密的组织结构,清晰明确的报告线,霓裳幻影般的职场达人,强势雷厉的职业经理人,优秀的企业文化……DB所呈现的一切不仅是外企大公司的万千气象,更是一种类似上流社会的浮华与诱惑。这分明昭示着,只要你努力就可以拥有这样的生活。杜拉拉目不暇接,欣喜不已,像所有职场新人一样,她在心中立下宏愿,一定要努力奋斗出人头地,升职成为她的前进动力。

刚刚进入职场的杜拉拉立下鸿鹄之志豪情万丈,但她的闺蜜满意却恰在此时离开了职场,去过自主创业的生活,两个人形成了鲜明的对比。虽然杜拉拉被接踵而来的打击折磨得喘不过气来,但杜拉拉为自己建立了一个秘密花园,在幻想的世界里把DB当成一个冒险家的乐园,而她自己就是闯荡江湖的侠女,凭着前辈留下的职场秘籍和一股子拙劲儿以及一些小小的运气,她见招拆招,误打误撞,笑料百出,先后经历了前台、秘书、HR的职业历程,在职场赤裸裸的争夺战里几经锻造,百炼成钢,以HR经理的头衔完成了她从菜鸟到达人的华丽转身。

活动与训练

我的职业梦想

一、活动目标

1. 开展题为"我的名片设计"的主题活动。
2. 确立符合自己的职业定位,实现职业梦想。

二、规则与程序

（一）活动时间

建议用时 30 分钟。

（二）活动准备

准备 A4 纸、笔若干。

（三）活动步骤

1. 假如 10 年后，你选择了自己喜欢的职业，也有了自己的名片，动手设计属于你自己的名片吧！

2. 教师提示名片必须有的内容：

姓名、公司单位、联络方式……

对于这张名片，你的看法是……

可以写下你向往的未来是怎么样的，你从事什么样的工作，补充名片中不足的地方。

三、总结

同学间分享名片的内容，选出一张最特别的职业名片，并交流彼此的观点。

职业锚测试

一、活动目标

了解自我的职业锚。

二、规则与程序

完成下面的职业锚测试，了解自己的能力、动机和价值观。这份问卷的目的在于帮助你了解自己的能力、动机和价值观。请尽可能真实并迅速地回答下列问题。除非你非常明确，否则不需要做出极端的选择，例如选择"从不"或者"总是"。

下面给出 40 个问题，根据自己的实际情况，从 1~6 中选择一个数字。数字越大，表示这种描述越符合你的实际情况。例如，针对"我梦想成为公司的总裁"，可以做出如下的选择：

"1"代表这种描述完全不符合自己的想法；

"2"或"3"代表自己偶尔或者有时这么想；

"4"或"5"代表自己经常或者频繁这么想；

"6"代表这种描述完全符合自己的日常想法。

现在，开始回答问题。将最符合你自身情况的答案记录在表 10-3 中。

1. 我希望做自己擅长的工作，这样我的建议可以不断被采纳。
2. 当我组织和指导他人工作时，我非常有成就感。
3. 我希望我的工作能让我用自己的方式、按自己的计划去开展。
4. 对我而言，安定与稳定比自由和自主更重要。
5. 我一直在寻找可以让我创立自己事业（公司）的创意（点子）。

6. 我认为只有对社会做出真正贡献的职业才算是成功的职业。
7. 在工作中，我希望去解决那些有挑战性的问题，并且胜出。
8. 我宁愿离开公司，也不愿从事需要个人和家庭做出一定牺牲的工作。
9. 将我的技术和专业水平发展到一个更具有竞争力的层次是职业成功的必要条件。
10. 我希望能够管理一个大的公司（组织），我的决策将会影响许多人。
11. 如果职业允许自由地决定自己的工作内容、计划、过程时，我会非常满意。
12. 如果工作的结果使我丧失了自己在组织中的安全稳定感，我宁愿离开这个工作岗位。
13. 对我而言，创办自己的公司比在其他的公司中争取一个高的管理职位更有意义。
14. 我的职业满足感来自我可以用自己的才能去为他人提供服务。
15. 我认为职业的成就感来自克服自己面临的非常有挑战性的困难。
16. 我希望我的职业能够兼顾个人、家庭和工作的需要。
17. 对我而言，在我喜欢的专业领域内做资深专家比当总经理更具有吸引力。
18. 只有在我成为公司的总经理后，我才认为自己的职业人生是成功的。
19. 成功的职业应该允许我有完全的自主与自由。
20. 我愿意在能给我安全感、稳定感的公司中工作。
21. 当通过自己的努力或想法完成工作时，我的工作成就感最强。
22. 对我而言，利用自己的才能使这个世界变得更适合生活或居住，比争取一个高的管理职位更重要。
23. 当我解决了看上去不可能解决的问题，或者在必输无疑的竞赛中胜出时，我会非常有成就感。
24. 我认为只有很好地平衡个人、家庭、职业三者的关系，生活才能算是成功的。
25. 我宁愿离开公司，也不愿频繁接受那些不属于我专业领域的工作。
26. 对我而言，做一个全面管理者比在自己喜欢的专业领域内做资深专家更有吸引力。
27. 对我而言，用我自己的方式不受约束地完成工作，比安全、稳定更加重要。
28. 只有当我的收入和工作有保障时，我才会对工作感到满意。
29. 在我的职业生涯中，如果我能成功地创造或实现完全属于自己的产品或想法，我会感到非常成功。
30. 我希望从事对人类和社会真正有贡献的工作。
31. 我希望工作中有很多的机会，可以不断挑战我解决问题的能力（或竞争力）。
32. 能很好地平衡个人生活与工作，比获得一个高的管理职位更重要。
33. 如果在工作中能经常用到我特别的技巧和才能，我会感到特别满意。
34. 我宁愿离开公司，也不愿意接受让我离开全面管理的工作。
35. 我宁愿离开公司，也不愿意接受约束我自由和自主控制权的工作。
36. 我希望有一份让我有安全感和稳定感的工作。
37. 我梦想着创建属于自己的事业。
38. 如果工作限制了我为他人提供帮助或服务，我宁愿离开公司。
39. 去解决那些几乎无法解决的难题，比获得一个高的管理职位更有意义。
40. 我一直在寻找一份能使个人和家庭之间冲突最小化的工作。

· 216 ·

表 10-3　自我评价评分表

	技术、智能	管理	自主、独立	安全、稳定	创造、创业	服务、奉献	挑战	生活
	1 (　)	2 (　)	3 (　)	4 (　)	5 (　)	6 (　)	7 (　)	8 (　)
	9 (　)	10 (　)	11 (　)	12 (　)	13 (　)	14 (　)	15 (　)	16 (　)
	17 (　)	18 (　)	19 (　)	20 (　)	21 (　)	22 (　)	23 (　)	24 (　)
	25 (　)	26 (　)	27 (　)	28 (　)	29 (　)	30 (　)	31 (　)	32 (　)
	33 (　)	34 (　)	35 (　)	36 (　)	37 (　)	38 (　)	39 (　)	40 (　)
总分								
平均分								

三、计分规则

现在重新看一下你给分较高的描述，从中挑出与你日常想法最为吻合的三个，在原来评分的基础上，将这三个题目得分再各加上 4 分（例如，原来得分为 5 分，则调整后的得分为 9 分），然后就可以开始评分。按照"列"进行分数累加得到一个总分，将每列的总分除以 5 得到的平均分，填入表格。记住：在计算平均分和总分前，不要忘记将最符合你日常想法的三项，额外加上 4 分。最终的平均分就是你的自我评价结果，最高分所在列就显示出你的职业锚。

思考与练习

1. 你准备好择业了吗？你认为在择业中会遇到哪些困难？怎样才能更好地择业？

2. 结合实际，谈谈大学生应具备哪些求职技巧。

模块十一　体验生命价值　珍惜生命

❀ 模块导读

　　人生，是一次艰难的旅程。我们要了解生命赋予我们的意义。在人生的道路上，我们随时都可能面临挫折、痛苦和疾病，而这些不幸正是生命对我们的考验，也是我们对困难的挑战。面对失败与困难，你大可以重新奋斗，从哪儿摔倒了就从哪儿站起来，只要你勇敢去面对人生中的失败，敢于克服困难，你的未来就是一条康庄大道。人生，不是一朝一夕可以了解的。生命赋予我们的意义是无数次失败与成功告诉我们的深刻道理。

　　生命短暂，需要珍惜；生命脆弱，需要呵护。生命给予我们的意义是永存的，它用文字是难以形容的，但是有一点必须了解：我们人生中的挫折也是生命对我们有益的教诲，在任何时候都要理解生命赋予我们的意义，它给你的困难今后也许是你面对人生的一笔宝贵财富！有些同学面对学业，感到生命是平淡无奇的，生活似乎是一口枯井。其实压力多半是自己给的，热爱生活吧，快乐地生活会使人生充满激情，在学习之余可以看看那些具有文学价值的文学作品，多与大自然接触，就会发觉幸福与快乐在向你招手。因此，尊重与珍惜生命的价值，并将自己的生命融入社会，树立起积极、健康、正确的生命观，珍惜生命，敬畏生命，热爱生活。

11.1 智慧生活，认识生命的意义

名人名言

我们一步一步走下去，踏踏实实地去走，永不抗拒生命交给我们的重负，才是一个勇者。到了蓦然回首的那一瞬间，生命必然给我们公平的答案和又一次乍喜的心情，那时的山和水，又回复了是山是水，而人生已然走过，是多么美好的一个秋天。

——三毛

 学习目标

1. 了解生命与死亡的内涵。
2. 理解生命的意义与价值。

逝去的生命

长春某职业学院2016级商务英语专业的一名女生在寝室内自杀，中午被寝室同学发现时已经身亡。据了解，自杀女学生姓何，今年21岁。何某同寝室的同学准备回寝室拿东西，打开洗手间的门后，却发现第二道门被反锁了。她立即去找公寓的管理员，管理员拿来一把椅子想看一下里面的情况，结果发现一个女孩吊在门框下边。她们立即把门撞开，一边对女孩进行抢救一边拨打了120。不久，救护车赶到，但是这名女孩已经不行了。

同寝的同学说，何某搬到她们寝室的时间不长，对她并不了解，只知道她以前有个男朋友，最近好像感情出了问题。自杀的前一天晚上，何某与男友因感情不和吵架闹分手，当时她们并没在意，没想到发生了悲剧。

分析：生命对于我们只有一次，自杀是一种自我毁灭的极端方式。由于大学生

心理不成熟，在恋爱的观念、态度与方式上存在偏差，最终使一段恋情陷入困境或情感纠葛，从而对一方造成巨大的心理冲击。遇到问题，应该寻找积极的途径化解而不是走极端。

一、生命的内涵

（一）什么是生命

根据人类的约定俗成，有机生命简称生命。一般人也不难区分什么东西是有生命的，什么东西是没有生命的。但给生命下一个科学的定义却是千百年来的一个困难问题，迄今也没有解决。关于生命，《现代汉语词典》给出的解释是生物体所具有的活动能力。百度百科的解释是"生命，泛指一切具有稳定的物质和能量代谢现象，能回应刺激、能进行繁殖的半开放物质系统"。生命个体通常都要经历出生、成长和死亡。由于生命的复杂性，使得生命没有一个准确定义，只能抓住生命本质的复杂性去定义生命。

臧克家有句流传广的经典名言"有的人活着，他已经死了；有的人死了，他还活着"，这句话道出了生命的存在是复合的。人的生命，是人的生理、心理、社会属性的复杂统一体，分为生理生命、心理生命、社会生命。

生理生命主要包括新陈代谢、生长、发育、遗传、变异、感应、运动等。生长和发育是生命的基本过程，而新陈代谢则是生命的最基本过程，是其他一切生命现象的基础。所以，衣食住行、生老病死是每个人都必须经历的，也是每个人无法逃避的。

心理生命也可以称为人的精神生命。人之所以为人，就在于人不仅仅是为了满足自己的自然生命而活着，还要追求超越生物性存在的精神性存在。人要规划自己的人生，创造自己的价值，指导和提升生物性的存在。正是有了生命的精神性存在，才使人的生命有了人文意义和价值，有了理性的意蕴和道德的升华。

社会生命是指人生命的存在是一种社会关系存在。个人要想生存下去，就必须参与和融入社会活动中，在与人的沟通、交往和互动中保存自己的生命，追求自己生命的意义，实现自己生命的价值。正是这种社会性存在，使人们面对千差万别、千变万化的社会生活时，有一种生命的智慧和坚定的信念，使人们面对有生有死、有爱有恨、有聚有散、有得有失的有限人生和无奈命运时，有一种豁达的胸怀和安然的态度。

生命的这三个部分并不是完全独立的，而是紧密地联系在一起，共存于一个生命体中，作用于人的整个生命活动过程之中。

模块十一

体验生命价值　珍惜生命

知识链接

理解死亡

对于活着的人来说，死亡意味着消失，意味着不可捉摸的黑暗世界，充满了不可知与恐惧的压力感，悲伤与丧失、复杂和恐怖交织在一起。

1. 死亡的含义

死亡，是指丧失生命，不继续生存。生物医学、社会学和心理学都有着对生命的理解。在生物医学上，过去人们习惯把呼吸、心脏功能的永久性停止作为死亡标志。但由于医疗技术的进步，心肺复苏术的普及，一些新问题产生了，它们冲击着人们对死亡的认识。患者脑死亡，自发呼吸停止后，仍能靠人工呼吸等措施在一定时间内维持全身的血液循环和除脑以外的各器官的机能活动，这就出现了"活的躯体，死的脑"这种反常现象。

众所周知，脑是机体的统帅，是人类生存不可缺少的器官。一旦脑的功能永久性停止，个体的一生也就终结。这就产生了关于"死亡"概念更新的问题。"脑死亡"的概念逐渐被人们所接受。医学界把脑干死亡12小时判断为死亡。

社会学认为，死亡是指人类有意义生命的消失，没有思想、没有感觉。

心理学认为，死亡是指个体心理活动的停止，没有感觉、没有知觉、没有意识，也没有行为。

2. 死亡的特性

死亡的必然性。凡是生命，有始也必然有终。

死亡的不可抗拒性。死亡来临时，所有人都无法逃避，由不得人选择。

死亡的偶然性。主要是指由于突发的意外事件导致的死亡，如地震、空难、水灾等。

（二）生命的属性

1. 唯一性

任何一个生命体都是独一无二的，具有其先天的独有属性，彼此之间是不可替换的。

2. 全程性

从生命的原点出发，伴随生命始终，决定了个体生长、发育乃至生命活动的全过程，并且这个过程是不可逆转的，具有单向性。所有人死了就不能复生。

3. 不平衡性

没有一个生命体的各系统能量是完全平衡的，生命体的四元素的平衡状态是无限倾向于平衡，但无法持续保持绝对平衡。所以说，世界上唯一不变的是改变。

4. 自律平衡性

它是生命体的生理功能、结构形态、个性气质、能量气血等方面相对稳定的个体生命特征。每个人都有不同的"生命属性"，又受限于自身的"生命属性"。就如塑料材质不可用来造烧饭的锅，没有音乐天赋的人再用功也成不了歌唱家。人的发展不能打破生命体自身平衡，要根据各自的"生命属性"各取所需，不强求与他人保持一致，否则将损伤自身。

5. 无常性

生命不仅是有限的，而且也是无常的，生老病死，不可预测。

（三）生命存在的特征

1. 生命的不可逆性

生命的宝贵，就在于它的不可重复性。人的生命只有一次，失去了就永远不会回来。从胚胎起，生命便一直生长、发育、发展，直到衰亡。它绝不会"倒行逆施"，返老还童。正是如此，人们才更加关注、珍惜和呵护自己的生命。因为生命一旦走过，是不可能回去的，生活中懊恼、悔恨的事情也不可能推翻重来。

2. 生命的有限性

生命有限性主要表现在三个方面：一是生命存在时间的有限性。人的寿命一般为七八十岁，最多百十来岁。二是生命的无常性。人的生命有生老病死、旦夕祸福等不可预测性，任何人都逃脱不了，最终都会走向死亡。三是个体生命的存在不能离群而居，每个人都需要别人的帮助、支持和关怀。正是生命的有限性，才促使人去努力思考，发奋创造，积极生活，以实现自己生命的意义。

3. 生命的不可换性

生命为个体所私有，相互不能交换，彼此不可替代。生命对每个人来说只有一次，任何人都是无法复制的孤本。每个人都有自己的需要、兴趣、特长和认知思维方式，人总是赋予自己的生命以不同的内涵，从而形成个人独特的精神世界，使生命展现出不同的特色。

4. 生命的双重性

在人的生命体中存在着两种生命：一种是人作为肉体的存在物，它是自然界的一部分，受自然规律的决定和制约，具有自然属性。二是人作为精神的存在，要受到道德规则的约束和支配。每个时代、每个人都必须面对这种矛盾。人的这种双重性、矛盾性及其之间的相互作用，是人的生命存在的最根本的动力。人就是在生命的双重性中寻求生命的意义，实现生命的价值。

5. 生命的完整性

人的生命也是完整的。人是生理、心理和社会性的统一体，是自然生命和价值生命的统一体，人的生命是一个不可分裂的整体，人通过实践活动在认识世界和改造世界的同时，也发展人自身，使人不断超越自我。

6. 生命的创造性

人的生命本身就是一个不断成长和发展的过程。生命就是不间断的运动，但生命比单纯的持续运动更为丰富，生命是在此基础上不断产生新内容的创造性运动。人通过创造去把握生活的变化，通过创造去发现生命的意义，通过创造去实现对自己生命的认识与超越。生命的过程就是超越自我、追求意义的过程。

二、生命的价值和意义

（一）生命的价值

人的生命价值具有以下两个特征。
第一个特征：人既是生命的主体，也是生命的客体。
第二个特征：人的生命可以创造出高于自己生命的价值。

（二）生命的意义

生命的意义是一个解构人类存在的目的与意义的大问题。在历史长河中，它也是哲学、科学以及神学一直所思索的主题。阿尔贝·加缪指出，作为一个存在的人，人类用生命的价值和意义来说服自己：人的存在不是荒诞的。卢梭曾经说过，生命本身没有任何价值，它的价值在于怎样使用它。所以，作为当代大学生，人生的价值和意义就是要"志存高远，增长知识，锤炼意志，让青春在时代进步中焕发出绚丽的光彩"。

案例11.1

最好的礼物

有位老人得了癌症，当医生告诉他这个消息时，他很平静地面带笑容地说："我很感谢上帝让我得了癌症。"医生非常吃惊，说："你得了癌症，不怨天尤人、惊惶失措已很难得，为什么还要说感谢的话呢？"老人说："到了我这个年纪，死亡就是我的邻居了，随时都可能来敲我的门。如果我得了脑溢血或是心肌梗塞，我很可能一句话也来不及说就死了，那样我的亲人接受起来会很困难，而且我还有很多要交代的事也都没了着落。现在，我得了癌症，我有充足的时间和亲人告别，也能把该办的事情认认真真地办完，即使办不完的话，也会有一个很好的交代。当死亡一定要来的时候，还有什么比这种方式更能令人安心呢？这就是我人生中上帝给予的最好的礼物。"

分析：一切都是最好的安排，这与祸福无关。只知道埋怨命运的人，永远活在地狱之中。

（三）认识生命的意义

地球上最宝贵的是生命，世界因生命的存在而变得如此生动和精彩，每种生命都有其存在的意义和价值，各种生命息息相关。

1. 提高对生命的认识，尊重生命

地球上有200多万种生物，它们都具有相同的基因构造与原理，但却因组合不同而成为不同的生命体。也就是说，绝不会有两个完全相同的生命体，这也是为什么世界上没有两张完全相同的脸之缘故。作为人的生命体出现，会有70兆组的组合方式。也就是说每个人都是在70兆组的可能性中被挑选出来的。所以，世界上没有完全相同的两个人，这不仅表现在相貌上，也表现在人的能力、个性等方面。

作为人，每一个个体都是独特的，生命对谁来讲都不是永恒的，都应当得到尊重。尊重生命首先要尊重自己，珍惜自己，不浪费时间，不伤害自己；其次，每个生命都是平等的，没有高低贵贱之分，我们要关爱所有的生灵，与他们和谐相处。

2. 认识生命的价值，珍爱生命

每个生命都是有价值的。我们能够做许许多多有益的事情。我们能够为别人带去快乐，为社会创造财富，当国家遇到危难或他人遇到危险的时候我们会挺身而出。

所以，我们要珍爱生命，当生命受到威胁时，我们不轻言放弃；当生命遭遇困境时，我们要勇敢面对；当生命不再完美时，我们依然要肯定和悦纳生命，永远不要对自己说"不"，因为每个人的生命只有一次。人生短暂，生命弥足珍贵，大学生们千万不能浪费。

3. 理解生命的意义，超越生命

生命的意义不在于长短，而在于内涵。我们不仅要珍爱自己的生命，也要善待别人的生命。我们生命的存在能够给他人带来欢乐、为他人减轻痛苦、为国家和社会做出贡献，就是我们生命的价值所在。只有为国家、社会和他人做出贡献，生命的价值才得以提升、延伸，这样的人生才是无悔的人生。

电影"心"赏

《遗愿清单》——审视生命

《遗愿清单》讲述了两位身患癌症的病人，机缘巧合之下相识结为好友，并决定在余下的日子里，完成他们内心所想的"遗愿清单"的故事。

黑人汽车修理工卡特·钱伯斯热爱生活而且知识渊博。一场可怕的疾病让他不得不离开自己的工作和家庭搬入医院接受实验性治疗。亿万富翁爱德华·科尔是一家医疗机构的CEO，一贯秉承"一间病房两个床位，没有例外"经营理念的他在获悉自己身患重病之后也不得不与其他人一起共用一间病房。原本属于两个不同世界的陌生病友住到了一起。虽然身份地位悬殊，但两人却有一个共同点，那就是时日无多。卡特虽非大富大贵，但却拥有深爱他的妻子和家庭。而爱德华虽然富可敌国，但却缺乏家人的关爱。卡特在纸上记录下自己生命中尚未实现的愿望。无意中得悉情况的爱德华决定帮助卡特达成心愿。

死亡永远是个说不完的话题，但在生活中，老年人可能思考的更多，年轻人真没有心思想这些"不实用"的问题。周国平说得很好：我们随意地生活，不大费脑筋去深入思考一些周围的事物，例如哲学。死亡也是生活哲学的一部分，影片中引用了蒙田的一句名言，活着就是为了死亡。其实真实含义也许可以解读为人生只有一生一死，要活得有意义，死得有价值。因为生命不等于呼吸，生命是活动。既然是活动，就不应该简单地像呼吸一样。这种价值，说得小点，就是全力做了那些自己认为正确的事情。比如卡特想做历史教授，但是只能成为汽车修理工，这是永远的遗憾，但是遗愿清单的完成或多或少做出了弥补。这样的一生也许是让自己满意的。

活动与训练

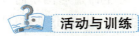

生命终结遗愿

一、活动目标

1. 学生通过活动体验人生短暂，从而正视自己的生命，提高自己的人生价值。

2. 学生通过活动体验理解生命的有限与脆弱，促进其对自我生命的警醒和对他人生命的爱护与珍惜。

3. 学生通过丧失体验学会珍惜与拥有，让生命无悔，让人生出彩。

二、规则与程序

（一）活动时间

建议用时20分钟。

（二）活动准备

A4纸、笔若干、班得瑞轻音乐视频《仙境》、背景音乐《G大调的悲伤》或《悲情》、纸巾一盒、室内要备有窗帘、助教一名。

（三）活动步骤

1. 指导教师播放班得瑞的音乐视频《仙境》供学生们欣赏和放松，两分钟后音乐停。

2. 在背景音乐声中，指导教师请同学们闭上眼睛，然后开始课程体验活动导语。

3. 助教以小组为单位分发纸和笔。请大家睁开眼睛，面对着即将可能逝去的生命，留下自己的遗言。

三、总结

学生以各小组为单位进行活动交流：

1. 在突然而至的死亡面前，你最想说的话是什么？

2. 在突然而至的死亡面前，你最想见到的人是谁？为什么？

3. 本次体验活动使人的内心跌宕起伏，你的感悟是什么？

最后由各小组推荐一名同学上台进行总结与分享。

生命意义自评量表

一、活动目标

测试生命意义的自我评定。

二、规则与程序

表11-1是一组有关生命意义的自我评定量表，请对照你的状况，选择符合你的数字选项。数字表示符合你实际感受的程度：1表示非常不符合；2表示有些不

符；3 表示有点不符合；4 表示不太清楚；5 表示有点符合；6 表示有些符合；7 表示非常符合。

表 11-1　生命意义自我评定量表

序号	题目	1	2	3	4	5	6	7
1	有个幸福的家。							
2	我相信我能对世界产生影响。							
3	学会了挫折和失望是生活中不可避免的一部分。							
4	相信生活有终极目的和意义。							
5	致力于创造性工作。							
6	追求值得付出的目标。							
7	努力去达到我的生活目标。							
8	关心他人。							
9	有人分享亲密感情。							
10	我相信我所追求东西的价值。							
11	想要实现我的潜能。							
12	我发现世界有着大致的公平。							
13	我努力使这个世界成为一个更好的地方。							
14	内心平静。							
15	与他人相处得好。							
16	我有种使命感或者是召唤感。							
17	我喜欢挑战。							
18	我能充分应用我的能力。							
19	不管做什么我都努力做到最好。							
20	我有许多好朋友。							
21	我被他人信任。							
22	对工作很投入。							
23	生活中我有目的和方向。							
24	其他人对我的评价较高。							
25	热心于我所做的事情。							
26	生活对我是公平的。							
27	接受自己的局限性。							
28	能平和地面对自己的过去。							
29	有份双方都满意的爱情。							
30	我是热心的并且乐于助人的。							
31	我被其他人喜爱。							
32	我找到了我深爱的人。							

续表

序号	题目	1	2	3	4	5	6	7
33	为个人的成长而努力。							
34	接受不能改变的事情。							
35	在达成目标的过程中坚持不懈、竭尽全力。							
36	我重视我的工作。							
37	为社会做出杰出贡献。							
38	我为他人的幸福贡献力量。							
39	其他人待我是公平的。							
40	我得到了平等的机会和奖赏。							
41	身体健康。							
42	亲戚朋友彼此间相处融洽。							
43	父母身体健康。							
44	有良好和谐的人际关系。							
45	我的生活充满了乐趣。							
46	我有足够多的爱好或娱乐项目。							

三、评价与分析

每题的选项就是你该题的实际得分，最后各题分数的相加即为实际总分。

总分低于184分（每道题的平均分小于4分）：生命意义感较低或者说体验不到意义；总分在184~230分（每道题的平均分在4~5分）：生命意义感处于模糊状态；总分在230~276分（每道题的平均分在5~6分）：意义感比较好；总分大于276分（每道题的平均分大于6分）：意义感非常好。

生命价值和意义的探讨，与日常生活紧密相关。有时，人们会忽略对生命意义的追问，认为那是哲学家的事；但当面临死亡或者重大灾难时，人们会感慨生命的脆弱，赞叹生命的意义，甚至影响劫后余生者的生活态度。人生有无意义感，影响一个人对待生命的态度，决定一个人的追求目标，决定人生的感觉是踏实、快乐、成功，还是恍惚、空虚及迷惑。关注自身生命的价值和意义应该是每一个人的事情。

思考与练习

1. 我们的生命需要什么？试分析"生之有限，死之必然"的内涵。
2. 我们应该怎样活着？谈谈生命的意义与价值。

11.2 珍惜生命，干预心理危机

名人名言

有时我想，要是人们把活着的每一天都看作是生命的最后一天该有多好啊！这就更能显出生命的价值。

——海伦·凯勒

学习目标

1. 了解大学生的心理危机。
2. 掌握大学生心理危机的预防与干预。

抑郁的危害

18岁的小霞是个爱笑的长沙姑娘，她在大学的两年多时间里热爱学习，还经常参加社会公益活动。在老师、同学和父母眼中，她热情、开朗、乐观，是校园活动的积极分子，人缘也特别好。

这样一个优秀的学生，却于4月15日上午留下一封遗书后，从自家附近的湘江投河自尽。花样的年纪，她为什么要选择轻生呢？小霞的舅舅说，去年春节过后，一向活泼可爱的小霞经常出现情绪落差，一点很小的事情就会伤心落泪。起初，家人以为是学习紧张，可这样的状态越来越多。一周前，小霞的家人将她带到了医院，医生的诊断是"抑郁症"。从医院回家以后，小霞的情绪变得更差，不久就发生了投河的悲剧。

分析： 小霞属于"微笑型抑郁"，是双相障碍中的混合性抑郁状态，即躁狂的外表与抑郁的内心同时呈现在同一个患者身上。家人发现后，还没来得及帮助小霞走出抑郁困区，她便结束了自己年轻的生命，实在可惜。对于抑郁症，我们要及时警醒、早发现、早干预、早治疗，避免悲剧发生。

一、心理危机概述

（一）心理危机的含义

心理危机，是指由于突然遭受严重灾难、重大生活事件或精神压力，使生活状况发生明显变化，尤其是出现了用现有的生活条件和经验难以克服的困难，以致当事人陷于痛苦、不安状态，常伴有绝望、麻木不仁、焦虑，以及植物神经症状和行为障碍。心理危机干预是指对处于心理危机状态的个人及时给予适当的心理援助，使之尽快摆脱困难。

了解与研究心理危机干预是为了进一步加强心理健康教育工作，防患于未然，把可能的危机化解在萌芽状态，有效预防校园心理危机事件的发生，提高大学生心理健康的水平，维护校园的安定与和谐。

（二）发生心理危机的原因

发生心理危机的常见原因主要有以下几点。
（1）突发性残废或突发性严重疾病。
（2）恋爱关系破裂。
（3）突然失去亲人或朋友，如突然死亡或关系破裂。
（4）失去重要的爱物。
（5）重要考试失败或求职失败。
（6）突遇严重自然灾害，如火灾、洪水、地震等。

（三）心理危机预警的对象

存在心理危机倾向与处于心理危机状态的学生是我们关注与干预的对象。确定对象存在心理危机一般指对象存在具有重大影响的生活事件，情绪剧烈波动或认知、躯体以及行为方面有较大改变，且用平常解决问题的方法暂时不能应对或无法应对眼前的危机。

对存在下列因素之一的学生，应作为心理危机干预的高危个体予以特别关注：
（1）在心理健康测评中筛查出来的有心理障碍、心理疾病、自杀倾向的学生。
（2）遭遇突然打击和受到意外刺激后出现心理或行为异常的学生，如家庭发生重大变故、身体发现严重疾病、遭遇性危机、感情受挫、受辱、受惊吓、与他人发生严重人际冲突后出现心理或行为异常的学生。
（3）学习压力、就业压力特别大以及严重环境适应不良出现心理或行为异常的学生。
（4）因严重网络成瘾行为而影响其学习及社会功能的学生。

(5) 性格内向、经济严重贫困且出现心理或行为异常的学生。

(6) 有严重心理疾病（抑郁症、恐怖症、强迫症、癔症、焦虑症、精神分裂症、情感性精神病等）且出现心理或行为异常的学生。

(7) 对近期发出下列警示讯号的学生，应作为心理危机干预的重点对象及时进行危机评估与干预：谈论过自杀并考虑过自杀方法，包括在信件、日记、图画或乱涂乱画的只言片语中流露死亡的念头者；不明原因突然给同学、朋友或家人送礼物、请客、赔礼道歉、无端致以祝福、诉说告别的话等行为明显改变者；情绪突然明显异常者，如特别烦躁、高度焦虑、恐惧、易感情冲动、情绪异常低落，或情绪突然从低落变为平静，或饮食睡眠受到严重影响等。

心理危机预警机制的建立途径

一、加大心理健康教育机构及队伍的建设力度

高校在建立、健全心理健康教育与心理咨询专门机构的基础上，还要成立负责协调和组织全校心理健康教育的教学、科研以及辅导和咨询工作的"大学生心理健康教育工作领导小组"，从总体上、全局上帮助指导、解决工作中的困难和问题。专职从事心理健康教育工作人员是大学生心理健康教育的骨干力量，与学生的比例必须确保 1∶3000～1∶4000。辅导员和班主任、宿舍楼管理员以及学生干部能在第一时间了解心理危机学生的心理变化和人格特点，往往是危机事件的第一知情人、发现人，他们是心理健康教育队伍重要的补充力量，要定期对他们进行心理健康方面内容的业务培训，不断提高他们对心理问题的鉴别能力、心理危机干预能力及心理健康知识素养。

二、建立班级、院系、学校三级预警系统

一级预警：班级。充分发挥班级学生干部、学生党团员的骨干作用，关心同学，广泛联系同学，通过多种方式，加强思想和感情上的联系与沟通，了解同学的思想动态和心态，一旦发生异常情况，及时向辅导员、班主任报告。建议设立班级心理委员或信息员。

二级预警：院系。院系党政领导、辅导员及教师要关爱学生，密切关注学生异常心理、行为，学生社团干部、班主任、班导师要有针对性地与学生谈话，帮助学生解决心理困惑，对重要情况，要立即向有关领导、有关部门报告，并在专家指导下及时对学生进行快捷、有序的干预。

> 三级预警：学校。学校应认真开展大学生心理健康测评，建立大学生心理健康档案，筛查出需要主动干预的对象并采取相应措施。学校心理咨询人员要牢牢树立心理危机干预及自杀预防意识，在心理辅导或咨询过程中，如发现处于危机状态需要立即干预的学生，应当及时采取相应的干预措施。

二、心理危机干预措施

（一）对有严重心理障碍或心理疾病学生的干预措施

对有严重心理障碍或心理疾病的学生，学校必须请专业精神卫生机构或专家对学生的心理健康状况进行评估或会诊，并提供书面意见。

如评估某学生可以在学校边学习边治疗，学校必须密切注意该生情况，开展跟踪咨询，及时提供心理辅导，必要时进行专家会诊、复诊。

如果经评估某生回家休养并配合药物治疗有利于其心理康复，学校必须派专人监护，确保其人身安全后，通知学生家长将其带回家休养治疗。

如果经评估某生住院治疗有利于其心理康复，学校必须及时通知该生家长将其送至专业精神卫生机构治疗。

（二）对有自杀意念学生的干预措施

发现或知晓学生有自杀意念，近期有实施自杀的想法和念头，要密切关注，视其严重程度采取以下措施：

（1）立即将该生转移到安全环境，并成立监护小组对该生实行24小时全程监护，确保其人身安全。

（2）由有关部门或专家对该生的心理状况进行评估或会诊，情况严重时应立即送至专业机构治疗。

（三）对实施自杀行为学生的干预措施

对正在实施自杀行为的学生，一旦发现便立即启动"学生心理危机干预及自杀预防快速反应机制"，各有关部门应立即派人赶赴现场协调配合处理危机。

对刚实施自杀行为的学生，要立即送到最近的医疗机构实施紧急救治。

对自杀未遂的学生，要请相关部门或专家评估，视情况做出及时处理。

（四）对有伤害他人意念或行为学生的干预措施

对有伤害他人意念或行为的学生，由相关部门立即采取相应措施，保护双方当事人安全。

组织相关部门或专家对该生精神状态进行心理评估或会诊并提供书面意见。学校根据评估意见进行后续处理。

（五）对危机知情人员的干预

危机过后，需要对知情人员进行干预。可以使用支持性干预及团体辅导策略，通过班级辅导等方法，协助经历危机的大学生及其相关人员，如同学、家长、辅导员以及危机干预人员。正确处理危机遗留的心理问题，帮助他们尽快恢复心理平衡，尽量减少由于危机造成的负面影响。

三、危机干预与预防教育

（一）危机干预及自杀预防的注意事项

学校在开展心理危机干预及自杀预防工作时，应坚持保密原则，维护学生权益，不得随意透露学生的相关信息，并尽可能在自然的环境中实施干预，避免人为制造特殊环境给被干预学生造成过重的心理负担，激发或加重其心理问题。

对社会功能严重受损和自制力不完全的学生，学校不得在学生宿舍里实行监护，避免监护不当造成危害，以确保该生及其他人员的安全。

在危机干预过程中，应注意方式方法，避免情绪激化。

（二）预防教育

高校要大力开展心理健康宣传教育，积极创造条件开设心理健康教育方面的必修或选修课程，通过课堂教学、教育活动、专家讲座、网络、学生社团等形式宣传普及心理健康知识，介绍增进心理健康的方法和途径，解析心理现象，传授心理调适方法，形成良好的心理健康氛围，帮助学生优化个性心理品质，提高心理健康水平。

高校应面向学生进行生命教育，引导学生热爱生活，热爱生命，善待人生；进行自我意识教育，引导学生正确认识自我，悦纳自我，积极发展自我，树立自信，消除自卑；进行危机应对教育，让学生了解什么是危机，什么情况下会出现危机，哪些言行是自杀的前兆，对出现自杀前兆的同学如何进行帮助和干预等。

诗歌"心"赏

假如生活欺骗了你

普希金

假如生活欺骗了你，

不要悲伤，不要心急！
忧郁的日子里需要镇静：
相信吧，快乐的日子将会来临！
心儿永远向往着未来；
现在却常是忧郁。
一切都是瞬息，一切都将会过去；
而那过去了的，就会成为亲切的怀恋。

 电影"心"赏

美丽人生

《美丽人生》是一部由罗伯托·贝尼尼执导，罗伯托·贝尼尼、尼可莱塔·布拉斯基、乔治·坎塔里尼等人主演的剧情片。

该片讲述了一对犹太父子被送进了纳粹集中营，父亲利用自己的想象力扯谎说他们正身处一个游戏当中，最后父亲让儿子的童心没有受到伤害，而自己却惨死的故事。

在最艰难最黑暗的日子里，就算没有了希望，死亡近在眼前，父亲依然深爱着并用生命与智慧保护着他的妻子与儿子。他的勇气与智慧，即使在战争的硝烟弥漫中，即使在集中营的暗无天日中，即使在最后枪声响起死亡来临的那一刻，依然闪现着耀眼夺目的光芒。他用尽全力，在集中营的悲惨世界里，为儿子营造了一幕美好的幻想，他告诉儿子，所有的残酷只不过是一场游戏，游戏的奖励是一辆崭新的坦克。于是，他的儿子便有了足够的勇气，熬过那段水火的岁月，最后，当他坐上盟军的坦克时，他的幸福无可言喻，而那种幸福，正是他的父亲用生命为他交换的。他不放弃任何机会为他风雨中的家庭制造哪怕是点滴的欢欣，在路过集中营的广播室时，他冒着危险在广播里呼喊妻子的名字，他想告诉她，他和儿子都还活着。他趁着做侍者的机会，为妻子播放了《船歌》，这首曾经响在他们定情之夜的歌曲，飘过沉沉迷雾的阻挡，在黑夜里，给他的妻子带去安慰，也让他们一家人都鼓起了勇气，共同经历灰暗的时光。

就在他生命的最后一晚，他将儿子安顿在一个铁箱子里，然后去寻找他的妻子。当他被捕之后，路过那个铁箱子时，他知道他的儿子正注视着他，于是，他装出一副滑稽的模样，惹得儿子笑出声，他仍然坚持着使儿子相信这一切都只是一个游戏，千万不要害怕，永远要微笑而乐观地去面对。然后，枪声响起，他去了，而他的儿子与妻子终于获得解放，当他们在阳光下搂抱在一起的时候，他的儿子说道，我们赢了！确实，在这一场浩劫当中，他们赢了，因为，他们有一个英雄的丈夫与父亲，他的名字叫基度。

模块十一

体验生命价值　珍惜生命

活动与训练

培养生命情感

一、活动目标

一个珍爱生命的人，应该是一个有丰富生命情感的人。通过此次活动了解自我生命情感，从而敬畏、热爱和善待生命。

二、规则与程序

（一）活动时间

建议用时30分钟。

（二）活动准备

A4纸、笔若干。

（三）活动步骤

1. 下面列出人体基本感觉，尝试写出代表不同感觉的词，体味不同的词对你的感受。

视觉：如鲜花、蓝天_____
听觉：如歌声、鸟鸣_____
触觉：如柔软、光滑_____
嗅觉：如芳香、花香_____
味觉：如酸、甜_____

2. 每个人写完后，小组进行分享与交流。

三、总结

教师总结，引导大家学会用新奇的眼光欣赏生活中的诸多事物，带着敬畏、兴奋甚至狂喜对待人生中的各种乐趣。这样，在我们眼中每一次日出日落都会像第一次看到的那样美妙。

思考与练习

1. 简述大学生心理危机的表现。
2. 遇到心理危机时你会如何应对？阐述大学生心理危机的预防与干预途径。

参考文献

[1] 刘晓明，杨平主编．职业院校学生心理健康教育——体验·认知·训练［M］．北京：科学出版社，2009．

[2] 吉家文．新编大学心理健康教育（第二版）［M］．天津：南开大学出版社，2018．

[3] 樊富珉，王建中．当代职业院校学生心理健康教程（第2版）［M］．武汉：武汉大学出版社，2014．

[4] 樊富珉．结构式团体辅导与咨询应用实例［M］．北京：高等教育出版社，2015．

[5] 中国就业培训技术指导中心，中国心理卫生协会 心理咨询师［M］．北京：民族出版社，2005．

[6] 叶琳琳．职业院校学生心理健康教育与心理素质训练［M］．北京：北京师范大学出版社，2012．

[7] 朱立新，张斌，时勘．安全心智培训［M］．北京：中国劳动社会保障出版社，2013．

[8] 马莹，黄晞建．职业院校学生心理健康［M］．北京：高等教育出版社，2013．

[9] 肖淑梅，彭彤．高职职业院校学生心理健康［M］．北京：机械工业出版社，2016．

[10] 罗伯特·安东尼．自信的秘密［M］．天津：天津教育出版社，2009．

[11] 吕秀梅，陈晋，段桂芹．心理健康教育［M］．北京：北京师范大学出版社，2013．

[12] 郭念锋．心理咨询师（操作技能二级）［M］．北京：民族出版社，2012．

[13] 郭念锋．心理咨询师（基础知识）［M］．北京：民族出版社，2012．

[14] 高兰．职业院校学生心理健康教育——心灵成长自助手册（第2版）［M］．北京：教育科学出版社，2018．

[15] 时勘，卓越心智培训［M］．北京：中国劳动社会保障出版社，2014．

[16] 吴静，雷雳．网络社会行为的进化心理学解析［J］．心理研究，2013，6（2）：

10-18.

[17] 肖旭．社会心理学［M］．成都：电子科技大学出版社，2008．

[18] 倪林英，谢文静．高职院校大学生恋爱观与主观幸福感的关系探讨［J］．教育理论与实践，2013，33（18）：21-23．

[19] 陈莹莹．青少年网络行为及影响研究［J］．中国报业，2014（8）：95-96．

[20] 吴凤琴，李良庆．职业院校学生网络行为与热点事件及其影响［J］．科技信息，2014（4）：122．

[21] 王金道．大学心理学［M］．北京：中国人民大学出版社，2010．．

[22] 肖无霜．"互联网+"时代对职业院校学生心理的影响及教育对策研究［J］．中国校外教育（中旬刊）（教学研究），2017，（02）：70-71．

[23] 王晓红．高职职业院校学生学习适应问题与对策分析［J］．中国电力教育，2013（28）：220-221．

[24] 约瑟夫·纽顿．靠自己去成功［M］．陈家录，译．北京：新世界出版社，2013．

[25] 朱玲玲，刘志强．挫折应对能力对高职学生心理健康状况的影响［J］．河南预防医学杂志，2016，27（5）：334-338．

[26] 陶思璇．欣赏的神奇力量［M］．西安：陕西师范大学出版社，2009．

[27] 尼尔戈尔曼．情商：为什么情商比智商更重要［M］．北京：中信出版社，2010．

[28] 张伟胜．优秀创业学生网络行为实证研究［J］．电脑开发与应用，2014（1）：20-22，25．

[29] 教育部《职业院校学生心理健康测评系统》课题组，方晓义，沃建中，蔺秀云．《中国职业院校学生适应量表》的编制［J］．心理与行为研究，2005，02：95-101．

[30] 梁红，黄希庭．大学生人际适应"二年级现象"的辩证解读［J］．高等教育研究，2010，05：76-80．

[31] 霍怡熹．当代大学生的不良生活方式与健康促进［J］．搏击（体育论坛），2010，07：28-29．

[32] 尚俊杰，李宏利，董安美．基于计划行为理论的职业院校学生网络行为调查［J］．现代远程教育研究，2014（03）：110-114．

[33] 人民日报评论员．壮哉，女排精神！［N］．人民日报，2016-08-22（1）．

[34] 尹娟娟，雷雳．青少年网上音乐使用问卷的编制及应用［J］．社会心理科学，2011，26（4）：67-72，116．

[35] 张利．高职心理健康教育实用教程［M］．北京：清华大学出版社，2012．

[36] 刘海英．人有千面 情分几种？［N］．科技日报，2014-02-10．

［37］侯瑞刚．当代职业院校学生心理问题分析与心理健康教育对策［D］．山东大学，2011．

［38］王文娟．高职院学生学习压力咨询案例分析［J］．考试周刊，2012（41）．

［39］周家华，王金凤．大学生心理健康教育［M］．北京：清华大学出版社，2010．

［40］泰勒，佩普劳，希尔斯．社会心理学（第十版）［M］．谢晓非，等，译．北京：北京大学出版社，2004．

［41］冯建军．生命教育教师手册［M］．太原：山西教育出版社，2018．

［42］代祖良，李小微．大学生心理健康实用教程［M］．科学出版社，2010．